2020 年河北省教育厅省级专业学位教学案例（库）建设项目

仲裁原理与案例研习

王继福　刘　丹◎著

燕山大学出版社
·秦皇岛·

图书在版编目（CIP）数据

仲裁原理与案例研习 / 王继福，刘丹著. —秦皇岛：燕山大学出版社，2020.12（2026.1重印）

ISBN 978-7-5761-0087-7

I. ①仲… II. ①王…②刘… III. ①商事仲裁－研究－中国 IV.①D925.704

中国版本图书馆 CIP 数据核字（2020）第 243747 号

仲裁原理与案例研习

王继福 刘 丹 著

出 版 人： 陈 玉
策划编辑： 孙志强
责任编辑： 孙志强
封面设计： 朱玉慧
出版发行： 燕山大学出版社 YANSHAN UNIVERSITY PRESS
地　　址： 河北省秦皇岛市河北大街西段 438 号
邮政编码： 066004
电　　话： 0335-8387555
印　　刷： 廊坊市印艺阁数字科技有限公司
经　　销： 全国新华书店

开　　本： 700mm×1000mm 1/16　　**印　　张：** 14.5　　**字　　数：** 260 千字
版　　次： 2020 年 12 月第 1 版　　**印　　次：** 2026 年 1 月第 2 次印刷
书　　号： ISBN 978-7-5761-0087-7
定　　价： 59.00 元

目 录

第一章 仲 裁 范 围

第一节 仲裁范围之法律原理

一、仲裁范围的概念

所谓仲裁范围，是指可仲裁的事项或争议的范围，即争议事项的可仲裁性。就某一仲裁机构或临时仲裁情形下的仲裁员而言，它是指临时仲裁员或依法设立的各仲裁机构可以受理何种当事人之间的何种纠纷的问题。

仲裁范围是仲裁法律制度中的一个基本问题。各国仲裁法关于仲裁范围的规定不完全相同，英、美等国甚至没有规定仲裁范围的成文法。但当事人有无和解的权利几乎是公认的判断可仲裁性的试金石。

二、中国的有关规定

（一）正面规定

平等主体的公民、法人和其他组织之间发生的合同纠纷和其他财产权益纠纷，可以仲裁。

理解：

（1）“合同纠纷”应作广义理解，即“合同”不仅指中国合同法中规定的合同，还应包括相关民事、经济立法中规定的合同；“纠纷”指当事人因合同是否成立、合同成立的时间 、合同内容的解释、合同的履行、违约责任及合同的变更、中止、转让、解除、终止等发生的争议。

（2）“其他财产权益纠纷”应理解为合同关系之外具有财产内容的任何其他纠纷，普遍认为主要是指因财产侵权而引起的各类纠纷。比如海事侵权纠纷、侵害消费者权益纠纷、证券纠纷、知识产权纠纷和其他诸如《侵权责任法 》规定的涉及财产权益方面的侵权纠纷。

但不包括因身份关系和人身关系引起的财产权益纠纷。

中国《仲裁法》关于仲裁范围的规定，类似于国外有关当事人对争议有和解或处分权的民商事纠纷才可以提交仲裁的规定。

（二）反面规定

下列纠纷则不能仲裁：

（1）婚姻、收养、监护、扶养、继承纠纷；

（2）依法应当由行政机关处理的行政争议。

另外，《仲裁法》第七十七条规定，劳动争议和农业集体经济组织内部的农业承包合同纠纷的仲裁，另行规定。

2007 年 12 月 29 日通过的《劳动争议调解仲裁法》专门对劳动争议仲裁程序作出了规定，2009 年 6 月 27 日通过的《农村土地承包经营纠纷调解仲裁法》专门对农村土地承包经营纠纷仲裁程序作出了规定。由此可见，《仲裁法》规定的仲裁范围只针对商事纠纷，劳动争议、农业承包合同的仲裁由特别法调整。

三、中国仲裁范围的特点

（一）争议主体的平等性

发生纠纷的双方应当是平等主体的当事人，如果当事人之间是管理与被管理的关系，则其纠纷不能仲裁。即使纠纷发生的主体之间客观上有上下级的行政隶属关系，但只要他们之间发生纠纷的法律关系属于民商事法律调整的范畴，那么他们之间发生的争议也是平等主体之间发生的争议。

争议双方当事人是平等主体，确定了争议事项属于横向法律关系的范畴，纵向法律关系的事项不能仲裁。例如商标、专利的有效性争议，涉及行政权的内容，因其属于纵向法律关系，应该排除在可仲裁之外。行政合同的双方当事人不是平等的主体，针对行政合同所产生的争议也不具有可仲裁性。

（二）争议事项的可处分性

可提交仲裁的事项应当是当事人有权处分的，当事人之间因其无处分权的某些身份关系及其他关系发生的纠纷，不能仲裁。

可自由处分是双方当事人对于争议的实体权利可以在法律规定的范围内自由处置，可以根据自己的意愿决定行使权利、主张权利、放弃权利。只有当事人可以自由处分的事项，才能有权选择解决争议的方式；对于当事人无权自由处分的事项，则不能选择解决争议的方式。

可自由处分的实质在于对争议事项当事人可以自由和解。一般来说，与当事人个人利益相关，且不被法律禁止或不违反法律、公共秩序及善良风俗的权益均可和解。据此标准，有关民事地位、自然人能力、遗嘱有效性等问题以及刑法和税法、外汇管理等行政法规范的事项不具有可仲裁性。

（三）争议内容的财产性

当事人提交仲裁的事项应该是合同纠纷，或非合同的财产性纠纷。

争议内容的财产性即双方当事人之间发生的争议涉及财产权益。这一标准界定了只要签订仲裁协议的双方当事人对仲裁的适用具有财产利益，就可以进行仲裁，但因身份关系和人身关系引起的财产争议除外。

最高人民法院 1987 年《关于执行我国加入的〈承认及执行外国仲裁裁决公约〉》的通知规定：根据我国加入该公约时所作的商事保留声明，我国仅对按照我国法律属于契约性和非契约性商事法律关系所引起的争议适用该公约。所谓“契约性和非契约性商事法律关系”，具体是指由于合同、侵权或者根据有关法律规定而产生的经济上的权利义务关系，例如货物买卖、财产租赁、工程承包、加工承揽、技术转让、合资经营、合作经营、勘探开发自然资源、保险、信贷、劳务、代理、咨询服务和海上、民用航空、铁路、公路的客货运输，以及产品责任、环境污染、海上事故和所有权争议等，但不包括外国投资者与东道国政府之间的争端。

四、我国特殊纠纷的可仲裁性

（一）知识产权纠纷

（1）在我国，专利和商标侵权纠纷不能通过仲裁方式解决。

因专利权和商标权的有效性产生的争议，也属于行政机关或法院的专属管辖。

这与我国加入的《纽约公约》不符。我国是《纽约公约》的成员国，从该公约第二条第一款的规定以及我国加入该公约时所作的保留声明来看，专利和商标侵权纠纷属于非契约性纠纷，可以提交仲裁裁决。

（2）著作权纠纷可以仲裁。

《著作权法》（2010 年）第五十五条：著作权纠纷可以调解，也可以根据当事人达成的书面仲裁协议或者著作权合同中的仲裁条款，向仲裁机构申请仲裁。当事人没有书面仲裁协议，也没有在著作权合同中订立仲裁条款的，可以直接向人民法院起诉。

（二）产品质量责任、消费纠纷可以仲裁

《产品质量法》（2009 年）第四十七条：因产品质量发生民事纠纷时，当事人可以通过协商或者调解解决。当事人不愿通过协商、调解解决或者协商、调解不成的，可以根据当事人各方的协议向仲裁机构申请仲裁；当事人各方没有达成仲裁协议或者仲裁协议无效的，可以直接向人民法院起诉。

《消费者权益保护法》（2013 年）第三十九条：消费者和经营者发生消费者权益争议的，可以通过下列途径解决：……（四）根据与经营者达成的仲裁协议提请仲裁机构仲裁；（五）向人民法院提起诉讼。

（三）证券纠纷的可仲裁性模糊

虽然根据《股票发行与交易暂行条例》（1994 年）的规定，与股票发行或者交易有关的争议，当事人可以依协议向仲裁机构申请仲裁，且 1994 年 8 月 26 日，国务院证券委员会正式发布《关于指定中国国际经济贸易仲裁委员会为证券争议仲裁机构的通知》（证委发〔1994〕20 号），指定中国国际经济贸易仲裁委员会为证券争议的仲裁机构，受理股票发行或股票交易所产生的争议，但是，我国现行《证券法》以及《信托法》均没有就证券争议的可仲裁性作出规定。

（四）环境纠纷不可仲裁

我国现行《环境保护法》（2014 年）没有就环境纠纷的可仲裁性作出规定。

第二节　有关仲裁范围之典型案例

案例 1　北京政泉控股有限公司诉湖南方正证券股份有限公司仲裁管辖权异议上诉案

【基本案情】

上诉人（原审被告）：北京政泉控股有限公司（以下简称北京政泉公司），住所地为北京市朝阳区。

被上诉人（原审原告）：方正证券股份有限公司（以下简称方正证券公司），住所地为湖南省长沙市天心区。

上诉人管辖权异议上诉理由：

北京政泉公司上诉称，湖南高院驳回其管辖权异议的理由不能成立，本案应由中国国际经济贸易仲裁委员会仲裁解决。第一，《发行股份购买资产协议》（以下简称《购买协议》）是本案得以审理和查明事实的最根本依据，故应按此协议约定的内容确定管辖权；第二，前期仲裁案件说明方正证券公司认可对股东权利的主张应通过仲裁解决；第三，人民法院不能在审理同一个案件时，适用两种不同的审理原则。具体到本案中，不应在审理实体问题时重点审核《购买协议》的内容，而在审理管辖问题时称其主要内容与本案无关。人民法院对于本案没有管辖权，方正证券公司的起诉应被裁定驳回。只要符合《中华人民共和国仲裁法》第十六条规定，只要约定了仲裁协议，人民法院就没有管辖权，相关纠纷均应由仲裁程序解决。《中华人民共和国民事诉讼法》（以下简称《民事诉讼法》）第二十六条的规定与本案无关，湖南高院根据该条款认定其对本案有管辖权，适用法律错误。湖南高院适用《民事诉讼法》第一百二十七条处理本案，适用法律同样错误。据此，北京政泉公司请求本院撤销湖南高院〔2017〕湘民初13号民事裁定；确认湖南高院对〔2017〕湘民初13号案没有管辖权；驳回方正证券公司的起诉。

被上诉人的答辩意见：

方正证券公司提交书面答辩意见称，方正证券公司基于北京政泉公司变相抽逃出资而提起诉讼，而非基于北京政泉公司违反《购买协议》起诉，二者对应的是两种性质迥异的法律关系。从事实看，方正证券公司主张的核心事实是北京政泉公司实施了抽逃投资的行为，而非依据其违反《购买协议》约定的行为。从法律关系性质看，方正证券公司认为北京政泉公司违反了公司章程及《中华人民共和国公司法》（以下简称《公司法》）以及《最高人民法院关于适用〈中华人民共和国公司法〉若干问题的规定（三）》（以下简称《公司法司法解释三》）第十六条的规定，而非认为北京政泉公司违反《购买协议》并承担违约责任，也没有援引《中华人民共和国合同法》（以下简称《合同法》）的规定来作为法律依据。从主张时段看，方正证券公司的主张是基于双方履行《购买协议》这一前提，因为只有依照《购买协议》履行出资义务之后才存在抽逃出资的问题，而非针对《购买协议》履行本身。方正证券公司针对的时段是北京政泉公司成为股东之后，而非该公司成为股东的过程。北京政泉公司故意混淆两个不同时段。北京政泉公司以方正证券公司未对之前的仲裁程序提出异议来推定协议仲裁管辖适用于本案，偷换概念。这是两个完全不相干且互相独立的事实。《购买协议》不是方正证券公司的起诉依据，且本案尚未开庭审理。综上，北京政泉公司的上诉理由完全不能成立，请求本院予以驳回并维持本案一审裁定。

最高人民法院意见：

本院认为，本案的争议焦点是方正证券公司是否应依涉案《购买协议》中的仲裁条款向仲裁机构申请仲裁的问题。

本案有证据证明，涉案《购买协议》已经履行完毕，当事人已经完成股权交易，北京政泉公司成为方正证券公司的股东。方正证券公司的诉讼请求并非根据《合同法》，请求北京政泉公司承担在涉案《购买协议》的缔约以及履行过程中的违约或者侵权责任；而是以《公司法》《公司法司法解释三》相关规定为据，依照公司章程的内容，要求北京政泉公司返还股东分红款、限制其行使股东权利及要求返还抽逃出资造成的利息损失。本案无论是基础事实、案件性质，还是法律依据均是与公司有关的纠纷。一方面，涉案纠纷发生前或者发生后，双方当事人并未就该争议的解决达成仲裁协议；另一方面，当事人虽在《购买协议》中订立仲裁条款，但因该条款内容是"本协议之内容或其执行发生任何争议，任何一方均可将有关争议提交中国国际经济贸易仲裁委员会"，而案涉《购买协议》的内容与方正证券公司的诉讼请求无直接法律关系，即使考虑协议的履行结果，也仅是涉案股权完成转让，该内容同样无法涵摄涉案争议。因此，本案中，方正证券公司因与公司有关的纠纷，依照《民事诉讼法》第二十六条关于公司纠纷管辖的规定，即因公司分配利润等纠纷提出的诉讼，由该公司住所地人民法院管辖。方正证券公司住所地系湖南省长沙市，方正证券公司因与公司有关的纠纷，结合级别管辖规定，向湖南高院提起诉讼，符合法律规定；湖南高院立案受理，并无不当。此外，上诉人北京政泉公司提出该公司曾根据《购买协议》的仲裁条款申请仲裁，方正证券公司并未在该案中提出管辖权异议的事实与本案无直接法律关系，不能由此得出本案应由仲裁机构审查的结论。

综上，北京政泉公司的上诉请求不能成立，一审裁定认定事实清楚，适用法律正确。依照《中华人民共和国民事诉讼法》第一百七十条第一款第一项、第一百七十一条规定，裁定如下：驳回上诉，维持原裁定。本裁定为终审裁定。

【案例评析】

1. 我国法律关于可仲裁性的规定

商事仲裁可仲裁性问题具有一定的地域属性，不同法域基于其政治、经济、法律、传统上的考虑，所认可的可仲裁事项有所不同。但总体而言，随着仲裁在争议解决尤其是跨境争议解决中的作用和地位不断增强，加之仲裁特有的优点，可仲裁事项一直处于不断扩张的趋势。具体到我国，我国《仲裁法》通过肯定式原则规定和否定式不完全列举规定，对可仲裁事项进行了简要的规定。《仲裁法》第二条规定："平等主体的公民、法人和其他组织之间发生的合同纠纷和其他财产权益纠纷，可以仲裁。"第三条规定："下列纠纷不能仲裁：（一）婚姻、收养、监护、扶养、继承纠纷；（二）依法应当由行政机关处理的行政争议。"除此之外，其他法律、法规也对可仲裁性作了零散的规定，例如，《股票发行与交易管理暂行条例》第七十九条规定："与股票的发行或者交易有关的争议，当事人可以按照协议的约定向仲裁机构申请调解、仲裁。"第八十条规定："证券经营机构之间以及证券经营机构与证券交易场所之间因股票的发行或者交易引起的争议，应当由证券委批准设立或者指定的仲裁机构调解、仲裁。"与我国《仲裁法》所采取的"合同纠纷和其他财产权益纠纷"相比，公约及其他法域大多倾向于采用"契约性和非契约性"来进行界定。

《最高人民法院关于执行我国加入的〈承认及执行外国仲裁裁决公约〉的通知》第二条规定："根据我国加入该公约时所作的商事保留声明，我国仅对按照我国法律属于契约性和非契约性商事法律关系所引起的争议适用该公约。"所谓"契约性和非契约性商事法律关系"，具体是指："由于合同、侵权或者根据有关法律规定而产生的经济上的权利义务关系，例如货物买卖、财产租赁、工程承包、加工承揽、技术转让、合资经营、合作经营、勘探开发自然资源、保险、信贷、劳务、代理、咨询服务和海上、民用航空、铁路、公路的客货运输，以及产品责任、环境污染、海上事故和所有权争议等，但不包括外国投资者与东道国政府之间的争端。"我国部分仲裁机构的规则，也采取的是"契约性和非契约性"的方式。例如，《中国国际经济贸易仲裁委员会仲裁规则》第三条第一款规定："仲裁委员会根据当事人的约定受理契约性或非契约性的经济贸易等争议案件。"

2. 公司股东抽逃出资纠纷的可仲裁性问题

关于公司抽逃出资等纠纷是否能够通过仲裁解决，《仲裁法》并未明确规定。《公司法》明确规定了股东代表诉讼，股东查账之诉，董事、监事、高管侵害股东权利时股东直接提起诉讼等几种诉讼情形，但并未涉及抽逃出资纠纷是否也须通过诉讼解决。司法实践中，有观点认为，根据《民事诉讼法》第二十六条的规定，此类纠纷不可通过仲裁解决。该条规定："因公司设立、确认股东资格、分配利润、解散等纠纷提起的诉讼，由公司住所地人民法院管辖。"同样，前述规定中所提到的解散公司纠纷，也不可通过仲裁解决。在《最高人民法院关于撤销中国国际经济贸易仲裁委员会〔2009〕CIETACBJ裁决（0355）号裁决案的请示的复函》中，最高人民法院指出："根据《中华人民共和国公司法》第一百八十一条（2005年修订）的规定，仲裁机构裁决解散公司没有法律依据，属于无权仲裁的情形。"关于股东抽逃出资纠纷，主要规定在《最高人民法院关于适用〈中华人民共和国公司法〉若干问题的规定（三）》之中。其中，第十二条规定了抽逃出资的情形；第十四条规定了公司或者其他股东有权请求法院判决抽逃出资的股东返还出资本息；第十六条则肯定了公司有权依据章程或者股东会决议对抽逃出资的股东权利进行限制。本案中，根据裁定披露的信息，被上诉人应该是以上诉人抽逃出资为由，依据公司章程的规定对上诉人的股东权利进行了限制，并且依据《最高人民法院关于适用〈中华人民共和国公司法〉若干问题的规定（三）》第十四条的规定请求法院判决上诉人返还出资本息。该争议以及请求的依据是《公司法》的规定以及公司章程的约定，并非《购买协议》。而且，《购买协议》已经履行完毕，上诉人已经成为被上诉人的股东，其所约定的仲裁条款，无法涵摄到出资履行完毕后的抽逃出资行为。

3. 仲裁中的禁止反言

本案上诉人的另一理由是，上诉人曾依据《购买协议》提起过仲裁，而被上诉人并未提出管辖异议，因此，可以表明，被上诉人认可股东权利纠纷可以仲裁解决。但法院最终以该事实与案件无关为由，没有采纳。由于裁定披露的信息有限，暂无法对此作出评析。但上诉人的该项主张其实涉及仲裁中的禁止反言问题。禁止反言作为国际仲裁中的一项原则，在我国《仲裁法》中并无较为明确的规定。《最高人民法院关于适用〈中华人民共和国仲裁法〉若干问题的解释》则对仲裁协议效力异议的禁止反言作了规定。该解释第二十七条明确规定："当事人在仲裁程序中未对仲裁协议的效力提出异议，在仲裁裁决作出后以仲裁协议无效为由主张撤销仲裁裁决或者提出不予执行抗辩的，人民法院不予支持。当事人在仲裁程序中对仲裁协议的效力提出异议，在仲裁裁决作出后又以此为由主张撤销仲裁裁决或者提出不予执行抗辩，经审查符合《仲裁法》第五十八条或者《民事诉讼法》第二百一十七条、第二百六十条规定的，人民法院应予支持。"事实上，我国各大仲裁机构的仲裁规则，均采纳了禁止反言这一原则。另外，在《最高人民法院关于人民法院办理仲裁裁决执行案件若干问题的规定》中，也提到了该原则。其第十四条第三款规定："适用的仲裁程序或仲裁规则经特别提示，当事人知道或者应当知道法定仲裁程序或选择的仲裁规则未被遵守，但仍然参加或者继续参加仲裁程序且未提出异议，在仲裁裁决作出之后以违反法定程序为由申请不予执行仲裁裁决的，人民法院不予支持。”而在〔2013〕沪一中民认（外仲）字第2号案中，法院直接援引了“禁止反言”这一原则。法院认为：“黄金置地公司作为仲裁案件的申请人，仲裁程序系由其提起，双方当事人均实际参与了全部仲裁程序，在整个仲裁过程中，黄金置地公司始终是主张仲裁条款有效的；黄金置地公司在仲裁裁决作出后部分履行了裁决确定的义务，其尚未履行（b）（c）两项义务的原因系认为该两项裁决内容存在实体错误，这说明黄金置地公司对仲裁条款的效力及仲裁管辖权仍是认可的。在此情况下，黄金置地公司又以仲裁条款无效为由，提出拒绝承认与执行涉案仲裁裁决的申请，也不符合禁止反言、诚实信用和公平合理等公认的法律原则，本院不予支持。”

案例2 咸阳广宇房地产开发有限公司申请撤销仲裁裁决案

【基本案情】

申请人：咸阳广宇房地产开发有限公司（以下简称咸阳广宇公司）。

被申请人：中国人民解放军陕西陆军预备役步兵第一四一师（以下简称一四一师）。

申请人申请撤销仲裁裁决的事实和理由：

申请人的诉讼请求：

咸阳广宇公司称，2018年2月11日，咸阳仲裁委作出咸仲裁字〔2017〕第97号裁决，仲裁程序违法，裁决超出仲裁协议范围，未按规定收取费用，故请求人民法院依法撤销该裁决。

事实和理由：

（1）《中华人民共和国仲裁法》第三十三条规定：“仲裁庭组成后，仲裁委员会应当将仲裁庭的组成情况书面通知当事人。”《咸阳仲裁委仲裁暂行规则》第二十七条规定：“仲裁庭组成之日起五日内，仲裁委员会应当将仲裁庭的组成情况书面通知当事人。”首先，咸阳仲裁委并未按上述规定书面通知申请人仲裁庭组成情况，该仲裁违反法定程序。其次，仲裁裁决严重超期，违反仲裁程序。咸阳仲裁委于2016年3月份受理申请人的仲裁申请，2018年2月11日才作出仲裁裁决。即使扣除鉴定期间也严重超期，最终影响了结果的公正性。

（2）裁决有关事项不属于仲裁协议范围，仲裁委员会无权仲裁。申请人根据仲裁条款，就租赁合同事宜，依法向咸阳仲裁委申请仲裁，一四一师反请求申请人支付承包费，该请求属于同一法律关系，可以合并审理，但仲裁委裁决时，将被申请人在申请人处消费的170多万元欠款一同处理，明显超出仲裁范围。双方承包经营合同中并未涉及消费欠款的仲裁条款。仲裁立案时仲裁委明确告知申请人消费关系不属于仲裁范围。在庭审当中总结的争议焦点也没有消费欠款数额，仲裁庭只是简单询问了欠款数额，也没有让双方提交证据，最后却以被申请人的单方说法认定消费欠款数额，抵扣申请人的仲裁请求数额，明显属于超裁情形。

（3）咸阳仲裁委未按规定收费，多收取申请人29400元费用，应当退回。

综上所述，申请人认为，咸阳仲裁委违反程序，存在超裁情形，特申请依法撤销该裁决。

被申请人的答辩意见：

（1）咸阳仲裁委在案件仲裁中程序完全合法，不存在程序违法情形。仲裁在庭审前于2016年6月2日已向申请人送达书面组庭通知，并于2016年6月29日首次开庭，不存在未书面通知组庭情况的事实，仲裁虽审理期限较长，但并未超期。

（2）仲裁裁决内容完全合法，不存在超裁事项。申请人认为本案所涉及酒楼消费170余万元金额不应冲抵其应缴纳的承包费，属超裁情形，此说法与仲裁庭审、酒楼承包协议及附件内容相悖。仲裁内容完全合法，无任何超裁事项。

（3）仲裁收费是否合法并非影响裁决是否撤销的因素，本案仲裁收费合法合理，不存在多收费情形。

综上，被申请人认为，咸阳仲裁委作出的裁决无法定可撤销情形，申请人申请无事实和法律依据，应当予以驳回。

陕西省咸阳市中级人民法院意见：

法院查明：

2018年2月11日，咸阳仲裁委作出咸仲裁字〔2017〕第97号裁决书，裁决：（一）申请人咸阳广宇房地产开发有限公司在收到本裁决书之日起十日内，向被申请人中国人民解放军陕西陆军预备役步兵第一四一师支付承包费536419.67元。（二）驳回申请人咸阳广宇房地产开发有限公司的其他仲裁请求。（三）驳回被申请人中国人民解放军陕西陆军预备役步兵第一四一师的其他仲裁反请求。本案本请求仲裁费56884元（受理费47937元，处理费8947元），由申请人承担34441元，被申请人承担22443元，该费用申请人已预交。本案反请求仲裁费57120元（受理费48134元，处理费8986元），由反请求申请人承担30288元，反请求被申请人承担26832元，该费用反请求申请人已预交。以上申请人（反请求被申请人）与被申请人（反请求申请人）各自应承担的仲裁费（含反请求）经扣减，申请人应在履行本裁决给付义务时将其应承担的仲裁费4389元一并支付给被申请人。本案鉴定费50000元，由申请人咸阳广宇房地产开发有限公司承担。

本院审查期间，申请人咸阳广宇公司与被申请人一四一师就被申请人在酒店消费金额是否属于仲裁范围意见分歧较大。经对案件材料审查，结合当事人陈述意见，本院认定，2012年4月5日，申请人与被申请人签订了《预备役141师军官培训楼承包经营合同》，该协议对申请人承包被申请人自有军官培训楼（酒店）以及双方权利义务关系进行约定。同时该协议约定，被申请人在酒店消费时享有一定优惠，对相关设备有优先使用等权利。协议第十三条明确约定，本合同履行中如有争议应协商解决，如无法协商，双方约定由咸阳仲裁委仲裁。该协议显属对双方承包经营关系以及纠纷处理方式的约定。后在申请人酒店经营过程中，被申请人作为消费者在酒店进行消费，产生一定的消费金额。仲裁过程中，双方就被申请人产生的消费金额各执一词，发生分歧，但均未提供证据进行佐证。

法院意见：

关于申请人认为咸阳仲裁委未将组庭情况书面告知当事人，仲裁严重超期限，违反法定程序一节理由，本院调取咸阳仲裁委仲裁案卷，经审查，咸阳仲裁委组庭后于2016年3月24日向申请人送达组庭人员名单及其他材料，申请人委托代理人进行签收；咸阳仲裁委仲裁期限虽然较长，但该期间包括当事人申请鉴定期限及申请人申请延期期限，仲裁期限并未违反相关规定，故申请人关于咸阳仲裁委违反法定程序之理由不能成立。至于申请人关于仲裁委收费一节理由，按照法律规定，不在本院审查范围，本院不予论处。

对于咸阳仲裁委作出的裁决是否存在超裁情形，本院审查认为，申请人与被申请人订立承包经营协议，该协议是对双方租赁经营法律关系权利义务的约定，协议中虽有几处涉及被申请人在申请人处消费的相关内容，但具体约定为被申请人在申请人处住宿、餐饮、办会应享受优先保障及优惠，该内容构成申请人经营军官培训楼的附加条件，并未对被申请人在申请人处消费形成的权利义务进行约定。被申请人在申请人承包的酒楼里进行消费所产生的关系应属单独的服务合同关系，该法律关系应包括付款时间、付款方式、结账算账等主要内容。在没有明确约定的情况下，双方之间形成的长期餐饮、旅店服务合同不包含在《预备役141师军官培训楼承包经营合同》之中，也不构成《预备役141师军官培训楼承包经营合同》从合同。故本院认定，被申请人在咸阳君威国际酒店中形成的消费权利义务关系，不属于双方订立的《仲裁协议》约定的仲裁事项。咸阳仲裁委对被上诉人消费金额进行裁决，抵扣申请人租赁费，超出当事人仲裁协议约定，属超裁情形，申请人该节理由成立，咸阳仲裁委作出的咸仲裁字〔2017〕第 97 号裁决书应予撤销。依照《中华人民共和国仲裁法》第五十八条、第六十条规定，裁决如下：

撤销咸阳仲裁委咸仲裁字〔2017〕第 97 号裁决。

申请费 400 元，由被申请人中国人民解放军陕西陆军预备役步兵第一四一师负担。

【案例评析】

1. 关于仲裁程序超出审理期限的问题

《仲裁法》并未对仲裁审限作出限制性规定，但各仲裁机构的仲裁规则基本都作出了相关规定。同时，规定也赋予了仲裁庭在履行特定程序（大多为经仲裁委员会主任批准）后可以延长审理期限的权限，但是，对于延长的次数基本都没有作出限制。如果仲裁庭严重超出审限（已经履行报仲裁委员会主任批准的程序），裁决是否应撤销？撤销的事由是什么？首先，结合《仲裁法》第五十八条的规定，如将超出审限列为撤裁事由，那么“仲裁的程序违反法定程序”最为接近。其次，通过对司法实践相关案例的考察，单纯地超出审限并不被认定为违反法定程序。例如，在广州市中级人民法院〔2016〕粤 01 民特 1018 号裁定书中，法院认为“广州市宏达钢管有限公司还主张本案超出审限作出裁决，但因仲裁委员会逾期作出裁决，并不影响案件的公正审理，亦不属撤销裁决的法定情形，本院亦予驳回”。再次，实践中也有部分案例认定严重超出审限属于违反法定程序，并撤销裁决。例如，在江苏省南京市中级人民法院〔2016〕苏 01 民特 127 号之一民事裁定书中，法院认为“涉案仲裁裁决自 2009 年 11 月 2 日仲裁庭组成，至 2016 年 7 月 27 日向双方当事人送达仲裁裁决书，历时 6 年零 8 个月，远远超出扬州仲裁规则规定的 4 个月期间”。虽然仲裁庭以案情疑难复杂为由申请延长审理期限，但在申请及审批时均未确定具体期限，致使涉案仲裁期限延长了 6 年多之久，严重背离了扬州仲裁规则关于裁决期限的规定。仲裁案卷宗材料亦反映，仲裁庭审理活动主要集中在 2010 年年底以前，在 2011—2012 年期间审理活动基本停滞，在 2013—2015 年长达 3 年多的时间里没有开展审理活动。申请人许荣华曾多次致函仲裁庭请求尽快裁决，但直至 2016 年 7 月仲裁庭才作出最终裁决。因此，仲裁庭延长的期限足以让当事人对该仲裁程序的公正性产生合理怀疑，显然不适当。该案中，法院特别强调“保证公正、及时地仲裁经济纠纷，保护当事人的合法权益”是我国《仲裁法》的基本立法目的。众所周知，仲裁制度的程序设计就是要实现公正、及时地解决纠纷的价值目标。这是当事人选择仲裁解决纠纷方式的重要原因，也是仲裁制度得以存续发展的重要基础。而本案的仲裁庭在无正当合法事由及正当理由的情况下，长期不审不裁，仲裁期间长达6年零8个月，导致当事人之间的法律关系长期处于不稳定状态，且无法获得及时有效的救济，严重损害了当事人的合法权益。

2. 关于超裁的认定

实践中，当事人经常以“超裁”为由申请撤销仲裁裁决或者不予执行仲裁裁决。但是，“超裁”并非《仲裁法》或者《民事诉讼法》所采用的精准的表述。就国内仲裁裁决而言，其对应的撤裁事由和不予执行事由分别是《仲裁法》第五十八条第一款第二项以及《民事诉讼法》第二百三十七条第二款第二项。该两项规定完全一样，即“裁决的事项不属于仲裁协议的范围或者仲裁委员会无权仲裁的”。但是，何为“裁决的事项不属于仲裁协议的范围”？是否包括实践中经常出现的，没有超出仲裁协议的范围但是却超出当事人仲裁请求范围的情况？《最高人民法院关于人民法院办理仲裁裁决执行案件若干问题的规定》第十三条规定：“下列情形经人民法院审查属实的，应当认定为《民事诉讼法》第二百三十七条第二款第二项规定的‘裁决的事项不属于仲裁协议的范围或者仲裁机构无权仲裁的’情形：（一）裁决的事项超出仲裁协议约定的范围；（二）裁决的事项属于依照法律规定或者当事人选择的仲裁规则规定的不可仲裁事项；（三）裁决内容超出当事人仲裁请求的范围；（四）作出裁决的仲裁机构非仲裁协议所约定。”其实，在前述规定出台之前，司法实践中已经有案例采取同样的认定方式。在《最高人民法院关于王国林申请撤销中国国际经济贸易仲裁委员会华南分会〔2012〕中国贸仲深裁字第3号仲裁裁决一案的请示的复函》中，最高人民法院指出：“仲裁庭在未向当事人释明合同无效的后果以及未给予当事人变更仲裁请求机会的情况下，直接对合同无效后的返还以及赔偿责任作出裁决，确实超出了当事人的请求，属于超裁。人民法院可以参照《中华人民共和国仲裁法》第七十条和《中华人民共和国民事诉讼法》第二百七十四条第一款第（四）项的规定对涉案仲裁裁决予以撤销。”（《中华人民共和国民事诉讼法》第二百七十四条第一款第（四）项为“裁决的事项不属于仲裁协议的范围或者仲裁委员会无权仲裁的”，虽然，最高院在该复函中并未明确表明超出仲裁请求构成无权仲裁还是不属于仲裁协议范围，但一般认为，指的是后者。）

3. 超裁的处理

超裁的处理，有全部撤销以及部分撤销两种。《最高人民法院关于适用〈中华人民共和国仲裁法〉若干问题的解释》第十九条规定："当事人以仲裁裁决事项超出仲裁协议范围为由申请撤销仲裁裁决，经审查属实的，人民法院应当撤销仲裁裁决中的超裁部分。但超裁部分与其他裁决事项不可分的，人民法院应当撤销仲裁裁决。"撤销仲裁裁决在某种程度上意味着当事人时间、金钱以及司法资源的浪费，应谨慎为之，在撤销超裁裁决时，应首先考虑部分撤销，只有超裁部分不可分时才考虑全部撤销裁决。

案例3　贾某申请法院撤销仲裁裁决案

【基本案情】

申请人：贾某。

被申请人：中信证券股份有限公司（以下简称中信证券）。

申请人申请撤销仲裁裁决的事实和理由：

中信证券与贾某签订了《中信证券股份有限公司股票质押式回购交易业务协议》（以下简称《质押式回购协议》）。协议中的仲裁条款约定："因股票质押式回购产生的任何争议、纠纷，由协议各方协商解决，协商不成的，提交北京仲裁委员会仲裁。"后双方发生争议，中信证券于2017年9月6日依据上述仲裁条款将双方因质押式回购协议履行中产生的争议提请北京仲裁委员会仲裁。2017年9月29日，北京仲裁委员会受理了该仲裁案。最终，仲裁庭作出〔2018〕京仲裁字第0489号仲裁裁决。其中，仲裁庭裁决贾某向中信证券支付中信证券为本案支出的律师费150000元和公证费5010元。后贾某向北京市第四中级人民法院申请撤销该仲裁裁决。

贾某申请撤销仲裁裁决的原因之一为律师费及公证费并未在合同中有相关的约定，因此贾某认为这两笔费用不属于仲裁协议范围，仲裁委员会无权仲裁。中信证券认为，根据《北京仲裁委员会仲裁规则》第五十一条第四项的规定，仲裁庭有权对律师费、公证费的承担进行仲裁。

北京市第四中级人民法院意见：

关于仲裁裁决的律师费和公证费是否属于仲裁协议范围或者仲裁委员会是否

有权仲裁的问题，法院认为仲裁裁决的律师费和公证费，系中信证券处理双方因质押式回购协议产生的争议案而支出的费用，就此费用产生的争议属于仲裁协议范围。此外，《北京仲裁委员会仲裁规则》（2015版）第五十一条第四项规定："仲裁庭有权根据双方当事人的请求在裁决书中裁定败诉方补偿胜诉方因办理案件支出的合理费用，包括但不限于律师费、保全费、差旅费、公证费用等。"法院认为，仲裁委员会就该费用进行裁决符合上述仲裁规则规定。因此，法院不支持贾某撤销该项仲裁裁决的理由。

【案例评析】

根据《仲裁法》第五十八条第一款第（二）项的规定，"裁决的事项不属于仲裁协议的范围或者仲裁委员会无权仲裁的"属于可申请撤销仲裁裁决的情形之一。在这一情形中，许多撤销仲裁裁决案件的申请人往往会以合同未明确约定律师费或公证费等一方当事人为办理案件支出的费用为由主张该类费用不属于仲裁协议的范围或仲裁委员会无权仲裁。

近年来关于这一问题各法院的态度基本一致，即使合同未明确约定律师费或公证费等一方当事人为办理案件支出的费用属于仲裁协议的范围，但仲裁庭就该类费用进行裁决未超出仲裁协议的范围，法院并不会因此撤销该仲裁裁决。从法院的说理部分来看，法院主要依据两方面理由作出这一结论。

其一，当事人选定的仲裁机构的仲裁规则已明确规定仲裁庭有权裁定败诉方应补偿胜诉方为办理案件支出的合理费用。由此，法院认为仲裁庭裁决败诉方承担胜诉方的律师费或公证费等费用没有违反仲裁规则的规定，未超过仲裁协议的范围。

例如，在何某与珠海珠澳跨境工业区成利威工业有限公司申请撤销仲裁裁决案中，当事人约定协商不成将争议提交广州仲裁委员会进行仲裁。而《广州仲裁委员会仲裁规则》第七十四条第六项规定"仲裁庭可以在裁决书中裁定败诉方应当补偿胜诉方因办理案件所支出的合理费用，但补偿金额最多不超过胜诉方所得胜诉金额的百分之十"。因此，广州市中级人民法院认为，仲裁庭有权裁定败诉方承担一定数额的律师费，涉案仲裁庭裁决何某补偿该公司律师费未超出仲裁协议的范围，也没有违反仲裁规则的规定。

又如，在泰兴市药用包装材料有限公司与空气化工产品（南京）气体有限公司申请撤销仲裁裁决案中，涉案合同约定："双方因本合同产生的未能解决的争议，应仅提交中国国际经济贸易仲裁委员会根据该仲裁委员会的规则和程序通过仲裁最终解决。”而《中国国际经济贸易仲裁委员会仲裁规则》第五十二条规定“仲裁庭有权根据案件的具体情况在裁决书中裁定败诉方应补偿胜诉方因办理案件而支出的合理费用”，因此北京市第二中级人民法院驳回了申请人关于仲裁裁决对律师费的裁决超过仲裁协议范围的申请理由。

实际上，除了已提及的广州仲裁委员会、中国国际经济贸易仲裁委员会之外，深圳国际仲裁院、北京仲裁委员会、上海国际经济贸易仲裁委员会，以及中国海事仲裁委员会等我国知名的仲裁机构均在其仲裁规则中规定了仲裁庭有权裁定败诉方应补偿胜诉方为办理案件支出的合理费用。

其二，即使涉案仲裁规则未对办理案件支出的合理费用予以规定，法院也认为仲裁协议的约定包含了律师费、公证费等权利的争议。

例如，在曹某申请重庆谈石融资担保有限公司撤销仲裁裁决案中，当事人在《贷款展期协议》中约定：“有关本协议的一切争议可通过友好协商解决；协商不成的，本合同各方当事人向重庆仲裁委员会申请仲裁。”重庆市第一中级人民法院认为律师费等权利的争议应当属于该约定中的“与该协议有关的一切争议”范围之内，因此仲裁庭关于律师费的裁决并没有超出仲裁协议范围。

在四川宇桥铁塔有限公司、四川省广汉市第十一建筑工程有限公司申请撤销仲裁裁决案中，涉案合同中约定“本合同在履行过程中发生争议，由双方当事人协商解决，若协商不成，提交德阳市仲裁委员会仲裁”。德阳市中级人民法院认为虽然当事人在合同中未对律师费的承担作约定，但该争议是因双方履行涉案合同而产生的，因此仲裁委对此作出裁决未超出仲裁协议的范围。

在一些情况下，法院会同时基于以上两种理由驳回当事人关于仲裁庭就律师费等费用作出裁决超出仲裁协议范围的申请。本案即属于这种情形。一方面，协议中的仲裁条款约定，“因股票质押式回购产生的任何争议、纠纷，由协议各方协商解决，协商不成的，提交北京仲裁委员会仲裁”。法院认为仲裁裁决的律师费和公证费系中信证券处理双方因质押式回购协议产生的争议案而支出的费用，因此就此费用产生的争议属于仲裁协议范围。另一方面，《北京仲裁委员会仲裁规则》（2015版）第五十一条第四项明确规定，“仲裁庭有权根据双方当事人的请求在裁决书中裁定败诉方补偿胜诉方因办理案件支出的合理费用，包括但不限于律师费、保全费、差旅费、公证费用等”。法院认为仲裁委员会就该费用进行裁决符合仲裁规则的规定。因此，无论从仲裁条款的约定还是仲裁规则的规定，仲裁庭就律师费、公证费等当事人因办理案件支出的合理费用进行裁决均不会超出仲裁协议的范围。

案例 4　陕西凯莱斯科耀瓷文化股份有限公司申请撤销仲裁裁决案

【基本案情】

申请人：陕西凯莱斯科耀瓷文化股份有限公司（以下简称凯莱斯科公司），住所地为陕西省铜川市王益区黄堡工业园区。

被申请人：铜川市国土资源局，住所地为铜川市新区正阳路 9 号。

申请人申请撤销仲裁裁决的事实和理由：

申请人的诉讼请求：

凯莱斯科公司称，应依法撤销铜川仲裁委员会〔2017〕铜仲裁决字第 26 号仲裁裁决。

事实和理由：

（1）申请人与被申请人签订的《国有建设用地使用权出让合同》属于行政协议，该合同中约定的仲裁条款属于无效条款，铜川仲裁委员会无权对此进行仲裁。

（2）涉案合同中约定的违约责任过高，依法应当予以调整。

被申请人的答辩意见：

铜川市国土资源局称，本案涉案合同属于民事合同，对此《最高人民法院关于审理涉及国有土地使用权合同纠纷案件适用法律问题的解释》规定得很清楚，依法可以仲裁。申请人在仲裁期间没有对合同中仲裁条款的效力提出异议，在铜川仲裁委员会作出裁决后又以该合同属于行政协议为由提出撤销请求，不符合《仲裁法》第五十八条规定的应予撤销情形。人民法院应依法驳回申请人的撤销申请。

陕西省铜川市中级人民法院意见：

法院查明：

2017年8月15日，铜川仲裁委员会作出〔2017〕铜仲裁决字第26号仲裁裁决：（一）原仲裁被申请人凯莱斯科公司自本裁决书送达之日起 15 日内向原仲裁申请人铜川市国土资源局支付土地使用权出让金 710 万元；（二）原仲裁被申请人凯莱斯科公司自 2016 年 5 月 24 日起至实际支付日止，依照拖欠金额日 1‰向原仲裁申请人铜川市国土资源局支付违约金。

另查明，被申请人铜川市国土资源局于 2017 年 5 月 26 日向铜川仲裁委员会提出仲裁申请，请求裁决申请人凯莱斯科公司立即支付拖欠的国有土地出让金 710

万元，同时承担相关违约金及仲裁费用。铜川仲裁委员会于 2017 年 6 月 6 日立案受理，并向双方发出受理案件通知书及仲裁应诉通知书。2017 年 7 月 11 日，铜川市国土资源局选定胡解良为仲裁员，因凯莱斯科公司未在规定期限内选定仲裁员，铜川仲裁委员会指定宋海宏与该会指定的首席仲裁员闵菊花共同组成仲裁庭对本案进行仲裁。2017 年 8 月 15 日，铜川仲裁委员会对本案进行了开庭审理。申请人凯莱斯科公司的委托诉讼代理人林佩，被申请人铜川市国土资源局的委托诉讼代理人梁安到庭参加庭审。

同时查明，2016 年 3 月 4 日，申请人与被申请人签订《国有建设用地使用权出让合同》，约定被申请人向申请人出让宗地编号为 20-24-10（H9）的土地，土地使用权出让价款为 1510 万元。截至目前，凯莱斯科公司仍拖欠土地使用权出让金 710 万元。该合同第四十条约定有仲裁条款，即“因履行本合同发生争议，由争议双方协商解决，解决不成的，提交铜川仲裁委员会仲裁”。

本案审查期间，申请人与被申请人均未向本院提交新的证据。

法院意见：

本案铜川市国土资源局与凯莱斯科公司签订的《国有建设用地使用权出让合同》是铜川市国土资源局行使其行政管理职责的体现，合同的目的亦是为合理配置土地资源，促进土地开发，实现其行政管理目标，故上述合同属于行政协议。因本案行政协议中当事人一方系行政机关，双方当事人之间并非平等主体，该合同中约定的仲裁条款不符合《中华人民共和国仲裁法》第二条“平等主体的公民、法人或其他组织之间发生的合同纠纷和其他财产权益纠纷，可以仲裁”的规定，申请人认为铜川仲裁委员会无权仲裁的申请撤销理由成立，本院予以支持。申请人提出该合同中约定的违约责任过高的申请撤销理由，因该理由不属于《中华人民共和国仲裁法》第五十八条所规定的法定撤销事由，本院不予支持。

依照《中华人民共和国仲裁法》第五十八条、第五十九条、第六十条规定，裁定如下：撤销铜川仲裁委员会〔2017〕铜仲裁决字第 26 号裁决。

【案例评析】

1. 关于可仲裁事项

针对可仲裁事项，我国《仲裁法》进行了原则性规定，并对不可仲裁事项进行了列举式的规定。该法第二条规定：“平等主体的公民、法人和其他组织之间发生的合同纠纷和其他财产权益纠纷，可以仲裁。”第三条规定：“下列纠纷不能仲裁：（一）婚姻、收养、监护、扶养、继承纠纷；（二）依法应当由行政机关处理的行政争议。”另，如果仲裁裁决处理了不可仲裁的事项，当事人可在撤销仲裁裁决程序中寻求救济。《仲裁法》第五十八条第一款规定：“当事人提出证据证明裁决有下列情形之一的，可以向仲裁委员会所在地的中级人民法院申请撤销裁决：……（二）裁决的事项不属于仲裁协议的范围或者仲裁委员会无权仲裁的。”如何认定“裁决的事项不属于仲裁协议的范围或者仲裁委员会无权仲裁的”，实践中也曾存在争议。《最高人民法院关于人民法院办理仲裁裁决执行案件若干问题的规定》第十三条的规定可以作为参照：“下列情形经人民法院审查属实的，应当认定为《民事诉讼法》第二百三十七条第二款第二项规定的‘裁决的事项不属于仲裁协议的范围或者仲裁机构无权仲裁的’情形：（一）裁决的事项超出仲裁协议约定的范围；（二）裁决的事项属于依照法律规定或者当事人选择的仲裁规则规定的不可仲裁事项；（三）裁决内容超出当事人仲裁请求的范围；（四）作出裁决的仲裁机构非仲裁协议所约定。”根据前述规定，通常认为，前述第（二）（四）项属于仲裁机构无权仲裁的事项。而第（二）项则包括“不可仲裁”这一事项，即如裁决涉及不可仲裁事项，其所对应的撤裁事由为前述“仲裁委员会无权仲裁的”。需要注意的是，根据我国《仲裁法》的规定，可仲裁性属于当事人主张的撤裁事由，而无论是《纽约公约》还是《国际商事仲裁示范法》均将可仲裁性列为法院主动审查的事由。当然，也有些法域将可仲裁性列为公共政策的范畴。

2. 国有土地使用权出让合同是民事合同还是行政协议

该问题一直存在较大的争议。主张民事合同说者认为，国有土地使用权出让是一种建立在平等民事主体之间的民事法律行为，双方所签订的合同当然应当属于民事合同的范畴。《民事案件案由规定》中将“建设用地使用权出让合同纠纷”列为“合同纠纷”的下级案由，审判实践中也大都将此类案件作为民事诉讼案件审理。此外，最高人民法院民一庭编撰的《最高人民法院国有土地使用权合同纠纷司法解释的理解与适用》也采纳此观点。在该书中，民一庭认为：“土地使用权出让合同的属性问题在立法机关已有定论，我们采纳土地使用权出让合同为民事合同的观点。”理由为：第一，土地使用权出让是国家作为土地所有权人将土地使用权在一定年限内出让给受让人，从而创设土地使用权物权的一种民事行为。第二，国家在以土地所有权身份从事土地使用权出让行为时，其法律地位只是一个特殊的民事主体，与土地使用权受让人的法律地位完全平等，土地使用权出让合同的订立也完全遵循的是平等、自愿、有偿的原则，合同内容也是当事人真实的内心意愿的表达。第三，从我国目前的立法看，将土地使用权出让合同归属于行政合同没有法律依据。在〔2015〕民一终字第83号案中，最高人民法院认为："国有土地使用权出让合同纠纷属于民事诉讼受案范围，原审法院应当受理并进行实体审理。"当然，该案裁定作出时，新《行政诉讼法》尚未生效，最高院在裁定中也表示"本院还注意到，修改后的《行政诉讼法》第十二条第（十一）项有将此类纠纷纳入行政诉讼范围的趋向，但该行政诉讼法直到2015年5月1日才实施，不能作为本案审理依据。至于此法实施后发生的法律行为产生争议是否按行政争议处理，再依据新修改的《行政诉讼法》及其司法解释作出判断，此处不予赘述。"

而主张行政协议说者认为，国有土地使用权出让合同属于行政管理的一种，将其纳入行政合同更能保护土地使用权受让方的合法权益。值得注意的是，2015年新《行政诉讼法》明确将行政协议纳入了行政诉讼受案范围。该法第十二条第一款第十一项规定"人民法院受理行政机关不依法履行、未按照约定履行或者违法变更、解除政府特许经营协议、土地房屋征收补偿协议等协议而提起的诉讼"。《最高人民法院关于适用〈中华人民共和国行政诉讼法〉若干问题的解释》第十一条规定："行政机关为实现公共利益或者行政管理目标，在法定职责范围内，与公民、法人或者其他组织协商订立的具有行政法上权利义务内容的协议，属于《行政诉讼法》第十二条第一款第十一项规定的行政协议。"需注意的是，2018年2月8日《最高人民法院关于适用〈中华人民共和国行政诉讼法〉的解释》的施行，同时废止了《最高人民法院关于适用〈中华人民共和国行政诉讼法〉若干问题的解释》。实践中，许多法院曾依据前述条文将土地使用权出让合同认定为行政协议，并据此认定仲裁条款无效。例如，在〔2017〕皖08行辖终1号案中，安庆市中级人民法院认为："《最高人民法院关于适用〈中华人民共和国行政诉讼法〉若干问题的解释》第十一条规定：'行政机关为实现公共利益或者行政管理目标，在法定职责范围内，与公民、法人或者其他组织协商订立的具有行政法上权利义务内容的协议，属于《行政诉讼法》第十二条第一款第十一项规定的行政协议。'本案中，安庆市国土资源局与安庆市迎春房地产开发有限公司签订国有土地使用权出让合同，是依法行使国家土地行政管理职权的行为。一审法院认定该国有土地使用权出让合同系行政协议，双方在行政协议中约定的仲裁条款为无效条款正确。"从目前来看，将国有土地出让协议纳入行政诉讼受案范围仍为主流观点。例如，浙江省已将所有的国有土地使用权出让合同划归行政庭。最高人民法院杨科雄法官曾在《人民法院报》发表《国有土地使用权出让合同是民事合同还是行政协议？》一文，指出，"国有土地使用权出让合同是管理和特许使用国有土地使用权行为的方式，是政府机关履行国有土地行政职能，实现国有土地合理高效使用的有效途径，是依据行政管理法规，在协商的基础上订立的明确政府和使用者之间权利、义务关系的协议。根据新修改的行政诉讼法规定，应当明确将国有土地使用权出让合同作为行政协议，在不减损当事人适用民事规则时已获得的权利义务的前提下，将政府这只‘有形的手’关进公法规则这个制度的笼子里。”

第二章 仲 裁 员

第一节 仲裁员之法律原理

一、仲裁员的资格条件

（一）仲裁员的资格条件概述

仲裁员，广义上是指仲裁机构按一定规则聘任的、列入其仲裁员名册的人。狭义上是指纠纷当事人按一定的规则直接或间接选定的仲裁其纠纷的人。

仲裁机构大多备有自己的仲裁员名册供当事人选择，名册上的仲裁员是仲裁机构按一定的条件从各界人士中聘任的。

就国际仲裁立法和实践而言，关于仲裁员的资格条件，国籍、性别、宗教、住所等因素不构成出任仲裁员的障碍。

关于仲裁员资格条件的规定，大体上有四种情形：

其一，对仲裁员的资格条件予以详细而严格的规定，如中国内地和台湾地区。我国的台湾地区 1998 年修订的《仲裁法》规定：仲裁员应为自然人，是具有法律或其他各业专门知识或经验、信望素孚之公正人士。

其二，除上述严格规定外，有些国家对仲裁员还有某种特别要求。如沙特阿拉伯，仲裁员除要求有良好的行为准则和完全行为能力外，还必须是从事自由职业的穆斯林；仲裁员也可以是政府雇员，但须经该政府部门认可；如果仲裁员不止 1 名，则第三名仲裁员必须懂得穆斯林规范、商业规则和在沙特阿拉伯适用的习惯和传统；仲裁员不得与当事人有利害关系，不曾受过刑事处分或政纪命令从公共职位上撤职，或被判为破产。

其三，一些国家或地区仅要求仲裁员具有完全行为能力即可。换言之，普通人就可被委任为仲裁员。欧洲大陆的法国、瑞典、比利时、荷兰、罗马尼亚、波兰、葡萄牙、希腊等国及南美洲的阿根廷、非洲的埃及即如此。

其四，一些国家或地区对仲裁员的资格条件在立法上不作直接规定。如英国，其成文法上并没有仲裁员资格的规定，但要求法院尊重当事人对仲裁员资格的直接或间接约定，后者指，当事人选择机构仲裁又未约定仲裁员资格条件时，应遵守仲裁机构的有关规定。

以上四种情况，也可粗略分成两种，即前两种为严格资格条件，后两种为普通资格条件。

法律上规定普通资格条件的是大多数国家，仲裁员可以是专家，但不必一定是专家。在立法技巧上，这种多数国家采用的做法更为合理。

列举仲裁员资格条件的法条难免挂一漏万，虽然其出发点是为了保障仲裁员的素质，但对当事人委任仲裁员的自由限制更多，不利于广泛地吸纳专业人士进入仲裁行业、广纳贤才。而且，由当事人控制仲裁员的素质，便于其针对纠纷的不同特点委任相应的仲裁员，也使当事人对裁决的质量负有一定的归责感。

（二）《仲裁法》关于仲裁员资格条件的规定

1. 国籍条件

就国内仲裁而言，尽管《仲裁法》没有明确规定仲裁员的国籍问题，但从立法精神和语句表述看，仲裁员应为中国籍公民。

涉外仲裁方面，《仲裁法》第六十七条规定，涉外仲裁员可以从外籍人士中聘任。

2. 品德条件

《仲裁法》第十三条第一款规定，仲裁委员会应当从公道正派的人员中聘任仲裁员。

3. 专业条件

《仲裁法》第十三条第二款规定，仲裁员应当具有下列专业条件之一：

（1）通过国家统一法律职业资格考试取得法律职业资格，从事仲裁工作满八年的。之所以要求“从事仲裁工作满八年”，是因为长期从事仲裁工作可以更深入地了解仲裁的性质和特点，从实质上把握行使仲裁权的方法，有利于当事人纠纷的迅速解决。从事仲裁工作满八年，在仲裁法实施之初包括两种情况：在本法施行前设立的仲裁委员会工作过八年；或者在本法施行前设立的仲裁委员会工作，又在本法施行后新组建的仲裁委员会中工作共八年的。这样规定，是考虑到本法颁布前后仲裁工作的衔接性，把一部分曾经长期从事仲裁工作，具有丰富的仲裁工作经验的人充实到仲裁员队伍中来。现在的含义是指在仲裁机构从事日常管理工作（如仲裁委员会会议的组成人员）和经办仲裁案件的仲裁机构内部人员（仲裁委员会秘书处的工作人员），他们在仲裁机构工作一定年限（如八年）后，由于熟悉仲裁程序，又积累了案件审理的经验，仲裁机构往往会将其中优秀者聘为仲裁员。学者称这部分仲裁员为驻会仲裁员（但有一些仲裁委员会禁止驻会仲裁员的存在，如北京仲裁委员会）。《仲裁法》在2017年9月1日修改前，对仲裁员的专业条件并没有“通过国家统一法律职业资格考试取得法律职业资格”这一要求。2017年9月1日《仲裁法》修改后，既要求“通过国家统一法律职业资格考试取得法律职业资格”，又要求“从事仲裁工作满八年”，二者是并列关系，缺一不可。

（2）从事律师工作满八年的。主要是考虑通过多年的律师经验，可以具有更强的分析问题、解决问题的能力，更能具有驾驭当事人之间纠纷解决的能力，而不是仅从某一方当事人的利益或者角度出发进行审理和裁决。

律师可以担任仲裁员已为各国仲裁立法或仲裁实践所接受，只不过法律对律师担任仲裁员的具体条件的规定有所不同。有些法律的规定具有强制性，即仲裁员必须是律师。在国际商事仲裁实践中，由于国际商事仲裁的法律性质，大多数国际商会的仲裁员是律师。在仲裁庭组成程序中，如果仲裁庭的组成采用独任仲裁员的形式，则一般任命1名律师为独任仲裁员；如果仲裁庭由3名仲裁员组成，其中至少应有1名是律师或具有法律专长的人，仲裁庭的另2名仲裁员是否是律师，则因情况不同而异，如果争议主要涉及法律问题，则可指定律师为仲裁员。如《德国仲裁协会仲裁规则》第二条第二款规定：“除非当事人另有约定，首席仲裁员或独任仲裁员应为律师。”

（3）曾任法官满八年的。这一规定表明，现任法官不得具有仲裁员资格，即禁止现任法官担任仲裁员。为进一步明确《仲裁法》的这一规定，最高人民法院于2004年还专门发布了《关于现任法官不得担任仲裁员的通知》。因此，即使当事人协议选定现任法官为仲裁员，该选定亦无效。而曾经具有八年法官经历的人才有资格成为仲裁员。尽管仲裁员与法官行使权力的性质不同，法律依据不同，甚至方法手段也不同，但是从程序的角度出发，两者又具有诸多相同点，如对证据的调查收集，对案件审理的程序把控、裁判权的运用等。因此，对长期从事审判的法官来说，运用丰富的程序指挥经验，有利于仲裁纠纷案件的顺利进行与纠纷的解决。

（4）从事法律研究、教学工作并具有高级职称的。具有高级职称的法律研究、教学工作者是长期站在法律研究和教学第一线，从事理论研究和探讨理论与实践相结合的专家，他们具有深厚的理论功底、严谨的科研态度和较强的分析问题、解决问题的能力，往往对于法律的理解、对于纠纷中当事人之间权利义务关系的分析以及解法说理方面等都具有突出的优势。从实践中看，相当多的从事法律研究、教学工作的学者正在承担仲裁员的角色，并为仲裁制度的发展起着积极作用。

(5) 具有法律知识、从事经济贸易等专业工作并且具有高级职称或具有同等专业水平的。通过仲裁解决发生在经济贸易中的纠纷是仲裁解决纠纷的主要方向，特别是在国际商事活动中表现得更为明显，大多数经济贸易纠纷的当事人选择通过仲裁解决所发生的纠纷。而经济贸易纠纷的重要特点之一是专业性强，因此，赋予具有法律知识、从事经济贸易等专业工作并具有高级职称或者具有同等专业水平的人仲裁员资格，可以有效地解决仲裁中涉及的各种专业问题、疑难问题，对顺利、公正地解决纠纷具有积极意义。

二、仲裁员的聘任与指定

在实行名册制的情况下，仲裁机构要从符合法定条件的人士中聘请仲裁员并将其列入仲裁员名册，当事人一般只能在仲裁员名册范围内指定仲裁员。

但无论是否实行名册制，审理具体仲裁案件的仲裁员，都是依当事人直接或间接的选择且经被选择者本人同意而产生的。

中国《仲裁法》规定，仲裁委员会应当按照不同专业设立仲裁员名册，以利于当事人选择指定。

（一）仲裁员的聘任

《仲裁法》规定设立仲裁委员会的条件之一，是该委员会有聘任的仲裁员。同时《仲裁法》还规定，仲裁员由仲裁委员会聘任。这样就产生了一个矛盾，仲裁委员会尚未成立，又何来仲裁员，而没有仲裁员，仲裁委员会不符合设立条件。

为此，国务院《仲裁委员会登记暂行办法》作了专门规定：仲裁委员会办理设立登记时，除其他文件外，对有仲裁员这一条件，只需提交拟聘任的仲裁员名册即可。

对仲裁员的聘任程序：仲裁委员会筹备组根据已了解到的情况，与符合《仲裁法》规定的仲裁员条件的人士取得联系，对本人愿意被聘为本仲裁委员会仲裁员的人士，发给《拟聘任仲裁员登记表》。被聘任的人士必要时应征得所在单位的同意，特别是党、政部门的现职工作人员更应如此。一旦仲裁委员会正式登记成立，即应由仲裁委员会为所聘任仲裁员颁发聘书。

根据《仲裁委员会章程示范文本》的规定，仲裁员的聘任期为 3 年，期满可以继续聘任。另外，仲裁委员会亦可视需要随时增聘仲裁员。

（二）仲裁员的指定

仲裁委员会受理仲裁申请后，应当在仲裁规则规定的时间内（《仲裁委员会仲裁暂行规则示范文本》规定为15天），将仲裁规则、仲裁员名册和仲裁费用表送达申请人，将仲裁申请书副本及附件、仲裁规则、仲裁员名册和仲裁收费表送达被申请人。

当事人有权选择是由3名仲裁员组成仲裁庭，还是由1名仲裁员组成仲裁庭。如果由3名仲裁员组成仲裁庭，设首席仲裁员，当事人应当各自选定或者委托仲裁委员会主任指定1名仲裁员，第三名仲裁员由当事人共同选定或共同委托仲裁委员会主任指定，第三名仲裁员任首席仲裁员。

当事人约定由1名仲裁员成立仲裁庭的，应当由当事人共同选定或共同委托仲裁委员会主任指定。

当事人未在仲裁规则规定的时间内约定仲裁庭的组成方式的，由仲裁委员会主任确定；当事人未在仲裁规则规定的时间内选定或委托仲裁委员会主任选定仲裁员的，由仲裁委员会主任代为指定。

是否必须从仲裁员名册中指定仲裁员，中国《仲裁法》没有明文规定。但从该法有关条文及中国仲裁机构的仲裁规则来看，当事人或仲裁委员会主任都只能在仲裁员名册中指定仲裁。换言之，中国实行的是“强制名册制”。

近年来，国内亦有少数机构尝试有条件地实行“推荐名册制”。如《中国国际经济贸易仲裁委员会仲裁规则》（2005年5月1日起施行文本）第二十一条规定，当事人原则上应从仲裁委员会提供的仲裁员名册中选定仲裁员，但经仲裁委员会主任依法确认，当事人也可以在仲裁员名册之外选定仲裁员。

从中国关于仲裁员聘任与指定的规定来看，中国的仲裁员都是兼职的，即便驻会仲裁员也是如此。

三、仲裁员的回避与更替

（一）仲裁员的回避

仲裁员是否与案件当事人、案件本身存在利害关系将影响到仲裁庭能否公正、独立地作出仲裁裁决。各国仲裁立法和仲裁机构的仲裁规则均规定了仲裁程序中仲裁员的回避和更替制度。仲裁员的回避，是指仲裁员具有影响或可能影响案件公正裁决的情形时，依照法律的规定应当退出仲裁程序。根据我国《仲裁法》的规定，仲裁员回避制度的内容包括：

1. 回避的事由

《仲裁法》第三十四条规定，仲裁员有以下情形之一的，必须回避：是本案当事人或者当事人、代理人的近亲属；与本案有利害关系；与本案当事人、代理人有其他关系，可能影响公正仲裁的；私自会见当事人、代理人，或者接受当事人、代理人的请客送礼的。

仲裁实践中当事人很难行使回避申请权，因为当事人很难查明仲裁员是否存在回避事由。我们认为，建立仲裁员信息披露制度有助于当事人行使回避申请权。仲裁员信息披露是一项被普遍接受的制度，它要求仲裁员应当将可能影响到商事仲裁程序中仲裁员公正性的情事向当事人以及其他仲裁员披露。值得注意的是，仲裁制度以当事人意思自治为基础，因此，披露并不必然导致仲裁员退出仲裁活动，只要在及时披露并使当事人知晓的情况下，当事人没有提出回避申请的，该仲裁员仍可接受指定或继续履行其仲裁员的职责。

2. 回避的方式与时间

《仲裁法》规定了两种回避方式，即仲裁员自行回避以及当事人申请回避。仲裁员自行提出回避没有时间限制，按通常理解，仲裁员可在仲裁程序的全过程中的任何时间依法定事由自行提出回避。当事人提出回避申请的，应在首次开庭前提出。回避事由在首次开庭后知道的，可以在最后一次开庭终结前提出。

我们认为，我国《仲裁法》第三十五条对当事人提出回避申请的时间限制的规定有不足之处。首先，法律以“首次开庭前”和“最后一次开庭终结前”为界限，那么，如果当事人约定不开庭审理则当事人因此丧失了提出回避申请的权利。其次，如果当事人对于仲裁员存在回避情形是在首次开庭后知道的，而仲裁庭在首次开庭后就决定不再开庭的，那么当事人如何行使自己的回避申请权呢？为此，我们认为，法律对当事人回避请求的提出时间应当作更灵活的规定。

3. 回避的决定权

我国法律将仲裁员回避的决定权赋予仲裁委员会主任；仲裁委员会主任担任仲裁员时，由仲裁委员会集体决定。

4. 回避的法律效力

仲裁员因回避不能履行职责的，应当依照《仲裁法》的规定重新选定或者指定仲裁员。当事人可以请求已进行的仲裁程序重新进行，是否准许由仲裁庭决定；仲裁庭也可以自行决定已进行的仲裁程序是否重新进行。仲裁员回避决定作出之前，被申请回避的仲裁员能否继续行使仲裁权？我国《仲裁法》对此并无明确规定。2004 年《中国海事仲裁委员会仲裁规则》以及 2012 年《中国国际经济贸易仲裁委员会仲裁规则》均规定在回避决定作出之前，被请求回避的仲裁员应当继续履行职责。

（二）仲裁员的更替

仲裁员的更替，是指组成仲裁庭的仲裁员因回避或者其他原因不能履行其职责时，由当事人重新选定仲裁员或者由仲裁机构重新指定仲裁员。仲裁员回避是导致仲裁员更替的原因之一。仲裁员更替的另一种情形是“因其他原因不能履行职责”。所谓其他原因，通常指仲裁员死亡、辞职、成为无行为能力人或限制行为能力人等。

我国《仲裁法》规定仲裁庭的组成人数为奇数，因此当出现仲裁员因回避或者其他原因不能履行其职责时，便要更替仲裁员以保证仲裁庭组成的有效性。但是，从国际仲裁立法和实践来看，在特殊情况下可以由剩下的仲裁员继续进行审理并作出仲裁裁决而无须更替仲裁员。这种情况主要指出现“瘸腿仲裁庭”的情形。在出现瘸腿仲裁庭后，国际仲裁界一般有两种做法：一种是指定替代的仲裁员，另一种是规定由余下的仲裁员继续进行仲裁程序并作出裁决。如果瘸腿仲裁庭出现在仲裁程序进行的初期，则通常倾向于指定替代的仲裁员组成仲裁庭继续审理案件；如果瘸腿仲裁庭出现在仲裁程序进行的后期，即在仲裁程序即将结束之时，一方当事人指定的仲裁员提出辞职或拒绝参加合议或拒绝在裁决书上签字，则由余下的仲裁员继续进行仲裁程序并作出裁决，这是一种有效地防止拖延仲裁程序的措施。近年来，各主要仲裁机构纷纷在其仲裁规则中就瘸腿仲裁庭继续仲裁的权力作出规定，以防止由于仲裁员不合作而造成的程序拖延。《美国仲裁协会国际仲裁规则》首先明确规定在第三名仲裁员未能参加商议时，其余两名仲裁员可以在他们的权限范围内继续仲裁并作出裁决。国际商会国际仲裁院、伦敦国际仲裁院以及斯德哥尔摩商会仲裁院的仲裁规则均规定出现瘸腿仲裁庭在一定条件下可继续仲裁程序直至作出裁决，节省了当事人的时间、精力和金钱。我国仲裁法律和仲裁规则尚未对瘸腿仲裁庭予以认可，在出现瘸腿仲裁庭时只能按照原来的程序指定替换仲裁员，以恢复仲裁庭的正常功能。我们认为，在瘸腿仲裁庭情况下，有条件地赋予由剩下的仲裁员组成的仲裁庭的有效性，能够在一定程度上避免仲裁程序的拖延，值得我国立法借鉴。[1]

[1] 江伟，肖建国 . 仲裁法 [M]. 北京：中国人民大学出版社，2016：93-94.

四、仲裁员的责任

（一）概念

仲裁员责任是指仲裁员在履行职责时，因存在法律规定的过错行为而对当事人或社会所承担的责任。严格来说，仲裁员的责任应当包括三种形式，即当事人施加的责任、道德责任和法律责任，而尤以法律责任最为复杂、最具有强制性，因而争论也最多。因此，本书主要阐述仲裁员的法律责任。

关于仲裁员的法律责任，理论上讲也包括刑事责任和行政性责任，但通常是指仲裁员是否要对其在仲裁过程中实施的故意或过失行为而给当事人造成的损失承担民事责任。如无特别说明，仲裁员的责任一般就是指仲裁员的民事责任。

仲裁员的责任也可以称为仲裁责任，不过在文义上，仲裁责任还包括仲裁机构对当事人的民事责任。

（二）学说

关于仲裁员责任制度问题，在世界各国理论和立法实践中，目前主要有三种观点：

1. 以大陆法系为代表，将仲裁视为契约行为，因而主张仲裁员应当承担民事责任

大陆法系国家认为，当事人直接或间接地指定仲裁员，让仲裁员为解决其争议服务同时为此仲裁服务支付费用，因此主张仲裁员应像法官一样，承担专业注意责任和公正责任。如果因疏忽给当事人造成了损失，则要承担民事责任。而且，仲裁员应当公正地履行职责，平等地对待各方当事人，不得接受贿赂，不得欺诈和滥用职权，否则可以撤销裁决或对裁决提出异议，并且可以要求仲裁员个人承担责任。

2. 以英美法系为代表，认为仲裁员在履行职务时不因自己的专业过错承担任何法律责任，仲裁是一种准司法行为，主张仲裁员享有豁免权

英美法系国家的仲裁豁免论源自司法豁免论。在英美国家，这种观点还认为，不但仲裁员可以享有仲裁豁免权，仲裁豁免权还可延伸至仲裁机构。

理论依据：

（1）仲裁是替代法院解决争议的一种方式，仲裁员履行的是一种准司法职能。

（2）实行仲裁员责任豁免，可以保持仲裁程序的完整性。因为如果让仲裁员承担个人责任，败诉一方当事人可能会滥用申诉权随意指控仲裁员缺乏应有小心而对裁决提出异议，要求重新审理，仲裁作为一种省时省钱的解决争议方式，必然因此而失去应有的价值。

（3）国家政策鼓励仲裁。因为仲裁作为替代诉讼的争议解决方法，一直被大力推广和鼓励，而仲裁豁免论显然有利于国家这项政策的实现。

（4）避免仲裁质量下降。如果仲裁员面临着承担责任的风险，会使仲裁员在仲裁过程中过分小心，并且可能导致一些有责任心和有能力的人因为害怕承担责任而拒绝接受委任，从而可能引起仲裁质量下降，使仲裁事业蒙受损失，这显然是不明智的。

3. 折中观点，主张有限豁免论

上述两种观点都不足以服众。要求仲裁员承担完全的责任和仲裁员绝对豁免，都缺乏有说服力的理由，前者可能不利于支持仲裁，后者可能不利于保障仲裁质量。为了调和上述两种完全不同的主张，人们提出了仲裁员责任有限豁免论，即有条件地承认仲裁员在一定范围内的民事责任豁免。所谓“有条件”是指：其一，仲裁员必须是真正的仲裁员，区别于一般的调解人员或专家；其二，仲裁员的指定和仲裁协议均为有效。所谓“一定的范围”，主要是指仲裁员在以下情况下民事责任不得豁免：（1）仲裁员在其与案件有利害关系时没有回避；（2）仲裁员无正当理由终止职务；（3）仲裁员没有及时作出裁决；（4）仲裁员出于“恶意”，未能公正地审理和裁决，如仲裁员接受当事人贿赂等。

不少国家在仲裁实践中采取这种做法。如在德国，仲裁员不因其过失而对行使职务中的违约或侵权行为承担责任，但有关程序错误的责任不在免责范围中。英国 1996 年《仲裁法》第二十九条第一款规定，仲裁员不对其在履行或试图履行其职权过程中的任何作为或不作为承担责任，除非该作为或不作为表明其违反了诚信原则。由此可见，法律中虽然明确赋予仲裁员以责任豁免权，但也排除了其出于“恶意”作为或不作为的情况。

（三）我国《仲裁法》关于仲裁员责任的有关规定及评析

在我国《仲裁法》颁布实施以前，有关仲裁的法律法规对仲裁员的仲裁责任未作明确规定，实践中也没有出现仲裁员承担仲裁责任的案例。现行《仲裁法》规定，仲裁员私自会见当事人、代理人或者接受当事人、代理人的请客送礼且情节严重的，或在仲裁案件时有索贿受贿、徇私舞弊、枉法裁判的，应当依法承担法律责任，仲裁委员会应当将其除名。据此，我国采用“仲裁有限豁免论”，仲裁员在一定情况下对自己的过错行为承担责任，承担责任的方式有二：其一是法律责任，其二是仲裁委员会将其除名。然而，《仲裁法》对仲裁员承担法律责任的具体方式并无明文规定，《刑法》第三百九十九条之一规定了“枉法仲裁罪”，即

"依法承担仲裁职责的人员，在仲裁活动中故意违背事实和法律作枉法裁决，情节严重的，处三年以下有期徒刑或者拘役；情节特别严重的，处三年以上七年以下有期徒刑"。但对于仲裁员是否承担民事责任、承担何种民事责任，法律并未进一步规定。

对于我国现有法律关于仲裁员承担法律责任方面的规定，我们认为：首先，仲裁属于契约行为，仲裁员因违反《仲裁法》的规定，给当事人造成经济损失的，应当承担民事责任。《仲裁法》规定的仲裁员的法律责任应主要是民事责任。在追究其民事责任时应当适用民商事法中有关合同的规定，有过错的仲裁员，对遭受损失的当事人应负违约责任。其次，关于"枉法仲裁罪"。《刑法修正案（六）》的出台可谓是"一石激起千层浪"，支持和反对观点针锋相对。近年来仲裁领域出现一些仲裁员在履行职责的过程中，非法收受当事人财物或者向当事人索取财物、徇私枉法的情况，通过立法强调仲裁员应当善意、勤勉地履行职责，无疑具有积极意义。但是，以刑罚的方式追究仲裁员的责任则可能产生负面影响：一方面，它可能导致仲裁员由于担心受到刑事处罚而不能自由地运用其专业知识提供仲裁服务，不利于仲裁事业的发展；另一方面，仲裁的依据不一定是法律，很多情况下是交易习惯、国际惯例或者公平原则，此时不能说仲裁员"枉法裁判"。在刑事诉讼中应当注意枉法仲裁罪与非罪之间的区分，枉法仲裁罪是情节犯，只有达到"情节严重"才构成犯罪。

第二节　有关仲裁员之典型案例

案例5　常德邵商置业有限公司湘西北国际五金机电城申请确认仲裁协议无效案

【基本案情】

申请人：常德邵商置业有限公司湘西北国际五金机电城。

被申请人：汤德斌。

申请人申请确认仲裁协议无效的事实和理由：

被申请人汤德斌与常德市邵阳商会投资咨询服务中心（以下简称投资服务中

心）签订的《委托投资合同书》第八条约定："因本协议而产生或与本协议有关的一切争议，如友好协商未能解决，应向常德仲裁委员会仲裁，仲裁不成向常德市武陵区人民法院提起诉讼。"该条款的含义为与本协议有关的一切争议，向常德市仲裁委员会申请仲裁，如果争议产生后不能达成仲裁协议，则向武陵区法院起诉，所以该条同时约定了仲裁和诉讼两种相互排斥的纠纷解决方式，即"或裁或审"。根据《中华人民共和国仲裁法》第十七条、第二十条，最高人民法院《关于适用〈中华人民共和国仲裁法〉若干问题的解释》第七条规定的无效情形，提请法院确认仲裁协议无效。

被申请人的答辩意见：

（1）仲裁协议中有明确请求仲裁的意思表示。

（2）"仲裁不成"并不是对解决争议的方式尚未确定的意思表示，而是提起仲裁后，如果纠纷不属于仲裁机构的受案范围，出现仲裁机构不予受理或受理后予以"驳回"的情形时，当事人还可以向法院另行起诉。因此，"仲裁不成"，并不是指解决争议的方式还没有约定，而是如果不能够进行仲裁时可以向人民法院起诉。

（3）本案仲裁协议是一种顺序性约定，不是"或裁或诉"的选择性约定。仲裁条款中明确约定"应向常德仲裁委员会仲裁"，只有申请仲裁后不能进行仲裁时才能向人民法院起诉。

综上，湘西北机电城请求湖南常德市中级人民法院确认仲裁协议无效的理由不能成立，法院应予驳回。

湖南常德市中级人民法院意见：

法院查明：

2015年10月2日，湘西北机电城向投资服务中心出具了一份《授权委托书》，内容为"经公司决定，授权委托常德市邵阳商会投资咨询服务公司（该名称系投资服务中心在营业场所的挂牌名称）授权引资叁仟万元整，用于项目在建工程款支付，保证委托方合法使用资金，授权方到位的资金按股金进入，不收任何费用"。此后湘西北机电城未再向投资服务中心作出对上述授权的补充或予以其他授权。2017年1月期间，汤德斌在知晓湘西北机电城与投资服务中心之间存在《授权委托书》的情况下，与投资服务中心签订了《委托投资合同书》，约定汤德斌在协议期内将自有资金全权委托给投资服务中心进行投资管理服务，受托投资的项目为湘西北国际五金机电城，其中第八条就争议解决方式约定为"因本协议而产生或与本协议有关的一切争议，如经友好协商未能解决，应向常德仲裁委员会仲裁，仲裁不成向常德市武陵区人民法院提起诉讼"。后汤德斌根据上述协议中的仲裁条款，向常德仲裁委员会提起仲裁，常德仲裁委员会受理了该案。

2017年5月24日，投资服务中心停止营业。舒新飞自2014年11月17日至2015年10月26日期间担任投资服务中心的法定代表人，自2015年10月26日起改由黄建国担任投资服务中心的法定代表人；湘西北机电城的负责人原为黄建国，自2017年5月27日起，改由舒新飞担任湘西北机电城负责人；2019年3月14日湘西北机电城的负责人变更为舒军飞。

法院意见：

本案中，湘西北机电城与投资服务中心具有委托代理关系，投资服务中心与汤德斌签订《委托投资合同》时，披露了投资服务中心与湘西北机电城之间的委托代理关系，并且湘西北机电城与投资服务中心为关联企业，其主要负责人混同，故依据《中华人民共和国合同法》第四百零二条“受托人以自己的名义，在委托人的授权范围内与第三人订立的合同，第三人在订立合同时知道受托人与委托人之间的代理关系的，该合同直接约束委托人和第三人，但有确切证据证明该合同只约束受托人和第三人的除外”，《委托投资合同》中约定的仲裁条款亦应约束湘西北机电城。

《中华人民共和国仲裁法》第二十条规定，当事人对仲裁协议的效力有异议的，可以请求人民法院作出裁定。人民法院应依据《仲裁法》第十七条和第十八条的规定进行审查。《中华人民共和国仲裁法》第十七条规定：“有下列情形之一的，仲裁协议无效：（一）约定的仲裁事项超出法律规定的仲裁范围的；（二）无民事行为能力人或者限制民事行为能力人订立的仲裁协议；（三）一方采取胁迫手段，迫使对方订立仲裁协议的。”第十八条规定：“仲裁协议对仲裁事项或者仲裁委员会没有约定或者约定不明确的，当事人可以补充协议；达不成补充协议的，仲裁协议无效。”上述规定是人民法院确认仲裁协议无效的法定事由。

本案中，由所涉《委托投资合同》中双方在第八条争议解决方式的条款明显可知，双方约定了明确的“请求仲裁的意思表示”（应向常德仲裁委员会仲裁）、“仲裁事项”（因本协议而产生或与本协议有关的一切争议）和“选定的仲裁委员会”（常德仲裁委员会），符合《中华人民共和国仲裁法》第十六条的规定，该仲裁协议应为有效。虽然协议双方在第八条明确约定以仲裁方式解决争议，又于同一条款约定仲裁不成向常德市武陵区人民法院提起诉讼，但从表述内容、顺序看，双方并未否认、变更以仲裁方式优先解决争议的意思表示，不能理解为属于《最高人民法院关于适用〈中华人民共和国仲裁法〉若干问题的解释》第七条规定的“可以向仲裁机构申请仲裁也可以向人民法院起诉”的仲裁协议无效的情形，即不属于“或裁或审”的情形。

综上，湘西北机电城认为协议第八条同时约定了仲裁和诉讼两种相互排斥的纠纷解决方式，仲裁协议属于“或裁或审”的无效情形的主张，本院不予支持。依照《中华人民共和国仲裁法》第十六条、第二十条，《中华人民共和国民事诉讼法》第一百五十四条第一款第十一项规定，裁定如下：驳回常德邵商置业有限公司湘西北国际五金机电城的申请。

【案例评析】

1. 关于直接代理和间接代理

以行为人所为法律行为的后果是否直接归属于被代理人，代理制度有直接代理和间接代理的区分。直接代理是根据被代理人的授权直接将行为后果归属于被代理人。《民法总则》第一百六十二条规定：“代理人在代理权限内，以被代理人名义实施的民事法律行为，对被代理人发生效力。”间接代理则是行为人以自己的名义与相对人实施法律行为，并根据其与委托人之间的合同关系将行为后果归属于委托人。鉴于大陆法系强调代理制度的显名原则，要求行为人以被代理人的名义行事，有观点认为间接代理与代理制度相去甚远，非真正意义上的代理制度。《民法总则》第七章“代理”也未对间接代理进行规定。理论上，对于《合同法》第四百零二条的规定是否同样适用于仲裁条款，同样存有争议，大致有三类观点：第一，仲裁条款属于合同的组成部分，第四百零二条适用于仲裁条款；第二，仲裁条款具有独立性，第四百零二条并不适用于仲裁条款；第三，仲裁条款系关于争议解决方式的约定，在合同中地位特殊，第四百零二条中受托人与第三人签署仲裁条款，已经逃离出该条所述“合同”的可能文义射程。因此，仲裁条款是否能够适用，属于法律漏洞，采取不同解释方法，可能有不同的结果。而在司法实践中，大多数法院倾向于持肯定的观点。

2. 关于委托人自动介入后的法律地位

《合同法》第四百零二条规定：“受托人以自己的名义，在委托人的授权范围内与第三人订立的合同，第三人在订立合同时知道受托人与委托人之间的代理关系的，该合同直接约束委托人和第三人，但有确切证据证明该合同只约束受托人和第三人的除外。”存在争议的是，委托人自动介入后，是取代了受托人的地位，还是与受托人并存？即理论上有关“受托人地位取代说”和“受托人地位保留说”的争议。从本案裁定书有关“《委托投资合同》中约定的仲裁条款亦应约束湘西北机电城”的论述来看，法院似乎持“受托人地位保留说”的观点，《委托投资合同》中约定的仲裁条款同时约束委托人和受托人。理论上认为“受托人地位取代说”更具合理性，符合代理制度的本质，也更加符合《合同法》第四百零二条有关“该合同直接约束委托人和第三人”规定的文义本身。“受托人地位取代说”亦是实践中的多数观点。如在《陈三平与杜江宁、赵永峰、张恒、朱新平买卖合同纠纷再审民事判决书》（〔2013〕新兵民提字第00024号）中，新疆维吾尔自治区高级人民法院生产建设兵团分院指出：“该条规定了第三人在订立合同时知道受托人与委托人之间的代理关系的，委托人可以自动介入到受托人和第三人所签订的合同中，取代受托人的合同地位，直接向第三人主张权利，此规定是对合同相对性原则的突破。”

3. 关于仲裁不成诉讼的条款

涉案《委托投资合同书》第八条规定：“……仲裁不成向常德市武陵区人民法院提起诉讼。”对于这类条款的效力，目前司法实践尚未形成一致意见。认为无效的理由主要在于这类条款约定了仲裁和诉讼两个相互排斥的纠纷解决方式。如在《浙江海瑞电气有限公司诉上海中发电气（集团）股份有限公司申请确认仲裁协议效力一案一审民事裁定书》（〔2017〕沪01民特130号）中，上海市第一中级人民法院认为“参考该条款中‘协商解决不成……仲裁不成……’的表述，此处的‘仲裁不成’中的‘不成’与‘协商解决不成’中的‘不成’更宜理解为具有连贯一致的含义，即经仲裁后任意一方对仲裁处理结果仍有异议。鉴于对仲裁裁决有异议可以起诉的情况违反了仲裁的终局性原则以及仲裁排除法院管辖的原则，相当于同时约定仲裁或者诉讼”。认为有效的理由则在于该约定体现了仲裁的优先性。《最高人民法院关于适用〈中华人民共和国仲裁法〉若干问题的解释》第七条规定的可诉可裁条款与类似于本案这种“先仲裁后诉讼”条款有着明显的区别，前者没有先后顺序，极易导致管辖权冲突，而后者则明确将仲裁列为优先。本案裁定书即是例证。再如在《芜湖丹凤朝阳妇科医院、芜湖市东进装饰工程有限公司等申请确认仲裁协议效力民事裁定书》（〔2015〕芜中民仲字第00007号）中，安徽省芜湖市中级人民法院指出“协议明确约定仲裁不成的，诉讼于属地人民法院。也就是说，仲裁不成是诉讼的前置条件，而本案并不具备不能仲裁的情形，这也就排除了人民法院的司法管辖权”。从尽量使仲裁协议有效的原则出发，对于此类条款应分开来看，关于仲裁的约定应为有效，而关于仲裁后再诉讼等涉及仲裁诉讼衔接问题的约定，因违反《仲裁法》一裁终局的规定而无效。后一部分的无效，并不影响仲裁约定的效力。这种认定方式，在实践中已经逐渐成为主流。

案例 6　曾华荣、王春申请撤销仲裁裁决案

【基本案情】

申请人：曾华荣、王春。

被申请人：叶俊全、曹丽芹。

申请人申请撤销仲裁裁决的主要理由：

第一，仲裁庭组成及仲裁过程违法。（1）首席仲裁员罗剑雯与对方选定的仲裁员卢跃峰存在直接的利害关系，违反披露义务未予披露，有法定应予回避的情形却未回避，广州仲裁委员会驳回回避申请违反仲裁程序。首席仲裁员罗剑雯系中山大学副教授（硕士生导师）、广州仲裁委员会仲裁员、广东凯通律师事务所律师，而仲裁员卢跃峰在中山大学读硕士期间与罗剑雯存在师生关系，并极可能存在直接的指导关系。而卢跃峰于 2007 年创办广东凯通律师事务所，至 2011 年转投大成广州律师事务所，罗剑雯作为广东凯通律师事务所兼职律师，与卢跃峰一直是同事关系，更可能存在共办业务等直接利益关系。（2）仲裁庭接受被申请人叶俊全、曹丽芹的变更仲裁请求违法。仲裁庭组成时间与被申请人叶俊全、曹丽芹提出变更仲裁请求的时间在同一天，不合常理，明显存在暗箱操作的问题，违反公开、公正、公平的原则。（3）仲裁庭采纳未经质证且不具有法律效力的《声明》，将上述材料作为认定事实的依据和反驳抗辩的唯一证据，违反法定程序。

第二，仲裁裁决认定事实不清，适用法律错误，裁决结果明显不公。

第三，在申请人曾华荣、王春提出阅卷申请时，广州仲裁委员会以种种理由拒绝，导致该案有关程序及实体处理的意见根本不能得到全面反映，进一步证明仲裁存在严重问题。综上，应当撤销广州仲裁委员会〔2013〕穗仲案字第 556 号仲裁裁决。

被申请人的主要答辩意见：

第一，曾华荣、王春称本案仲裁庭的组成和仲裁过程违反法定程序纯属胡编乱造，更玷污了广州仲裁委员会及三名仲裁员的职业操守和人格。叶俊全、曹丽芹向广州仲裁委员会提出仲裁申请后，在仲裁员名册中选定了业务专长为合同法的卢跃峰律师为仲裁员；广州仲裁委员会于 2013 年 4 月 19 日送达《告知仲裁庭组成通知书》，叶俊全、曹丽芹才得知经广州仲裁委员会主任指定的首席仲裁员为罗剑雯，叶俊全、曹丽芹及其代理律师与仲裁庭组成人员罗剑雯、卢跃峰及对方选定的仲裁员朱涛均素不相识，叶俊全、曹丽芹及其代理律师与仲裁庭组成人员

并不存在任何影响本案公正审理的关系。广州仲裁委员会经审理查明首席仲裁员罗剑雯和仲裁员卢跃峰不存在师生关系，二者之间也不存在《仲裁法》第三十四条、《仲裁规则》第二十五条规定应当回避的情形。仲裁庭一致支持叶俊全、曹丽芹继续履行合同的处理，体现了公平、公正、合理、合法的原则。

第二，仲裁庭接受叶俊全、曹丽芹提出的变更仲裁请求，符合法律规定，不存在所谓的暗箱操作。（1）《仲裁规则》第十七条规定："当事人可以变更请求或者反请求，但应当自收到受理通知书之日起15日内以书面形式提出。逾期提出的，仲裁庭组成前由本会决定是否受理；仲裁庭组成后由仲裁庭决定是否受理。"法律规定当事人有权变更仲裁请求，逾期提出的，仲裁庭可根据职权决定是否受理；再者法律并未规定变更仲裁请求的形式，亦未限制变更请求的内容与原仲裁请求必须一致或有何关联性，曾华荣、王春理屈词穷，鸡蛋里挑骨头，曲解法律本意。仲裁庭接受叶俊全、曹丽芹变更仲裁的请求，完全符合相关法律的规定。（2）2013年4月17日，叶俊全、曹丽芹向广州仲裁委员会寄送《变更仲裁请求申请书》，广州仲裁委员会在2013年4月17日之后通知叶俊全、曹丽芹接受变更申请，并于2013年4月19日向叶俊全、曹丽芹的代理律师寄送《告知仲裁庭组成通知书》，叶俊全、曹丽芹在2013年4月19日之后才知道仲裁庭的组成成员。曾华荣、王春武断臆想仲裁庭暗箱操作实属无稽之谈。

第三，仲裁庭裁决继续履行合同的依据是双方签订的《存量房买卖合同》，叶俊全、曹丽芹按合同要求履行合同义务，因此仲裁庭支持叶俊全、曹丽芹继续履行合同的请求合情、合理、合法。曾华荣、王春声称涉案房产为唯一住房，不便强制执行，但双方签订买卖房屋合同的合意是真实、自愿、合法的，除非曾华荣、王春自始至终都没有出售其所谓的唯一住房的真实意愿，而只是为了讹诈叶俊全、曹丽芹购房定金，或联合中介公司骗取中介费，那么曾华荣、王春的行为涉嫌诈骗，应当被追究刑事责任。

第四，叶俊全、曹丽芹在2013年3月19日向广州仲裁委员会提出仲裁申请，至仲裁庭开庭之日即2013年5月30日，前后被通知变更了5次开庭时间，开庭时间一拖再拖，整整推迟了20日，叶俊全、曹丽芹为此着急万分，如果按照曾华荣、王春的逻辑，我方也可以推定此种情况的出现是曾华荣、王春暗箱操作的结果。

第五，曾华荣、王春凭空捏造事实，颠倒是非黑白，蔑视法律和公平正义。本案根本不存在《仲裁法》第五十八条规定的可撤销仲裁裁决的法定情形，应当依法驳回曾华荣、王春的撤裁申请。

申请人和被申请人提交的证据及质证意见：

申请人曾华荣、王春提交如下证据：

证据一为广州仲裁委员会仲裁庭的庭审笔录第十八页，拟证明仲裁庭在庭后接受了叶俊全、曹丽芹补充提交的证据（见裁决书第十七页第三段的《声明》），该证据没有经过曾华荣、王春的质证。作为履行能力的证据应当由权威部门出具，如存款凭证等。

证据二为广州仲裁委员会仲裁庭的庭审笔录第四页，拟证明罗剑雯、卢跃峰在仲裁庭审时对于双方关系作出了虚假的陈述。

证据三为从广东凯通律师事务所网站下载的罗剑雯、卢跃峰个人资料，拟证明两人在同一律师事务所工作，首席仲裁员罗剑雯与对方选定的仲裁员卢跃峰违反披露个人情况义务，有法定回避情形而未回避，广州仲裁委员会驳回曾华荣、王春要求上述二人回避的申请，违反仲裁程序。

被申请人叶俊全、曹丽芹发表如下质证意见：

证据一仲裁庭庭审笔录并不能证明其目的，叶俊全、曹丽芹庭后提交的《声明》只是重申双方签订的《存量房买卖合同》第三条第三款关于付款的约定，《声明》内容与合同的内容是一致的；仲裁庭裁决所根据的是双方签订的《存量房买卖合同》，而不是叶俊全、曹丽芹单方面的陈述。

证据二庭审笔录第四页也不能证明其证明目的，可以证明罗剑雯、卢跃峰没有业务往来，也没有特别的关系，他们之间不熟悉。另根据百度引擎搜索的资料显示，卢跃峰于 2002 年 6 月获得中大法学硕士学位，罗剑雯是该校 2003 级在读博士，两人不存在师生关系。

证据三亦不能证明其证明目的，卢跃峰于 2011 年 3 月离开广东凯通律师事务所，与罗剑雯不再是同事，此时距离仲裁庭开庭时间已经两年多，即使他们曾经是同事，对本案的审理也没有任何影响。需要强调的是罗剑雯只是兼职律师，与广东凯通律师事务所的律师不熟悉也是正常的事情，二者曾经的同事关系并不存在法律规定应当回避的情形。无论罗剑雯与卢跃峰是什么关系，二者与叶俊全、曹丽芹及其代理人均不存在可能影响案件公正处理的关系。

被申请人叶俊全、曹丽芹提交如下证据：

广州仲裁委员会告知仲裁庭组成通知书，拟证明叶俊全、曹丽芹得知仲裁庭组成成员是在 2013 年 4 月 19 日之后，此前并不知道仲裁庭组成人员。

申请人曾华荣、王春发表如下质证意见：

曾华荣、王春收到告知仲裁庭组成通知书的时间现在不能确定，庭后补充提交法庭。曾华荣、王春请求法院调取仲裁委案卷查明有关事实。

广州市中级人民法院意见：

法院查明：

2012年9月28日，叶俊全、曹丽芹与曾华荣、王春通过广州裕丰咨询顾问有限公司（以下简称裕丰公司）签订《存量房买卖合同》，约定叶俊全、曹丽芹向曾华荣、王春购买位于广州市天河区枫叶路8号之五2205房。双方在该合同的履行中发生争议，叶俊全、曹丽芹于2013年3月12日向广州仲裁委员会提起仲裁，请求解除《存量房买卖合同》，同时要求曾华荣、王春支付相当于涉案房产成交价10%的违约金139000元，并退还定金5万元。曾华荣、王春于2013年4月7日提起仲裁反请求，请求叶俊全、曹丽芹支付违约金139000元并支付律师费1万元。2013年4月17日，叶俊全、曹丽芹提出变更仲裁请求的申请，变更仲裁请求为继续履行《存量房买卖合同》，同时支付相关违约金，并承担相应的税费。

广州仲裁委员会于2013年3月19日受理该案后，根据《广州仲裁委员会仲裁规则》规定的期限，于2013年3月24日将仲裁通知书、申请书副本、选择仲裁庭组成通知书、仲裁规则、仲裁员名册及须知等材料邮寄送达给了曾华荣、王春。又于2013年4月23日向曾华荣、王春的代理人黄涛邮寄送达组庭通知，于2013年4月25日向上述代理人邮寄送达开庭通知书，后于2013年4月27日向前述代理人邮寄送达变更仲裁请求申请书副本。

2013年5月14日，曾华荣、王春向广州仲裁委员会提交《回避申请书》，申请首席仲裁员罗剑雯、仲裁员卢跃峰回避，广州仲裁委员会依照《中华人民共和国仲裁法》第三十四条、第三十六条及广州仲裁委员会《仲裁规则》第二十五条的规定，于2013年5月22日作出回避决定书，驳回曾华荣、王春的回避申请。仲裁庭于2013年5月30日开庭审理时，双方当事人均未对该案已进行的仲裁程序包括庭前程序及庭审程序提出异议。

2013年7月17日，叶俊全、曹丽芹向广州仲裁委员会出具一份《声明》，内容为“本人作为〔2013〕穗仲案字第556号案件的仲裁申请人，在此向贵会声明：在卖方配合下如果银行仍不批准本人申请的房屋买卖合同（即三方协议）约定的973000元贷款，本人保证在卖方办结涉案房产过户手续后，有能力一次性现金支付剩余房款”。

法院意见：

第一，关于仲裁程序是否违法的问题。

（1）关于仲裁庭组成及回避申请被驳回问题。因仲裁案件适用普通程序审理，双方当事人均各自选定了仲裁员，其中曾华荣、王春选定仲裁员朱涛，叶俊全、曹丽芹选定仲裁员卢跃峰，广州仲裁委员会主任在双方未能共同选定该案首席仲裁员的情况下指定了首席仲裁员罗剑雯，并于2013年4月23日向曾华荣、王春的代理人黄涛邮寄送达组庭通知等相关材料，双方均未对仲裁庭的组成表示异议。2013年5月14日，曾华荣、王春向广州仲裁委员会提交《回避申请书》，申请首席仲裁员罗剑雯、仲裁员卢跃峰回避。因曾华荣、王春并未举证证明该案首席仲裁员罗剑雯、仲裁员卢跃峰与任何一方当事人或其代理律师之间存在可能影响案件公正处理的利害关系，曾华荣、王春也未举证证明该案仲裁庭组成人员存在我国《仲裁法》第三十四条、广州仲裁委员会《仲裁规则》第二十五条规定的应当回避的情形，故广州仲裁委员会依照相关法律规定作出回避决定书，驳回曾华荣、王春的回避申请并无不当，不存在程序违法的情形。

（2）关于仲裁庭接受叶俊全、曹丽芹逾期提出变更仲裁请求的问题。广州仲裁委员会《仲裁规则》第十七条规定："当事人可以变更请求或者反请求，但应当自收到受理通知书之日起15日内以书面形式提出。逾期提出的，仲裁庭组成前由本会决定是否受理；仲裁庭组成后由仲裁庭决定是否受理。"可见本案仲裁庭对叶俊全、曹丽芹逾期提出的变更仲裁请求的申请有权决定是否受理。曾华荣、王春认为仲裁庭同意叶俊全、曹丽芹变更仲裁请求违法的主张不能成立，本院不予支持。

（3）关于《声明》的问题。叶俊全、曹丽芹于庭后向广州仲裁委员会提交的《声明》，是其作出的现金支付剩余房款的承诺，并非仲裁庭据以认定案件事实的证据，故未提交曾华荣、王春进行质证，并未违反法定程序。曾华荣、王春关于仲裁庭采纳未经质证的《声明》作为认定事实的证据和反驳曾华荣、王春主要抗辩的唯一证据的主张不能成立，本院不予支持。

第二，曾华荣、王春认为仲裁裁决认定事实不清，适用法律错误，裁决结果不公且不能执行，上述情况属仲裁庭对涉案纠纷的实体处理的问题，并非《中华人民共和国仲裁法》第五十八条规定的可以申请撤销仲裁裁决的情形。至于曾华荣、王春称其提出阅卷申请被拒绝的问题，因曾华荣、王春并未提交必要的证据证明上述事实，现又无证据显示仲裁庭的处理违反了《仲裁法》或《仲裁规则》的规定以致影响了案件公正裁决，故其以此为由申请撤销仲裁裁决亦不能成立。

综上，依照《中华人民共和国仲裁法》第五十八条、《中华人民共和国民事诉讼法》第一百五十四条第一款第（十一）项的规定，裁定如下：驳回申请人曾华荣、王春关于撤销广州仲裁委员会〔2013〕穗仲案字第556号仲裁裁决的申请。

【案例评析】

本案涉及的一个重要问题是：首席仲裁员与对方当事人指定的当事人曾经存在同事或师生关系，是否构成仲裁员回避的事由。

《仲裁法》第三十四条规定："仲裁员有下列情形之一的，必须回避，当事人也有权提出回避申请：（一）是本案当事人或者当事人、代理人的近亲属；（二）与本案有利害关系；（三）与本案当事人、代理人有其他关系，可能影响公正仲裁的；（四）私自会见当事人、代理人，或者接受当事人、代理人的请客送礼的。"仲裁机构在其仲裁规则中通常也会对回避事由作出约定，本案所适用的广州仲裁委员会《仲裁规则》第二十五条的规定与《仲裁法》的上述规定一致。从该条的规定来看，我国《仲裁法》中的仲裁员回避事由基于两类关系：一类是仲裁员与案件争议本身的关系，另一类是仲裁员与案件当事人或其代理人的关系，并不包括仲裁员之间的关系。本案中，申请人主张的首席仲裁员与对方当事人指定的仲裁员之间曾经存在同事或师生关系不构成我国《仲裁法》下的法定回避事由，本案不存在《仲裁法》第五十八条第一款第（三）项所列撤销仲裁裁决的事由。

但是，在国际仲裁中被广泛认可的《国际律师协会国际仲裁利益冲突指南》（IBA Guidelines on Conflicts of Interest in International Arbitration，以下简称《IBA利益冲突指南》）中有关仲裁员回避的规定与我国《仲裁法》的上述规定有所不同，其规定更为具体和细致。《IBA 利益冲突指南》将仲裁员与案件本身或其他人的关系分为红色清单（Red List）、橙色清单（Orange List）和绿色清单（Green List）三类，红色清单又分为不可弃权的红色清单（Non-waivable Red List）和可弃权的红色清单（Waivable Red List）。各类清单的具体含义是：不可弃权的红色清单，是指仲裁员即使披露也不能消除利益冲突的事项；可弃权的红色清单，是指仲裁员有义务披露，但只有在披露后当事人仍明确接受该人担任仲裁员的情况下才可消除利益冲突的事项；橙色清单是指仲裁员有义务披露，但在披露后如当事人没有及时提出异议则利益冲突被消除的事项；绿色清单则是指不会引发利益冲突的事项。

《IBA 利益冲突指南》"橙色清单"第 3.3.1 条所列事项为"该仲裁员与另一仲裁员是同一律师事务所的律师"（The arbitrator and other arbitrator are lawyers in the same law firm），此处明确将仲裁员之间的同事关系列为仲裁员应当披露的事项。但是，需注意的是，此处的"同事关系"应仅指现在存在的同事关系，如果曾经是同事，则不包括在该条规定的事项之内。具体到本案，即便首席仲裁员与对方当事人指定的仲裁员曾经存在同事关系，但在被选定或指定时，两位仲裁员并无同事关系，在《IBA 利益冲突指南》下也不属于仲裁员应当披露的事项。

案例 7　赣州市黑马建筑劳务有限公司申请撤销仲裁裁决案

【基本案情】

申请人：赣州市黑马建筑劳务有限公司。

被申请人：沧州献荣华建筑器材有限公司。

申请人申请撤销仲裁裁决的事实和理由：

申请人的诉讼请求：

赣州市黑马建筑劳务有限公司向本院提出申请，请求依法撤销沧州仲裁委员会作出的（2018）沧仲裁献字第 0056 号裁决书。

事实和理由：

（1）本案首席仲裁员宗金杰与被申请人的代理律师魏海华不仅是同所律师，更是师徒关系，二人曾共同代理多起案件，仲裁员李云飞是魏海华曾经的同事，其与仲裁员孙书田根本不在仲裁员名录中，该仲裁庭的组成严重违反了《仲裁法》的回避规定，未显示公正、公平，程序严重违法，完全是沧州仲裁委员会和被申请人相互配合办的人情案、关系案，严重损害了仲裁程序的公正性和申请人的合法权益。

（2）本案仲裁协议对江西佳宸建设工程有限公司（以下简称佳宸公司）不发生效力，佳宸公司列为仲裁当事人，缺乏合法有效的仲裁约定依据。根据申请人与被申请人签订的《财产租赁合同》显示，在承租方处加盖的并非佳宸公司的公章或合同专用章，更不是其项目部印章，而是“江西佳宸建设工程有限公司唐江家具集聚区项目部技术资料专用章”，该章显然是佳宸公司内部的专用章，不能代表佳宸公司对外发生法律关系，被申请人对此情况应当知道。就本案庭审查明的事实，本案所涉钢管租赁、接收、使用等均是申请人负责，与佳宸公司没有关系，佳宸公司根本就不是本案适格的当事人，所以合同中的仲裁协议对佳宸公司不发生法律效力。

被申请人的答辩意见：

（1）仲裁裁决案件中，首席仲裁员宗金杰是河北图是律师事务所律师，我方代理人魏海华是河北林风律师事务所律师，仲裁员李云飞是河北有界律师事务所律师，并非申请人陈述的同为一个律师事务所律师，也并非师徒关系。申请人陈述的〔2014〕献民初字第00321号民事判决并非魏海华和宗金杰共同办理，该案件是河北林风律师事务所交办案件，因魏海华没有时间开庭，而临时指派宗金杰一人参加庭审，该案根本不是两人共同办理。仲裁庭审开庭时，仲裁庭已经询问双方当事人是否申请三名仲裁人员回避，申请人明确答复不申请，因此仲裁员的选取程序公正合法，申请人的陈述没有证据支持。依据沧仲字〔2014〕1号沧州仲裁委员会关于增聘仲裁员的通知，本案仲裁员孙书田、李云飞早在2014年就已经增聘到沧州仲裁委员会人员名单中，开庭前已邮寄此通知，如申请人认为没有名册，开庭时完全可以提出回避申请。

（2）申请人主张裁决书对江西佳宸建设工程有限公司不发生法律效力的陈述，不属于法院撤销仲裁案件审理的范围。但是结合仲裁庭审笔录，申请人和江西佳宸建设工程有限公司的仲裁庭意见，已经认可租赁合同中佳宸公司的公章的真实性，因此，佳宸公司应当承担共同偿还责任，对该实体内容人民法院不应当进行审理。综上，本案仲裁案件程序合法，适用法律正确，认定事实清楚，不存在申请人单方陈述的回避事由，不符合《仲裁法》第五十八条撤销该仲裁裁决的事由，请求依法驳回申请人的申请，维持仲裁裁决内容。

河北省沧州市中级人民法院意见：

法院查明：

2018年11月9日，沧州仲裁委员会就赣州市黑马建筑劳务有限公司与沧州献荣华建筑器材有限公司、江西佳宸建设工程有限公司等租赁合同纠纷作出〔2018〕沧仲裁献字第0056号仲裁裁决：（一）解除申请人沧州献荣华建筑器材有限公司与被申请人赣州市黑马建筑劳务有限公司、江西佳宸建设工程有限公司签订的《财产租赁合同》；（二）被申请人江西佳宸建设工程有限公司、赣州市黑马建筑劳务有限公司给付申请人租金328663元，后续租金自2018年9月1日起按2711.96元/天计算至本裁决生效之日止；（三）被申请人江西佳宸建设工程有限公司、赣州市黑马建筑劳务有限公司给付申请人违约金，违约金数额以租金328663元为基数，按照中国人民银行公布的同期逾期贷款利率的1.3倍标准计算，自2018年9月1日起计算至本裁决生效之日止，但不超过申请人主张的5万元；（四）被申请人江西佳宸建设工程有限公司、赣州市黑马建筑劳务有限公司退还申请人标准钢管206045.7米、扣件128394套，到期未退还按照合同约定价格折价赔偿4401534.9元；（五）被申请人×××对上述给付内容承担连带清偿责任；（六）驳回申请人的其他仲裁请求；（七）本案仲裁费用44497元，由申请人承担337元，由被申请人承担

44160元。

法院意见：

《中华人民共和国仲裁法》第五十八条规定："当事人提出证据证明裁决有下列情形之一的，可以向仲裁委员会所在地的中级人民法院申请撤销裁决：（一）没有仲裁协议的；（二）裁决的事项不属于仲裁协议的范围或者仲裁委员会无权仲裁的；（三）仲裁庭的组成或者仲裁的程序违反法定程序的；（四）裁决所根据的证据是伪造的；（五）对方当事人隐瞒了足以影响公正裁决的证据的；（六）仲裁员在仲裁该案时有索贿受贿、徇私舞弊、枉法裁决行为的。人民法院经组成合议庭审查核实裁决有前款规定情形之一的，应当裁定撤销。人民法院认定该裁决违背社会公共利益的，应当裁定撤销。"

本案申请人主张本案首席仲裁员宗金杰和另一仲裁员李云飞，与被申请人的代理人曾经是同一律师事务所的律师，应当回避而未回避。对此，本院认为，律师依托于律师事务所进行执业活动，是我国对律师执业管理的要求，但同一律师事务所的律师之间，其执业活动是独立的，申请人未提供证据证实仲裁员宗金杰与被申请人的代理人之间存在所谓的"师徒关系"以及管理与被管理、制约与被制约或者其他影响仲裁员独立公正仲裁的其他关系，申请人主张仲裁员宗金杰、李云飞应当回避而未回避，无充分的法律依据和事实根据。

关于申请人主张的仲裁员李云飞、孙书田不在仲裁员名册之列的问题，经审查，沧州仲裁委沧仲字〔2014〕1号《关于增聘仲裁员的通知》中列明李云飞、孙书田属于增聘的仲裁员，沧州仲裁委员会对此作出书面说明，该通知中所列仲裁员名单，属于仲裁员名册的组成部分，李云飞、孙书田属于沧州仲裁委员会在册仲裁员，沧州仲裁委员会指定其为首席仲裁员并无不当。

关于申请人提出的佳宸公司不是本案适格的当事人、合同中的仲裁协议对佳宸公司不发生法律效力问题，因佳宸公司并未就此提出异议，应视为对仲裁协议的认可，申请人以此为理由申请撤销仲裁，没有法律依据。

综上，本案仲裁裁决不存在《中华人民共和国仲裁法》第五十八条规定的应当撤销的情形。对申请人的主张，本院不予支持。依照《中华人民共和国仲裁法》第六十条规定，裁定如下：驳回赣州市黑马建筑劳务有限公司的申请。

【案例评析】

《仲裁法》第三十四条规定，仲裁员与本案有利害关系的，必须回避，当事人也有权提出回避申请。不过，对于什么是“与本案有利害关系”，《仲裁法》及其相关司法解释并未予以明确。实践中，有观点认为仲裁员与案件有利害关系而必须回避，“是指案件处理结果与仲裁员有法律上的利害关系”〔2018〕鲁 05 民特 2 号。但是，这一观点并未彻底解决问题，反倒需要我们进一步思考什么是“法律上的利害关系”。本案中，申请人主张首席仲裁员和另一名仲裁员与被申请人的代理人曾是同一律所的律师，应当回避而未回避，仲裁庭的组成违反法定程序。对于这一问题，法院在进行司法审查时表现出了不同的审查角度。有的法院直接认定“‘曾经的同事’不属于法定应当回避的范围”〔2018〕甘 02 民特 1 号。有的法院则会审查，首次开庭时仲裁庭有无进行明确的告知并征求当事人的意见，如在〔2015〕晋市法民初字第 79 号案中，法院明确表示“原仲裁庭的首席仲裁员与被申请人仲裁时的委托代理人曾在同一律师事务所工作过这一事实，仲裁庭首次开庭时首席仲裁员已向双方明确告知，申请人明确表示不申请回避，故申请人主张原仲裁庭组成违反法定程序，本院不予支持”。还有的法院则会审查仲裁员接受指定时有无说明或披露相关情况并作出客观公正仲裁的承诺，如在〔2018〕京 04 民特 409 号案中，法院认为“本院基于对杨学芳仲裁员所作出的说明与承诺内容的确信，在没有证据证明其存在因不依法披露信息而导致影响公正仲裁的情形时，本院认为仲裁庭组成程序以及本案仲裁程序符合仲裁法和仲裁规则的规定”。本案法院则认为，只要申请人没有提交证据证明仲裁员与代理人之间存在管理与被管理、制约与被制约或其他影响仲裁员独立公正仲裁情形的，仲裁员就无须回避。

《仲裁法》第十六条以及《仲裁法解释》第一条规定，仲裁协议必须是书面形式的，包括合同中订立的仲裁条款，以合同书、信件和数据电文（包括电报、电传、传真、电子数据交换和电子邮件）等形式达成的请求仲裁的协议。在极其例外的情形下，我国也认可以特定行为推定存在仲裁合意的做法。本案例中，申请人还提出案外人佳宸公司不是仲裁案件的适格当事人、合同中的仲裁协议对佳宸公司不发生法律效力问题，法院认为佳宸公司并未就此提出异议，应视为对仲裁协议的认可。在〔2003〕民四他字第 2 号复函中，最高法院曾表示，“清华同方光盘股份有限公司并非《赠予及相关领域合作合同》的当事人，《赠予及相关领域合作合同》中的仲裁条款对其并不当然产生约束力……清华同方光盘股份有限公司作为当事人参加了仲裁，进行了实体答辩，且至仲裁庭最终作出仲裁裁决，其并未就管辖权问题提出异议……应该认定清华同方光盘股份有限公司接受了仲裁庭对本案的管辖权，且其已丧失了再对仲裁庭管辖权提出异议的权利”。

案例 8　德国玛珂系统分析与开发有限公司申请撤销仲裁裁决案

【基本案情】

申请人：德国玛珂系统分析与开发有限公司（以下简称玛珂公司）。

被申请人：天地科技股份有限公司（以下简称天地科技公司）、张良。

申请人申请撤销仲裁的事实和理由：

申请人的诉讼请求：

申请人玛珂公司请求人民法院依法撤销中国国际经济贸易仲裁委员会（以下简称贸仲）作出的〔2018〕中国贸仲京裁字第 0830 号裁决书（以下简称 830 号裁决）；诉讼费用由二被申请人承担。

事实与理由：

在 830 号裁决上签名的两名仲裁员中，安红旗仲裁员依法应回避而未回避，违反了《中华人民共和国仲裁法》（以下简称《仲裁法》）第三十四条关于仲裁员回避的规定，仲裁庭组成违反法定程序。

2017 年 6 月 6 日，申请人向贸仲提交了书面仲裁申请，贸仲受理了申请人与二被申请人之间的股权转让争议案。根据仲裁规则，申请人选定李永军先生担任仲裁案件的仲裁员，二被申请人共同选定了安红旗先生担任仲裁案件的仲裁员。由于双方未在规定期限内共同选定首席仲裁员，贸仲主任指定李大元先生担任首席仲裁员。在得知二被申请人选定安红旗先生作为仲裁员后，申请人立即向贸仲提交了关于安红旗先生的第一份回避申请，指出安红旗仲裁员与仲裁案件及仲裁案件当事人存在利害关系，并且具有其他可能影响本案公正仲裁的情形，依法应当回避。2017 年 12 月 13 日，贸仲作出了不予回避决定，驳回了申请人的回避申请。因该决定无视事实，并且没有给出任何理由，申请人于 2017 年 12 月 21 日第二次提出了书面的回避申请，贸仲未予答复。2018 年 1 月 17 日，申请人基于新的事实与理由第三次提出了回避申请，但贸仲依然未予回复，仲裁庭最终作出了明显违反公平原则的裁判结果。

本案仲裁程序违反了《仲裁法》第三十四条关于仲裁员回避的规定，贸仲对申请人提出的第一次回避申请所作出的不予回避决定明显错误，而对以新的事实与理由提出的第三次回避申请未予回复也未作出处理属于严重的程序违法。

安红旗仲裁员在仲裁本案时，存在徇私舞弊、枉法裁决的行为。

据申请人了解，安红旗仲裁员存在私下违规与当事人联系的情形，并因此徇私舞弊、枉法裁决。事实上，安红旗仲裁员在此前申请人与相同被申请人就股权转让争议的另一仲裁案中即存在私下会见当事人并收受礼品的不当行为，在该案中也出现了仅有两名仲裁员在裁决书上签字的情形。该案与本案裁决共同的结果，严重损害了申请人的合法权益。

被申请人天地科技公司及张良的答辩意见：

（1）根据《贸仲规则》第三十二条第二款的规定，申请人提出仲裁员回避的事实和理由完全是申请人的主观臆想，且未向仲裁庭提交相关证据；

（2）申请人对仲裁员的投诉内容也是其主观判断，投诉理由不能成立；

（3）申请人先后三次提出仲裁员回避的事实和理由是一致的，且未向仲裁庭提交证据，贸仲主任作出不予回避决定的内容和程序符合仲裁规则。

综上，请求人民法院依法驳回玛珂公司的申请。

北京市第四中级人民法院意见：

法院查明：

2017年6月6日，玛珂公司依据其与天地科技公司、张良及案外人北京天地玛珂电液控制系统有限公司（以下简称天玛公司）于2010年2月4日签订的《协议书》中的仲裁条款，向贸仲提交仲裁申请。具体裁决请求为：天地科技公司向玛珂公司赔偿因其应向玛珂公司返还而未返还其所持有的天玛公司340万股股份而给玛珂公司造成的损失人民币2890万元；张良向玛珂公司赔偿因其应向玛珂公司返还而未返还其所持有的天玛公司160万股股份而给玛珂公司造成的损失人民币1360万元。贸仲受理后，认为玛珂公司提出的仲裁请求系重复仲裁，于2018年7月18日作出830号裁决：（一）驳回玛珂公司的全部仲裁请求；（二）玛珂公司向天地科技公司和张良支付律师费用人民币45万元；（三）本案本请求仲裁费为人民币563000元，全部由玛珂公司自行承担；本案反请求仲裁费为人民币18000元，亦由玛珂公司承担。本案本请求仲裁费已与玛珂公司向仲裁委员会交纳的等额仲裁预付金全部冲抵；本案反请求仲裁费已由天地科技公司和张良预缴，因此，玛珂公司应向天地科技公司和张良支付代其垫付的仲裁费人民币18000元。

2017年9月26日，玛珂公司向仲裁庭提交《仲裁员回避申请书》，同年12月13日，贸仲作出〔2017〕中国贸仲京字第058455号不予回避的决定。玛珂公司于2018年2月9日在《代理意见》中再次提出要求仲裁员回避的意见，仲裁庭未采纳。

另查，2013年9月18日，玛珂公司依据前述《协议书》向贸仲提出仲裁，仲裁请求为：裁决天地科技公司向玛珂公司支付天玛公司17%股权的合理价值人民币60565900元；裁决张良向玛珂公司支付天玛公司8%股权的合理价值人民币

28501600 元；天地科技公司、张良共同承担本案仲裁费用。2015 年 6 月 29 日，贸仲作出〔2015〕中国贸仲京字第 648 号裁决，驳回玛珂公司的全部仲裁请求等。

830 号裁决和〔2015〕中国贸仲京字第 648 号裁决中，两案被申请人天地科技公司及张良均选定安红旗担任案件仲裁员，且均有一名仲裁员未在裁决书中签字。

法院意见：

玛珂公司系在德国登记注册的公司，涉案仲裁裁决系贸仲按涉外仲裁程序审理作出的涉外仲裁裁决。关于涉外仲裁裁决，《仲裁法》第七十条规定："当事人提出证据证明涉外仲裁裁决有《中华人民共和国民事诉讼法》（以下简称《民事诉讼法》）第二百五十八条（该法 2012 年修正后的第二百七十四条）第一款规定的情形之一的，经人民法院组成合议庭审查核实，裁定撤销。"《民事诉讼法》第二百七十四条规定："对中华人民共和国涉外仲裁机构作出的裁决，被申请人提出证据证明仲裁裁决有下列情形之一的，经人民法院组成合议庭审查核实，裁定不予执行：（一）当事人在合同中没有订有仲裁条款或者事后没有达成书面仲裁协议的；（二）被申请人没有得到指定仲裁员或者进行仲裁程序的通知，或者由于其他不属于被申请人负责的原因未能陈述意见的；（三）仲裁庭的组成或者仲裁的程序与仲裁规则不符的；（四）裁决的事项不属于仲裁协议的范围或者仲裁机构无权仲裁的。人民法院认定执行该裁决违背社会公共利益的，裁定不予执行。"上述规定是人民法院撤销涉外仲裁裁决的法定事由。

本案中，玛珂公司提出了两项申请理由：一是 830 号裁决违反了仲裁员回避的规定，仲裁庭组成违反法定程序，仲裁庭针对玛珂公司第二次、第三次提出的回避申请未予处理，属仲裁程序违法；二是仲裁员在裁决本案时，存在徇私舞弊、枉法裁决的行为。

首先，关于仲裁是否违反法定程序的问题。《中国国际经济贸易仲裁委员会仲裁规则》（2015 年版）（以下简称《仲裁规则》）第三十二条第（二）（六）（七）款规定："当事人对被选定或被指定的仲裁员的公正性和独立性产生具有正当理由的怀疑时，可以书面提出要求该仲裁员回避的请求，但应说明提出回避请求所依据的具体事实和理由，并举证。除上述第（五）款规定的情形外，仲裁员是否回避，由仲裁委员会主任作出终局决定并可以不说明理由。在仲裁委员会主任就仲裁员是否回避作出决定前，被请求回避的仲裁员应继续履行职责。"本案中，玛珂公司主张因仲裁员安红旗曾系玛珂公司相关案件的仲裁员，且玛珂公司对其不当行为向贸仲进行过投诉，该仲裁员与玛珂公司存在利害关系，具有其他可能影响本案公正裁决的情形，且仲裁庭对玛珂公司第二次、第三次提出的回避申请未予答复处理，仲裁程序违法。本院认为，因玛珂公司在本案中所提交的证据并不足以证明仲裁员与其存在利害关系，可能影响到案件的公正审理，故贸仲主任对其作出的不予回避决定符合仲裁规则的相关规定。《仲裁规则》第三十二条第（六）款规定贸仲主任作出的不予回避决定应为终局决定，故仲裁庭对玛珂公司提出的第二次、第三次回避申请未予处理并无不当，故对该项申请理由，本院不予支持。

其次，关于仲裁员是否存在徇私舞弊、枉法裁决的行为。本院认为，玛珂公司并未提交证据证明仲裁员存在索贿受贿、徇私舞弊、枉法裁决的行为，仲裁庭未支持玛珂公司的主张，不能作为认定仲裁员枉法裁判的理由。故对玛珂公司的上述理由，本院不予支持。

综上，玛珂公司提出的申请撤销仲裁裁决的理由不能成立，对其申请撤销仲裁裁决的请求，本院不予支持。依据《中华人民共和国民事诉讼法》第二百七十四条、《中华人民共和国仲裁法》第七十条之规定，裁定如下：驳回德国玛珂系统分析与开发有限公司的申请。

【案例评析】

我国对国内仲裁裁决和涉外仲裁裁决的司法审查实行“双轨制”，分别通过《仲裁法》第五十八条和《民事诉讼法》第二百七十四条予以规定。两者的主要区别在于，涉外仲裁裁决，法院只就程序性事项进行审查；而国内仲裁裁决，除程序性事项以外，法院还就裁决所根据的证据是否是伪造的，对方当事人是否隐瞒了足以影响公正裁决的证据以及仲裁员在仲裁案件时是否存在索贿受贿、徇私舞弊、枉法裁决的行为进行审查。正如本案法院所指出的，涉案裁决具有涉外因素，属于涉外仲裁裁决，法院应根据《民事诉讼法》第二百七十四条的规定进行审查。《民事诉讼法》第二百七十四条规定，仲裁员在涉外仲裁中是否存在徇私舞弊、枉法裁决的行为并不属于法院司法审查事由。这一点，司法实践中的观点也基本一致。如在〔2018〕京 04 民特 205 号、〔2017〕沪 02 民特 632 号及〔2014〕深中法涉外仲字第 292 号裁定书中，北京四中院、上海二中院及深圳中院均认为，该等事由并不属于申请撤销涉外仲裁裁决的审查范围。也正因为此，本案法院就涉案裁决中是否存在徇私舞弊、枉法裁决的行为进行司法审查的做法，可能是有进一步的探讨空间的。

关于仲裁庭的组成，根据《仲裁法》第五十八条及《民事诉讼法》第二百七十四条，法院对国内仲裁裁决和涉外仲裁裁决的司法审查范围并不一致。对于国内仲裁裁决，仲裁庭的组成不能违反“法定程序”，即不能违反仲裁法规定的仲裁程序和当事人选择的仲裁规则且可能影响案件的正确裁决。对于涉外仲裁裁决，仲裁庭的组成不能与仲裁规则不符。这一细微差别我们还是要有所留意的。本案中，虽然申请人主张某仲裁员违反《仲裁法》第三十四条规定应予回避而未回避，仲裁庭组成违反法定程序，但法院还是正确地根据《仲裁规则》的相关规定进行了审查。不过，法院的这一做法是否超出了申请人的主张范围？而且，涉外仲裁中仲裁庭的组成与仲裁规则不符本身也非法院可依职权主动进行审查的事由。

根据《仲裁规则》第三十二条的规定，除“如果一方当事人请求仲裁员回避，另一方当事人同意回避请求，或被请求回避的仲裁员主动提出不再担任该仲裁案件的仲裁员，则该仲裁员不再担任仲裁员审理本案”情形外，仲裁员是否回避，由仲裁委员会主任决定，且仲裁委员会主任作出的决定具有终局性。这也就意味着，法院只能对仲裁委员会主任的决定进行形式或程序上的审查，仲裁委员会主任的决定原则上法院应予以尊重。另外，根据《仲裁规则》的规定，仲裁委员会主任就此作出的决定是终局决定。但问题是，仲裁委员会主任的决定的终局性是否应限于以相同理由申请的回避？如果申请人以不同理由再次申请同一仲裁员回避，仲裁委员会主任是否需要另行再次作出针对前述理由的终局性决定？进一步而言，申请仲裁员回避的一方当事人是否应一次性地将回避事由主张完毕？这些问题，只得留待日后仲裁实践予以明确了。

另外，本案还涉及仲裁员回避的司法救济问题。根据示范法的规定，对仲裁机构或者仲裁庭作出的仲裁员回避决定可以进行司法审查，而我国仲裁法并没有相应的规定，因此，在机构作出不予回避决定之后，无法就该决定提起司法审查，只能在撤销仲裁裁决时以仲裁庭组庭的程序问题提出撤销之诉或者不予执行之诉，关于该问题相信在今后仲裁法的修订中会予以考虑。

第三章　仲 裁 协 议

第一节　仲裁协议之法律原理

一、仲裁协议概述

（一）仲裁协议的概念

仲裁协议，也称仲裁合同、仲裁契约，是当事人自愿把他们之间业已发生或将来可能发生的特定争议交付仲裁解决的共同意思表示。

特定争议，指民商事领域的财产性权益纠纷，既包括因合同关系而发生的争议，如买卖合同、建筑工程承包合同引起的争议，也包括因非合同关系而产生的争议，如产品责任、侵权行为引起的争议。

（二）仲裁协议的特性

1. 仲裁协议的间接性

仲裁协议不像一般民商事合同，直接规定当事人之间的实体权利义务，而是规定一种解决争议的方式，通过它来确定当事人之间的实体权利义务。

2. 仲裁协议的广延性

一份有效的仲裁协议，其效力既及于各方当事人，也延伸至所指定的仲裁机构、仲裁员和管辖法院。

3. 仲裁协议的独立性

仲裁协议，特别是存在于一般民商事合同中的仲裁条款，一经有效订立，其效力即具有相对的独立性，不受主合同是否有效的影响。即使主合同无效、失效或不存在，仲裁协议并不必然无效、失效或不存在。

4. 仲裁协议的书面性

仲裁协议一般要求以书面形式作成。

5. 仲裁协议的条件性

仲裁协议生效后，并不必然发挥协议中的作用。只有当事人之间发生了协议范围内的争议且无法自行解决，才有履行的必要。

6. 仲裁协议客体的同等性

仲裁协议的客体是一种特殊的行为，即在发生争议时将争议提交仲裁庭仲裁，履行仲裁裁决等，这对双方当事人而言是同等的，而不像一般合同的客体行为具有对应性。

7. 仲裁协议内容的同一性

仲裁协议的内容即当事人在协议中的权利、义务是同一的，而且权利与义务的界限也难以区分。和一般合同中双方当事人权力义务是对流、互易的特点不同。

如争议发生后，一方当事人只能申请仲裁，不能向法院起诉，这既是权利也是义务，但却不是对方当事人对应的权利和义务。

（三）仲裁协议的类型

根据仲裁协议存在的方式不同，可将其分为四种类型。

1. 仲裁条款

所谓仲裁条款，是指各方当事人于所签订的合同中，在自愿的基础上订立的将有关合同的争议提交仲裁的条款。

仲裁条款是仲裁协议最常见的形式，它订立于纠纷发生前，存在于有关合同中，同时，又具有与该合同其他条款不同的性质和效力。

2. 仲裁协议书

所谓仲裁协议书，或称仲裁协定书，是指在争议发生之前或之后，双方当事人在自愿的基础上订立的、同意将争议提交仲裁的书面协定。

仲裁协议书在形式上是独立的契约。仲裁协议书内容较为详尽，可能是对仲裁条款的补充或修订，也可能是争议发生后各方当事人为解决争议而协商签订的。

3. 其他文件中包含的仲裁协议

除了订立合同之外，还可能在相互之间有信函、电报、电传、传真或其他书面材料（如经确认的电话记录）的往来。

这些文件中如果包含有双方当事人同意将他们之间已发生或将来可能发生的争议提交仲裁的内容，那么，有关文件即可构成仲裁协议。

4. 数据电文中的仲裁协议

在目前的仲裁实践中，数据电文形式的仲裁协议尚不多见，在线仲裁、以互联网为辅助手段进行仲裁的情形也不多见，但毫无疑问，数据电文是当事人表达仲裁意愿的新载体。

随着电子商务的发展，这一形式的仲裁协议将越来越多，对此，法律界和仲裁界应给予充分重视。

（四）仲裁协议的形式

1. 仲裁协议的口头形式和书面形式

各国仲裁立法中虽然对仲裁协议的形式要求不尽一致，但绝大多数国家都规定仲裁协议必须是书面的。

但例外也不少见。《欧洲国际商事仲裁公约》第一条规定，在法律不要求仲裁协议必须以书面形式签订的国家，仲裁协议可依该国法律许可的形式订立。如原德国《民事诉讼法典》第一千零二十七条规定，具有完全商人资格的当事人间按商事交易惯例订立的仲裁协议无须书面作成，如果当事人惯常在一个有关的贸易机构进行仲裁，可以口头形式订立协议，甚至默示订立仲裁协议。

有些国家国内法对仲裁协议的形式要求更为严格，它们要求仲裁协议必须用公证的形式作成，如西班牙、哥伦比亚等国即是如此。

2. 仲裁协议的书面形式的认定

这里所说的认定，主要是针对第三种类型即其他文件中包含的仲裁协议而言。

另外，还包括对格式合同中的仲裁条款和电话记录或录音中的仲裁内容的认定。

第一，双方当事人通过往来函件、电文所缔结的仲裁协议的书面形式认定。

这类仲裁协议的形成过程：一方当事人将其希望订立仲裁协议一事向另一方当事人发出建议，如果另一方当事人愿意接受该项建议，必须将其接受该仲裁协议的意向传达给对方当事人，通过这种互换，仲裁协议才能成立。

但现在的国际实践已突破了此种模式。如果一方当事人收到另一方当事人发出的含有仲裁协议的文件，没有在合理的时间内表示异议，但履行了文件所指交易，或者口头予以承诺，在英、德等国及国际商会仲裁中都被认为构成了书面形式的仲裁协议，当事人是否签署文件已不成为仲裁协议生效的障碍。

第二，双方当事人通过往来函件、电文所缔结的合同中的仲裁条款的书面形式认定。

当事人对这种合同的接受，是否意味着对其中的仲裁条款的必然接受？大多数国家接受，但有极少数国家的法院不赞成“必然接受”的观点，他们认为此类仲裁协议，必须有当事人的专门认可方为有效，如意大利等国即是如此。

第三，在通过往来函件、电文缔结仲裁协议的过程中，当事人不是通过专门回答、回复等方式明确表示他已接受合同，而是在以后其他有关信函、电文或其他文件中提及含有仲裁协议内容的文件。

这种情况下，只要各方当事人意思表示是真实的，仲裁协议就缔结了。

联合国《国际商事仲裁示范法》第七条第二款对此也作了肯定回答。

第四，对格式合同中的仲裁协议的确认。在国际国内经济活动中，许多交易是基于标准条件达成的，在相应交易中，广为采用订有标准条件的格式合同。

含有仲裁条款的格式合同大体可分为三类：一是在合同正文中，二是在合同的背面，三是在合同之外的另一份单独文件中。

各国法律和司法实践都承认在第一种情况下的仲裁协议的有效性。

在后两种情况下，则需要通过合同中的关联或援引条文，将有关标准条件并入合同，此标准条件方为有效，从而其中的仲裁协议也有效。

关于在这两种情况下关联条文的明确程度，尽管各国主张不完全一样，但大部分倾向于：仲裁条款在合同的背面的，只需有关关联条文提及这些标准条件，无须特别提及关联标准条件中的仲裁条款（如“其余条款见背面”），此谓一般性关联；仲裁条款在合同之外的另一份单独文件中的，则关联条文必须提及单独文件中的仲裁条款（如“此合同的仲裁条款与双方××××年签订的××号合同的仲裁条款相同”），此谓特别关联。

当事人以援引方式达成的仲裁协议，是指当事人之间并没有直接订立仲裁协议，而是在合同中援引包含仲裁条款的合同、票据或其他书面文件，将其作为仲裁的依据。例如，最高人民法院曾在内蒙古自治区高级人民法院向最高人民法院提出的《关于涉外经济合同未直接约定仲裁条款如何认定的请求报告》的答复中明确指出：“中外双方当事人订立的外贸合同中约定未尽事宜适用中国和蒙古国之间的交货共同条件，因该交货共同条件即1988年11月4日《中华人民共和国对外经济贸易部和蒙古人民共和国对外经济供应部关于双边对外贸易机构之间相互交货共同条件的议定书》规定了因合同所发生或者与合同有关的一切争议在双方达不成协商解决的协议时，应予以仲裁解决，并规定了具体办法，应认定当事人愿意选择通过仲裁方式解决其纠纷，人民法院不应受理因该类合同引起的纠纷。”最高人民法院在《仲裁法解释》第十一条也明确规定：“合同约定解决争议适用其他合同、文件中的有效仲裁条款的，发生合同争议时，当事人应当按照该仲裁条款提请仲裁。涉外合同应当适用的有关国际条约中有仲裁规定的，发生合同争议时，当事人应当按照国际条约中的仲裁规定提请仲裁。”

第五，对电话记录或录音中仲裁内容的认定。如果双方当事人通过电话谈妥了将他们之间的纠纷提交仲裁的事宜，可能须为此提供书面证据。在这种情况下，一方当事人应当及时整理电话记录，要求对方予以确认。如果是电话录音，也应送对方确认，但最好转换成书面形式。

3. 数据电文中仲裁协议形式的认定

仲裁协议本身可以不必是书面的，但只要其有书面证据证实即可，而且，任何可录制信息的方式均被视为书面，数据电文就属于这种可录制信息的方式。数据电文包括电报、电传、传真、电子数据交换、电子邮件、网上聊天记录、博客、微博客和手机短信等。

这种做法更为强调当事人是否真实表示了共同的仲裁意愿，只要仲裁协议存在于某个能被证实的载体上，其形式要件就是合格的，既不要求必须签署，也不要求必须通过函电的互换，突破了传统的纸基（paper based）仲裁协议的书面形式。

联合国国际贸易委员会于1996年制定的《电子商务示范法》第六条第一款规定："如法律要求信息须采用书面，则假若一项数据电文所含信息可以调取以备日后查用，即满足了该项要求。"

可见，数据电文形式的仲裁协议可以构成提交仲裁的合法依据。

我国对仲裁协议形式的认定：

1994年《仲裁法》第十六条规定："仲裁协议包括合同中订立的仲裁条款和以其他书面方式在纠纷发生前或者纠纷发生后达成的请求仲裁的协议。"

1999年生效的《合同法》第十一条关于"书面形式"的定义则指"合同书、信件和数据电文（包括电报、电传、传真、电子数据交换和电子邮件）等可以有形地表现所载内容的形式"，明确涵盖数据电文。

2006年9月8日实施的最高人民法院《关于适用〈中华人民共和国仲裁法〉若干问题的解释》第一条明确规定："仲裁法第十六条规定的'其他书面形式'的仲裁协议，包括以合同书、信件和数据电文（包括电报、电传、传真、电子数据交换和电子邮件）等形式达成的请求仲裁的协议。"事实上，随着信息技术的发展，网上聊天记录、博客、微博客和手机短信等也进入了数据电文的范畴。

二、仲裁协议的内容

（一）概述

所谓仲裁协议的内容，是指一份完整、有效的仲裁协议必须具备的实质性的积极要件。

关于一份完整、有效的仲裁协议应包含哪些内容，各国立法及有关国际条约的规定并不完全相同。

中国《仲裁法》第十六条规定："仲裁协议应当具有下列内容：第一，请求仲裁的意思表示；第二，仲裁事项；第三，选定的仲裁委员会。”

1. 请求仲裁的意思表示

在仲裁协议中，当事人应明确表示愿意将争议提交仲裁解决。

请求仲裁的意思表示至少应具备如下三个条件：

其一，必须是所有当事人在协商一致基础上的共同意思表示，而不是一方当事人的意思表示；

其二，必须是所有当事人的真实意思表示，也就是说，当事人签订仲裁协议的行为是其内心的真实愿望，而不是在外界影响或强制下所表现出来的虚假的意思表示；

其三，必须是有利害关系的各方当事人之间的意思表示，而非其他任何无关的人的意思表示。

2. 仲裁事项

仲裁事项，指当事人提交仲裁的争议范围，即当事人将何种性质的争议提交仲裁。

按照国际上通行的做法，当事人只有把订在仲裁协议中的事项提交仲裁时，仲裁机构或仲裁员才应予受理，否则，就不应受理。如果一方当事人把不属于仲裁协议中指定的事项提交仲裁，另一方当事人有权对仲裁庭的管辖权提出异议；即使在仲裁庭审理终结并作出裁决以后，另一方当事人仍然可能有权拒绝履行该裁决所规定的义务，并可向管辖法院申请撤销仲裁裁决，法院亦可拒绝执行该裁决。

在仲裁实践中，仲裁事项一般都尽可能作广义解释。2006 年 9 月 8 日实施的最高人民法院《关于适用〈中华人民共和国仲裁法〉若干问题的解释》第二条从合同争议的角度体现了这一精神：“当事人概括约定仲裁事项为合同争议的，基于合同成立、效力、变更、转让、履行、违约责任、解释、解除等产生的纠纷都可以认定为仲裁事项。”

3. 选定的仲裁委员会

当事人在签订仲裁协议的时候，应当订明争议事项由哪一个仲裁委员会进行仲裁，否则仲裁协议就无法执行。

所谓选定仲裁委员会，并不是说当事人在仲裁协议中一定要一字不差地写明仲裁机构的名称，司法实践中，尽管当事人约定的仲裁机构不明确，但只要能据以确定具体仲裁机构的，通常被认为选定了仲裁机构。

《最高人民法院关于适用〈中华人民共和国仲裁法〉若干问题的解释》的相关规定：

第三条 仲裁协议约定的仲裁机构名称不准确，但能够确定具体的仲裁机构的，应当认定选定了仲裁机构。

第四条 仲裁协议仅约定纠纷适用的仲裁规则的，视为未约定仲裁机构，但当事人达成补充协议或者按照约定的仲裁规则能够确定仲裁机构的除外。

第五条 仲裁协议约定两个以上仲裁机构的，当事人可以协议选择其中的一个仲裁机构申请仲裁；当事人不能就仲裁机构选择达成一致的，仲裁协议无效。

注意：最高法院的此条解释颠覆了其以往的观点。1996 年 12 月 12 日最高人民法院在给山东省高级人民法院的复函（法函〔1996〕176 号）中指出，约定了两个以上仲裁机构的仲裁协议对仲裁机构的约定是明确的，亦是可以执行的。当事人只要选择约定的仲裁机构之一即可以进行仲裁。前提是，两个或者两个以上的仲裁机构都是确定的、存在的。

第六条 仲裁协议约定由某地的仲裁机构仲裁且该地仅有一个仲裁机构的，该仲裁机构视为约定的仲裁机构。该地有两个以上仲裁机构的，当事人可以协议选择其中的一个仲裁机构申请仲裁；当事人不能就仲裁机构选择达成一致的，仲裁协议无效。

第七条 当事人约定争议可以向仲裁机构申请仲裁也可以向人民法院起诉的，仲裁协议无效。但一方向仲裁机构申请仲裁，另一方未在《仲裁法》第二十条第二款规定（当事人对仲裁协议的效力有异议，应当在仲裁庭首次开庭前提出）期间内提出异议的除外。

注意：最高法院的此条解释不同于其以往的观点。其以往观点认为，当事人在合同中既约定仲裁又选择诉讼来解决争议时，应视为当事人之间达成了有效的仲裁协议，当事人首先向仲裁机构提出仲裁申请时，仲裁机构应当并有权受理。而其现在的观点认为，根据合同的仲裁条款，双方当事人对争议交由仲裁或者诉讼方式解决的选择并不唯一和确定，即当事人请求仲裁的意思表示并不明确，仲裁协议应为无效。

在国际商事仲裁中，当事人还有权决定仲裁地、仲裁语言等事项。

仲裁地一般是进行仲裁程序和作出仲裁裁决的地方。

确定仲裁地十分重要，因为仲裁地和仲裁所应适用的程序法以及确定争议所应适用的实体法都有密切的关系，而且仲裁地也关系到仲裁协议本身是否有效和作出的裁决是否能得到承认和执行。在机构仲裁中，多数情况下仲裁地和仲裁机构的地址是一致的；当事人选择某地为仲裁地时，一般也就选择该地的常设仲裁机构进行仲裁。反之亦然。

但在某些情况下，当事人基于一定的考虑，选择了仲裁地，而不选择该地点的仲裁机构，或选择了某仲裁机构，而不愿到仲裁机构所在地进行仲裁。在后两种情况下，当事人一定要在仲裁协议中分别指明仲裁地和仲裁机构的名称。不过，有些仲裁机构的仲裁规则规定，当事人只能约定在该仲裁机构指明的几个地点进行仲裁，而当事人一旦选定该仲裁机构，就意味着接受该机构的仲裁规则。

根据中国《仲裁法》的精神，国内仲裁中，仲裁委员会所在地和仲裁地应是一致的，而且，中国是单一制国家，既然是国内仲裁，选择不同的地点在法律上几无差别。所以，就没有规定当事人应该在仲裁协议中约定仲裁地点，当事人只需订明仲裁委员会名称即可。

另外，国内仲裁一般适用各仲裁机构的仲裁规则，或者在可能的情况下适用由中国仲裁协会制定的统一仲裁规则。所以，《仲裁法》没有规定仲裁协议的内容应包括选择仲裁规则。

而且，由于《仲裁法》对仲裁的一裁终局和仲裁裁决的执行效力作了明确规定，故当事人在仲裁协议中，也无须约定仲裁裁决的效力问题。

（二）几种推荐的仲裁协议

1. 英国伦敦国际仲裁院推荐的仲裁协议

本合同发生的或与本合同有关的任何争议，包括合同的成立、有效性或终止等任何问题都根据《伦敦国际仲裁院仲裁规则》提交仲裁并作出最后裁决，该规则应被认为是通过关联并入了本条款。

2. 瑞典斯德哥尔摩商会仲裁院推荐的仲裁协议

任何与本协议有关的争议，均应根据《斯德哥尔摩商会仲裁院规则》通过仲裁最终解决。

仲裁院可建议当事人根据需要对条款作如下补充：

“仲裁庭应由……名成员或独任仲裁员组成”；

“协议规定的事项应受……法律的支配”；

“仲裁程序中应使用……语”。

3. 国际商会仲裁院推荐的仲裁协议

所有产生于或与本合同有关的争议均应按照国际商会仲裁规则由依该规则指定的一名或数名仲裁员终审解决。

4. 美国仲裁协会推荐的仲裁协议

由于或者关于本合同，或者违反本合同发生的任何争议或要求，都按美国仲裁协会规则用仲裁方法解决，仲裁员作成的裁决，可以送请任何有管辖权的法院执行。

5. 解决投资争端国际中心推荐的仲裁协议

当事人特此同意，将本协议有关的或因为协议发生的任何争议提交到解决投资争端国际中心依《关于解决国家与他国国民之间的投资争端的公约》通过仲裁解决。

6. 中国香港国际仲裁中心推荐的仲裁协议

其本地仲裁的示范仲裁条款为："凡因本合同产生或与本合同有关的任何争议或分歧应提交香港仲裁中心并按其本地仲裁规则通过仲裁解决。"

其国际仲裁的示范仲裁条款为："凡因本合同或与本合同有关的任何争议、争执或索偿、违约终止或合同无效等均应通过仲裁解决。仲裁按目前有效的联合国国际贸易法委员会的仲裁规则进行。"

7. 联合国国际贸易法委员会推荐的仲裁协议

由于本合同发生的与本合同有关的任何争议、争端或请求，或有关合同的违约、终止、无效，应按现行有效的联合国国际贸易法委员会仲裁规则予以解决。

当事人可以补充：

"任命机构应为……（机构或个人的名称或全名）"；

"仲裁员人数应为……（一人或三人）"；

"仲裁地点应为……（城镇或国家）"；

"仲裁程序中所用的一种或多种语言应为……"。

8. 中国国际经济贸易仲裁委员会推荐的仲裁协议

凡因本合同引起的或与本合同有关的任何争议，均应提交中国国际经济贸易仲裁委员会，按照申请仲裁时该会现行有效的仲裁规则进行仲裁。仲裁裁决是终局的，对双方均有约束力。

9. 北京仲裁委员会推荐的仲裁协议

因本合同引起的或与本合同有关的任何争议，均提请北京仲裁委员会按照该会仲裁规则进行仲裁。仲裁裁决是终局的，对双方均有约束力。

除上述推荐的几种仲裁协议外，中国当事人在对外经济贸易活动中常用的仲裁协议还有两种：

一是在被诉方国家仲裁的仲裁协议，即"凡因执行本合同所发生的或与本合同有关的一切争议，双方应通过友好协商解决，如果协商不能解决，应提交仲裁。仲裁在被诉一方国家进行。如在中国，则由……机构按该机构仲裁规则进行仲裁。仲裁裁决是终局的，对双方都有约束力"。

二是在第三国仲裁的仲裁协议，即“凡因执行本合同所发生的或与本合同有关的一切争议，双方应通过友好协商解决；如果协商不能解决，应提交……国……地……仲裁机构，按照其仲裁规则进行仲裁。仲裁裁决是终局的，对双方均有约束力”。

以上提到的均为在争议发生前在合同中订入的仲裁条款。争议发生后，如双方同意将其争议提交仲裁，并无固定格式，但在实践中可以这样签订：

我们双方愿意提请……仲裁机构根据其仲裁规则，仲裁解决如下争议：

（1）……

（2）……

仲裁地点在……国……地。我们同意仲裁裁决是终局的，对双方均有约束力。

当事人名称、地址、签字（或盖章）……年……月……日于……

（三）拟定仲裁协议应注意的问题

要订立一份有效的仲裁协议，应视具体情况而定，尤需注意以下问题：

第一，当事人应当争取在争议发生前签订仲裁协议。

第二，涉外仲裁中，中方当事人应力争在中国涉外仲裁机构进行仲裁。

第三，涉外仲裁中如果不能确定在中国涉外仲裁机构进行仲裁时，最好应选择对中国比较友好的第三国或选择被诉方所在国仲裁机构仲裁。

第四，签订仲裁协议时如有不清楚之处，可及时向有关仲裁机构咨询。

三、仲裁协议的效力

仲裁协议的效力，是指一项仲裁协议本身的有效性以及有效的仲裁协议对有关当事人和机构的作用或约束力。仲裁协议是一种特殊的合同，其效力具有广延性，除及于各方当事人外，还扩及仲裁机构、仲裁员和相关法院。仲裁协议产生效力的前提，是该协议本身必须合法有效。

（一）仲裁协议效力的确认机构

根据中国现行《仲裁法》，有权认定仲裁协议效力的机构主要有两个，即仲裁机构和受诉法院。

1. 仲裁机构

根据中国现行《仲裁法》，对仲裁协议效力的异议不是由仲裁庭或仲裁员决定的，而是由仲裁机构决定的。这种做法在目前的国际仲裁中是较为少见的。

《仲裁法》第二十条规定：

当事人对仲裁协议的效力有异议的，可以请求仲裁委员会作出决定或者请求人民法院作出裁定。一方请求仲裁委员会作出决定，另一方请求法院作出裁定的，由人民法院裁定。

当事人对仲裁协议的效力有异议，应当在仲裁庭首次开庭前提出。

但如果仲裁协议对仲裁机构约定不明确或约定的仲裁机构不存在，应由哪个仲裁机构管辖？《仲裁法》和《仲裁法解释》均无规定。

实践中多由下列仲裁机构管辖：由仲裁协议约定的仲裁机构所在地、仲裁协议签订地、申请人住所地、被申请人住所地的仲裁机构管辖。仲裁管辖与诉讼管辖类似。

而《仲裁司法审查规定》第二条规定：

申请确认仲裁协议效力的案件，由仲裁协议约定的仲裁机构所在地、仲裁协议签订地、申请人住所地、被申请人住所地的中级人民法院或者专门人民法院管辖。

最高人民法院《关于确认仲裁协议效力几个问题的批复》（1998 年 10 月 21 日通过）第三条规定：

当事人对仲裁协议效力有异议的，一方申请仲裁机构确认仲裁协议的效力，另一方申请法院确认仲裁协议无效，如果仲裁机构先于法院接受申请并作出决定，法院不予受理；如果仲裁机构接受申请后尚未作出决定，法院应予受理，同时通知仲裁机构终止仲裁，仲裁机构根据法院对仲裁协议效力的认定决定恢复仲裁或撤销仲裁案件。

最高人民法院《关于适用〈中华人民共和国仲裁法〉若干问题的解释》的相关规定：

第十三条　依照《仲裁法》第二十条第二款的规定，当事人在仲裁庭首次开庭前没有对仲裁协议的效力提出异议，而后向人民法院申请确认仲裁协议无效的，人民法院不予受理。

仲裁机构对仲裁协议的效力作出决定后，当事人向人民法院申请确认仲裁协议效力或者申请撤销仲裁机构的决定的，人民法院不予受理。

第二十七条　当事人在仲裁程序中未对仲裁协议的效力提出异议，在仲裁裁决作出后以仲裁协议无效为由主张撤销仲裁裁决或者提出不予执行抗辩的，人民法院不予支持。

当事人在仲裁程序中对仲裁协议的效力提出异议，在仲裁裁决作出后又以此为由主张撤销仲裁裁决或者提出不予执行抗辩，经审查符合《仲裁法》第五十八条或者《民事诉讼法》第二百一十七条、第二百六十条规定的，人民法院应予支持。

2. 受诉法院

由法院认定仲裁协议的效力，是国际通行的做法。

但法院是在仲裁程序中还是在裁决作出后认定仲裁协议的效力，各国则有所区别。

《仲裁法》第二十条规定：

当事人对仲裁协议的效力有异议的，可以请求仲裁委员会作出决定或者请求人民法院作出裁定。一方请求仲裁委员会作出决定，另一方请求人民法院作出裁定的，由人民法院裁定。当事人对仲裁协议的效力有异议的，应当在仲裁庭首次开庭前提出。

法院认定仲裁协议效力的情形：

其一，当事人未开始仲裁或诉讼程序，单独要求法院认定仲裁协议的效力。

（1）司法审查

中国《仲裁法》对这种情况没有明确规定，但最高法院的《仲裁法解释》第十二条第一、二款规定：

当事人协议选择国内仲裁机构后，一方对仲裁协议的效力有异议，请求人民法院作出裁定的，由该仲裁委员会所在地的中级人民法院管辖；当事人对仲裁委员会没有约定或约定不明确的，由仲裁协议签订地或被申请人住所地的中级人民法院管辖。

申请确认涉外仲裁协议效力的案件，由仲裁协议约定的仲裁机构所在地、仲裁协议签订地、申请人或者被申请人住所地的中级人民法院管辖。

涉及海事海商纠纷仲裁协议效力的案件，由仲裁协议约定的仲裁机构所在地、仲裁协议签订地、申请人或者申请人住所地的海事法院管辖；上述地点没有海事法院的，由就近的海事法院管辖。

2018 年实施的《最高人民法院关于审理仲裁司法审查案件若干问题的规定》（简称《仲裁司法审查规定》）第二条的规定与《仲裁法解释》第十二条的规定有所不同：申请确认仲裁协议效力的案件（不区分国内仲裁还是涉外仲裁），均由仲裁协议约定的仲裁机构所在地、仲裁协议签订地、申请人住所地、被申请人住所地的中级人民法院或者专门人民法院管辖。

两个司法解释对申请确认涉外仲裁协议效力的规定基本相同，但对申请确认国内仲裁协议效力的规定不相同。《仲裁司法审查规定》对申请确认国内和涉外仲裁协议的规定相同，《仲裁法解释》对申请确认国内和涉外仲裁协议的规定不相同。按照“后法优于先法”的原则，应适用《仲裁司法审查规定》第二条的规定。

对涉及海事海商纠纷仲裁协议效力的案件，也适用“同样的规定”，而且仅用“或者专门人民法院管辖”就概括了其意思，司法解释技术进步很大。

申请人向两个以上有管辖权的人民法院提出申请的，由最先立案的人民法院管辖。

申请人向人民法院申请确认仲裁协议效力的，应当提交申请书及仲裁协议正本或者经证明无误的副本。

申请书应当载明下列事项：①申请人或者被申请人为自然人的，应当载明其姓名、性别、出生日期、国籍及住所；为法人或者其他组织的，应当载明其名称、住所以及法定代表人或者代表人的姓名和职务；②仲裁协议的内容；③具体的请求和理由，当事人提交的外文申请书、仲裁协议及其他文件，应当附有中文译本。

申请人提交的文件不符合规定，经人民法院释明后提交的文件仍然不符合规定的，裁定不予受理。

申请人向对案件不具有管辖权的人民法院提出申请，人民法院应当告知其向有管辖权的人民法院提出申请，申请人仍不变更申请的，裁定不予受理。申请人对不予受理的裁定不服的，可以提起上诉。

人民法院立案后发现不符合受理条件的，裁定驳回申请。裁定驳回申请的案件，申请人再次申请并符合受理条件的，人民法院应予受理。当事人对驳回申请的裁定不服的，可以提起上诉。

对于申请人的司法审查申请，人民法院应当在 7 日内审查决定是否受理。人民法院受理仲裁司法审查案件后，应当在 5 日内向申请人和被申请人发出通知书，告知其受理情况及相关的权利义务。

在中华人民共和国领域内没有住所的被申请人对人民法院的管辖权有异议的，应当自收到人民法院通知之日起 30 日内提出。

人民法院审查仲裁司法审查案件，应当组成合议庭并询问当事人。

人民法院受理仲裁司法审查案件后，作出裁定前，申请人请求撤回申请的，裁定准许。

人民法院在仲裁司法审查案件中作出的裁定，除不予受理、驳回申请、管辖权异议的裁定外，一经送达即发生法律效力。当事人申请复议、提出上诉或者申请再审的，人民法院不予受理，但法律和司法解释另有规定的除外。

（2）报核

《最高人民法院关于仲裁司法审查案件报核问题的有关规定》（简称《仲裁司

法审查报核规定》）的相关规定：

第二条　各中级人民法院或者专门人民法院办理涉外涉港澳台仲裁司法审查案件，经审查拟认定仲裁协议无效，应当向本辖区所属高级人民法院报核；高级人民法院经审查拟同意的，应当向最高人民法院报核。待最高人民法院审核后，方可依最高人民法院的审核意见作出裁定。

各中级人民法院或者专门人民法院办理非涉外涉港澳台仲裁司法审查案件，经审查拟认定仲裁协议无效，应当向本辖区所属高级人民法院报核；待高级人民法院审核后，方可依高级人民法院的审核意见作出裁定。

第三条　在下列情形下，应当向最高人民法院报核，待最高人民法院审核后，方可依最高人民法院的审核意见作出裁定：（一）仲裁司法审查案件当事人住所地跨省级行政区域；（二）以违背社会公共利益为由不予执行或者撤销我国内地仲裁机构的仲裁裁决。

第四条　下级人民法院报请上级人民法院审核的案件，应当将书面报告和案件卷宗材料一并上报。书面报告应当写明审查意见及具体理由。

第五条　上级人民法院收到下级人民法院的报核申请后，认为案件相关事实不清的，可以询问当事人或者退回下级人民法院补充查明事实后再报。

第六条　上级人民法院应当以复函的形式将审核意见答复下级人民法院。

第七条　在民事诉讼案件中，对于人民法院因涉及仲裁协议效力而作出的不予受理、驳回起诉、管辖权异议的裁定，当事人不服提起上诉，第二审人民法院经审查拟认定仲裁协议不成立、无效、失效、内容不明确无法执行的，须按照本规定第二条的规定逐级报核，待上级人民法院审核后，方可依上级人民法院的审核意见作出裁定。

其二，当事人在提起民事诉讼的同时要求认定仲裁协议的效力。

这种情况实际是法院审查应否受案及有无管辖权的问题。

《民诉法解释》的相关规定：

第二百一十五条　《民事诉讼法》第一百二十四条第二项的规定，当事人在书面合同中订有仲裁条款，或者在发生纠纷后达成书面仲裁协议，一方向人民法院起诉的，人民法院应当告知原告向仲裁机构申请仲裁，其坚持起诉的，裁定不予受理，但仲裁条款或者仲裁协议不成立、无效、失效、内容不明确无法执行的除外。

第二百一十六条　在人民法院首次开庭前，被告以有书面仲裁协议为由对受理民事案件提出异议的，人民法院应当进行审查。

经审查符合下列情形之一的，人民法院应当裁定驳回起诉：（一）仲裁机构或者人民法院已经确认仲裁协议有效的；（二）当事人没有在仲裁庭首次开庭前对仲裁协议的效力提出异议的；（三）仲裁协议符合《仲裁法》第十六条规定（仲裁协议的内容）且不具有仲《裁法第》十七条规定（仲裁协议无效的法定情形）情形的。

目前在中国司法实践中，法院对仲裁协议效力认定的审理期限，缺乏明确的规定，这是一个缺陷。

认定仲裁协议效力的诉讼，是《仲裁法》增加的、1991年《民事诉讼法》所没有的规定，新增一个程序却不注重其操作性，立法机关难辞其咎。最高人民法院虽然就仲裁协议的效力认定作出数个司法解释，但满足于被动地弥补不足，而不是就该问题系统地作出解释。

（二）仲裁协议效力的表现

关于仲裁协议的效力，有关仲裁的国际条约和各国的仲裁立法都作了比较一致的规定。

1. 对当事人的效力

仲裁协议一经合法成立，首先对各方当事人产生直接的法律效力，当事人因此丧失了就特定争议向法院起诉的权利，而相应地承担着将争议提交仲裁并服从仲裁裁决的义务，除非各方当事人又另外达成协议而变更原仲裁协议。

如果一方当事人就仲裁协议范围内的事项向法院起诉，另一方当事人则有权依据仲裁协议要求法院终止司法程序，法院应当驳回原告的起诉。

2. 对仲裁机构（仲裁员）的效力

有效的仲裁协议是仲裁员或仲裁机构受理案件及进行仲裁的依据。

也就是说，仲裁机构（仲裁员）的仲裁权来源于当事人的授权。

3. 对法院的效力

一份有效的仲裁协议，对法院的效力首先表现为排斥了法院对争议案件的管辖权。

也就是说，任何一方当事人不得随意撤销已成立的仲裁协议，不得就有关仲裁协议中约定的事项向法院起诉，法院应尊重当事人的约定，不得受理有仲裁协议的争议。

仲裁协议对法院的效力还表现为仲裁协议是法院强制执行仲裁裁决的依据。

仲裁的目的，就是使当事人之间的争议得到最终解决，而只有当仲裁裁决被执行后才能达到这一目的。但实践中，很多情况下败诉方当事人并不愿意自觉履行仲裁裁决，因此对方当事人需要请求管辖法院强制执行仲裁裁决。

四、仲裁庭管辖权自决问题

（一）概述

中国仲裁实践中，仲裁机构和法院均有权认定仲裁协议的效力，且一定条件下法院的决定优先。但就国际上大多数国家的实践而言，仲裁庭的管辖权，包括对仲裁协议的认定，由仲裁庭自己决定。亦即，仲裁庭对当事人提出的管辖权异议有管辖权，这种做法因此被形象地称为管辖权 / 管辖权或权限 / 权限原则，理论上称为管辖权 / 管辖权理论。

这一概念可追溯到 20 世纪 50 年代甚至更久，被认为出自前联邦德国的一场争论，即当事人可否通过协议赋予仲裁员对其管辖权作出有拘束力决定的权力。

（二）管辖权 / 管辖权原则的意义

从有关各国的立法和仲裁规则看，管辖权 / 管辖权原则是指在仲裁程序中仲裁庭有权裁定当事人提出的管辖权异议，从而决定自己的管辖权，而不是指在任何情况下，仲裁管辖权都应由仲裁庭来决定。而且，仲裁庭的管辖权决定不是终局的，必须接受法院的审查。这一理解，并不意味着管辖权 / 管辖权原则无足轻重。

采用该原则的关键，不在于是否赋予仲裁庭的决定以终局效力，也不在于是否完全排除法院确定仲裁管辖权的权力，而在于限定法院干预仲裁管辖权的时间和条件，从而避免法院过早地干预仲裁过程，有利于仲裁庭提高效率。而且，从仲裁本身的客观需要来说，假如一方当事人随时可因管辖权问题中断仲裁程序，仲裁庭的正常工作也就无法顺利进行。

允许仲裁庭自己决定管辖权，不会导致仲裁员滥用权力。法院的事后监督足以让仲裁庭审慎地决定自己的管辖权，当事人的利益并非不能得到充分保障。相比于所有管辖权异议均交由法院决定的做法，管辖权 / 管辖权原则有利于减少法院工作量。

（三）中国与管辖权 / 管辖权原则

我国没有采用管辖权 / 管辖权原则。目前我国由仲裁机构决定仲裁管辖权异议的做法，已经成为中国各仲裁机构进行制度创新、吸引国际案件的当事人来中国内地仲裁的障碍之一。

因此，接纳管辖权 / 管辖权原则应成为今后修订 1994 年《仲裁法》的一个目标。

五、仲裁协议的无效与失效

（一）仲裁协议的无效

1. 法律关于仲裁协议无效的规定

根据中国《仲裁法》，仲裁协议应采用书面形式，并具备三项内容。这些要求实际上是一份有效仲裁协议的积极要件。

除了积极要件，许多国家的仲裁立法同时还规定了仲裁协议必须排除的消极要件，也就是说，仲裁协议不能出现某种情形。如果出现规定的情形之一，该仲裁协议无效。

按照中国《仲裁法》，在下列情形下，仲裁协议无效：

（1）约定的仲裁事项超出法律规定的范围。

这一要件实际上就是所谓可仲裁性或仲裁范围的问题。

中国《仲裁法》第三条规定："下列纠纷不能仲裁：婚姻、收养、监护、扶养、继承纠纷；依法应当由行政机关处理的行政争议。"

另外，第七十七条规定："劳动争议和农业集体经济组织内部的农业承包合同纠纷的仲裁，另行规定。"这就是说，劳动争议和农业承包合同纠纷虽然可以提交仲裁，但不以《仲裁法》为依据，因为这两类纠纷具有特殊性，由其他法律予以调整。

（2）订立的仲裁协议的当事人属无民事行为能力人或限制民事行为能力人。

（3）一方采取胁迫手段迫使对方订立仲裁协议。

所谓胁迫，就是一方当事人以威胁加害另一方当事人或其亲友的生命健康、名誉、荣誉或财产等为手段，迫使另一方当事人不得不作出违背其真实意思的行为。

2. 实践中常见的无效仲裁协议

（1）模棱两可的仲裁协议。

常见的有以下几种情形：

①既选择仲裁也选择诉讼的协议。

根据《仲裁法解释》第七条，当事人约定争议可以向仲裁机构申请仲裁也可以向人民法院起诉的，仲裁协议无效。但一方向仲裁机构申请仲裁，另一方未在《仲裁法》规定的期间内提出异议的除外。

最高人民法院过去曾认为，合同中既约定仲裁又选择诉讼的解决争议的条款是有效的，认为该条款中双方的仲裁意思表示是明确的、有效的。约定仲裁和选择诉讼是两个独立的意思表示，处于平等的地位，尽管两者同时包含在同一个合同条款里。当事人在既约定仲裁又选择诉讼的情况下，最后无论选择仲裁还是选择诉讼都在当事人的意愿之内。合同有关解决争议条款中选择诉讼的意思表示并不使约定仲裁的意思表示无效或丧失效力。因此，当事人在合同中既约定仲裁又选择诉讼来解决争议时，其仲裁的意思表示应视为当事人之间达成了有效的仲裁协议，当事人首先向仲裁机构提出仲裁申请时，仲裁机构应当并有权受理。这种观点现已被《仲裁法解释》第七条的观点所取代。

②同时选择两个或多个仲裁机构的协议。

《仲裁法解释》第五条规定："仲裁协议约定两个以上仲裁机构的，当事人可以协议选择其中的一个仲裁机构申请仲裁；当事人不能就仲裁机构选择达成一致的，仲裁协议无效。"这一规定意味着该仲裁协议并不必然无效，当事人有权在选定的两个仲裁机构中作出选择。在双方当事人无法就具体的仲裁机构达成一致的情况下，仲裁条款无效。

③只约定应适用的仲裁规则，未约定仲裁机构的协议。

根据司法解释，"仲裁协议仅约定纠纷适用的仲裁规则的，视为未约定仲裁机构，但当事人达成补充协议或者按照约定的仲裁规则能够确定仲裁机构的除外"。例如，2015 年《中国国际经济贸易仲裁委员会仲裁规则》第四条第四款规定："当事人约定按照本规则进行仲裁但未约定仲裁机构的，视为同意将争议提交仲裁委员会仲裁。"

④仲裁机构名称约定不明的协议。

仲裁协议约定的仲裁机构名称不准确，但能够确定具体的仲裁机构的，通常认定选定了仲裁机构。

⑤仅约定了仲裁地点的协议。

仲裁协议约定由某地的仲裁机构仲裁且该地仅有一个仲裁机构的，则该仲裁机构视为约定的仲裁机构。该地有两个以上仲裁机构的，当事人可以协议选择其中的一个仲裁机构申请仲裁；当事人不能就仲裁机构选择达成一致的，仲裁协议无效。

（2）无法实现的仲裁协议。

例如，有的仲裁协议规定，争议发生后，提交中国某仲裁机构依照美国仲裁协会的仲裁规则进行仲裁。由于中国某仲裁机构的仲裁规则规定，在该机构进行仲裁时，只能适用该机构的仲裁规则，这样的仲裁协议往往无法实现。

（3）指定了不存在的仲裁机构的仲裁协议。

例如，有的仲裁协议规定，争议发生后，提交某地的仲裁机构仲裁，但该地并没有设立仲裁机构，同时也不能推定当事人意图选定的仲裁机构，所以该协议无效。但应该注意的是，如仲裁协议约定由某地的仲裁机构仲裁且该地仅有一个仲裁机构的，虽未写明该机构的名称，但该仲裁机构亦视为约定的仲裁机构。

（4）仲裁终局性不确定的仲裁协议。

例如，有的仲裁协议规定，合同执行过程中出现的问题双方应协商解决，协商不成，可提交中国涉外仲裁机构，如对仲裁裁决不服的，可提交美国仲裁协会仲裁（或向中国法院起诉）。这种协议因违背了仲裁终局性原则而无效。

（5）在格式合同中当事人没有在两个或者多个备用的仲裁条款中作出选择的仲裁协议。

有的格式合同或标准合同印有两个或者多个不同的仲裁条款，供当事人签订合同时进行选择，但当事人签订合同时没有作出选择，争议发生后，实际上是不存在仲裁协议的。

3. 对有缺陷的仲裁协议的完善

在实践中，常常采用如下方式完善有缺陷的仲裁协议：

（1）由当事人自行完善。

成功率不高。

（2）由仲裁机构协助完善。

与第一种方法相似，成功率也并不高。

（3）由法院协助完善。

当事人将内容不明确的仲裁协议提交诉讼时，在当事人愿意的情况下，法院也可以协助其完善仲裁协议。若当事人一方不愿意，法院将依法审查仲裁协议，从而作出仲裁协议是否有效的决定。必须指出，如果仲裁协议有《仲裁法》第十七条规定的情形之一的，法院可径直认定仲裁协议无效，一般不必协助其加以完善。但对那些约定不明确的仲裁协议，法院应根据《仲裁法》第十八条，力促当事人对仲裁事项或者仲裁委员会的选定达成补充协议，达不成补充协议的，方可宣告仲裁协议无效。而且，法院还可以更积极地发挥支持仲裁的作用，对于有缺陷的仲裁协议，如果当事人在争议发生后不能达成补充协议，在不违背法律的强制性规定的情况下，应尽可能从宽予以解释，妥善地推定当事人的仲裁意图，尽可能使有缺陷的仲裁协议得到实施。

（二）仲裁协议的失效

1. 概念

所谓仲裁协议的失效，是指原本有效的仲裁协议因为特定仲裁事项的结束或当事人的放弃或其他原因而失去其法律效力的情况。

2. 原因

（1）仲裁裁决得以履行或执行而致仲裁协议失效。

当事人凭着合法有效的仲裁协议将其争议提交仲裁，仲裁庭依照法律和仲裁规则作出了合法有效的裁决，而该裁决又得到了当事人的自觉履行或得到了法院的强制执行，仲裁协议所指争议事项即已完全解决，仲裁协议因此失效。但是，如果仲裁庭所作的裁决为中间裁决或部分裁决，则仲裁协议应继续有效。此外，仲裁庭有权在一定期限内对裁决书中的打印错误、计算错误及类似性质的错误作出补正，或对裁决书中的遗漏事项予以补充裁决。

（2）因当事人放弃而致仲裁协议失效。

①合意放弃。当事人可以依法签订一份有效的仲裁协议，也可以放弃或终止一份有效的仲裁协议。换言之，各方当事人可经协商一致，放弃有效的仲裁协议。这种放弃可称为“合意放弃”。有效的仲裁协议，一经合意放弃，即告失效。

②推定放弃。《仲裁法》第二十六条规定：“当事人达成仲裁协议，一方向人民法院起诉未声明有仲裁协议，人民法院受理后，另一方在首次开庭前提交仲裁协议的，人民法院应当驳回起诉，但仲裁协议无效的除外；另一方在首次开庭前未对人民法院受理该案提出异议的，视为放弃仲裁协议，人民法院应当继续审理。”这种情况可称为“推定放弃”或“视为放弃”。视为放弃看上去似乎是单方放弃，实质上是合意放弃的另一种表现形式，即有仲裁协议，一方当事人却向法院起诉，说明他内心里有放弃仲裁协议的打算；而另一方当事人在法定期限内不提出异议，说明该另一方当事人内心也有放弃仲裁协议的打算。这正好表明了双方当事人的“合意”。有效的仲裁协议，一经推定放弃，即告失效。

（3）仲裁裁决被法院裁定撤销或者不予执行而致仲裁协议失效。

《仲裁法》第九条规定：“裁决被人民法院裁定撤销或者不予执行的，当事人就该纠纷可以根据双方重新达成的仲裁协议申请仲裁，也可以向人民法院起诉。”此项规定，实际上意味着当事人之间的原仲裁协议已失效。

此外，有的国家的法律还规定，仲裁期限届满，会引起仲裁协议失效；当事人和解或者指定的仲裁员辞职、死亡或丧失资格等，也将导致仲裁协议失效。

3. 法律后果

（1）排除法院管辖的原因消失；

（2）仲裁员丧失仲裁权；

（3）除已作成合法有效的裁决外，当事人不再受仲裁协议的约束。

六、仲裁条款的独立性问题

（一）问题的提出

仲裁协议是商事仲裁的基石，如果合同被认定为无效或失效、不存在，合同中的仲裁条款是否也因此无效或失效、不存在？仲裁庭是否还对相关的合同争议拥有管辖权？这就提出了仲裁协议的特性及其与基础合同或主合同关系的难题，也就是所谓的仲裁协议独立性问题，或称仲裁协议的可分割性或自治性问题。独立性理论主要是针对仲裁条款的。

（二）传统的观点

传统观点认为，仲裁条款是含有该条款的合同的不可分割的一部分，合同无效，则仲裁条款当然无效。

（三）仲裁条款自治说

1. 含义

仲裁条款自治说认为，仲裁条款应被视为与有关合同的其他部分相分离的单独协议。从合同的效力不仅不因主合同发生争议或被确定无效而失去效力，反而正因此得到实施，以发挥它作为救济手段的作用。

2. 产生的依据

仲裁条款自治说的法律依据是仲裁性质和“约定必须遵守”这一古老的法律原则。仲裁源于当事人的合意，只有各方当事人一致同意将争议交付仲裁，仲裁程序的进行才是有效的。仲裁在本质上是任意性的，但如果当事人通过订立仲裁条款明示地同意提交仲裁，则该约定构成一项法律义务，各方当事人都必须履行，任何一方当事人都不能单方面撤销这种约定。这一点，正符合“约定必须遵守”的原则。

仲裁条款自治说还依据两种程序上的推理：

其一，仲裁庭有权决定争议是否属于仲裁条款规定的范围，而仲裁管辖权的依据又是仲裁条款，因此应该认为仲裁条款独立于主合同。否则，如果仲裁条款随主合同无效而无效，仲裁庭就无权依据仲裁条款决定当事人之间的争议是否属于仲裁条款所规定的范围了。

其二，若不承认仲裁条款独立，仲裁庭只能受理主合同有效的争议，在此之前，主合同的有效性显然又不能由仲裁庭决定，那么只可能由法院来决定，既然如此，仲裁制度的存在还有何必要？反向推之，也应该肯定仲裁条款自治说。

3. 国际上对待仲裁条款自治说的态度

20 世纪 60 年代以来，承认仲裁条款的独立性和可分离性，是现代国际商事仲裁制度的一大趋势。现在所有在仲裁领域比较重要的国家都接受了独立理论。

不过，各国接受的程度不一样，尤其在主合同自始无效或不存在的情况下，只有法国、英国、美国等几个国家及国际商会彻底接受仲裁条款的自治原则，在部分国家只是一般性地认为，合同无效并不导致仲裁条款无效，对主合同自始无效或不存在的问题不置可否。理论上，前者被称为“绝对独立论”，后者则被称为“相对独立论”。

4. 中国的立法及实践

中国内地是在没有什么理论争议的情况下逐步接受仲裁条款自治说的。《仲裁法》第十九条第一款规定：“仲裁协议独立存在，合同的变更、解除、终止或者无效，不影响仲裁协议的效力。”《最高人民法院关于适用〈中华人民共和国仲裁法〉若干问题的解释》第十条规定：“合同成立未生效或者被撤销的，仲裁协议效力的认定适用《仲裁法》第十九条第一款的规定；当事人在订立合同时就争议达成仲裁协议的，合同未成立不影响仲裁协议的效力。”

第二节　有关仲裁协议之典型案例

案例 9　唐瑶申请确认仲裁协议无效案

【基本案情】

申请人：唐瑶，住湖北省武汉市江岸区。

被申请人：周琴，住湖北省汉川市。

被申请人：武汉海赋江城房产经纪服务有限公司，住所地为湖北省武汉市江岸区。

申请人申请确认仲裁协议无效的理由：

申请人唐瑶称，申请人于 2017 年 7 月 30 日与两被申请人签订《武汉市存量房买卖合同》，合同第四条明确指出双方在办理过户后 30 个工作日内收到银行的尾款，现被申请人周琴已经严重违约。合同第十五条约定，若各方在履行合同过程中发生争议，经协商调解不成时，同意提交当地仲裁委员会仲裁裁决。因房产所在地位于武汉市江汉区，申请人为武汉市江岸区人士，被申请人为汉川市人士，双方不在同一个区域，无法选定当地仲裁委员会仲裁裁决。请求：确认申请人与被申请人2017年7月30日签订的《武汉市存量房买卖合同》第十五条约定的仲裁条款无效。

被申请人答辩意见：

两被申请人称，涉诉《武汉市存量房买卖合同》第十五条约定的仲裁条款应为有效仲裁协议，所指仲裁机构为武汉仲裁委员会。为此，请求驳回申请人的申请。

湖北省武汉市中级人民法院意见：

法院查明：

2017年7月30日，申请人唐瑶作为甲方，被申请人周琴作为乙方，被申请人武汉海赋江城房产经纪服务有限公司作为丙方，签订《二手房居间买卖合同》一份。该合同第十五条约定，若各方在履行合同过程中发生争议，经协商调解不成时，同意提交当地仲裁委员会仲裁解决。

法院意见：

本案系申请确认仲裁协议效力纠纷案件。《中华人民共和国仲裁法》（以下简称《仲裁法》）第十六条规定，仲裁协议包括合同中订立的仲裁条款和以其他书面方式在纠纷发生前或者纠纷发生后达成的请求仲裁的协议。仲裁协议应当具有下列内容：（一）请求仲裁的意思表示；（二）仲裁事项；（三）选定的仲裁委员会。《最高人民法院关于适用〈中华人民共和国仲裁法〉若干问题的解释》第六条规定，仲裁协议约定由某地的仲裁机构仲裁且该地仅有一个仲裁机构的，该仲裁机构视为约定的仲裁机构。该地有两个以上仲裁机构的，当事人可以协议选择其中的一个仲裁机构申请仲裁；当事人不能就仲裁机构选择达成一致的，仲裁协议无效。因申请人唐瑶与被申请人周琴住所地分别在武汉市和汉川市，仲裁条款约定的“当地”指向不明，无法确定仲裁委员会，且申请人唐瑶申请确认仲裁条款无效，说明当事人未就选择仲裁委员会达成补充协议。因此，涉案仲裁协议应属无效。依照《中华人民共和国仲裁法》第十六条、第二十条和《最高人民法院关于适用〈中华人民共和国仲裁法〉若干问题的解释》第六条的规定，裁定如下：确认申请人唐瑶与被申请人周琴、被申请人武汉海赋江城房产经纪服务有限公司之间的仲裁协议无效。申请费400元，由被申请人周琴、被申请人武汉海赋江城房产经纪服务有限公司共同负担。

【案例评析】

有效的仲裁协议是当事人将争议提交仲裁解决的前提，是仲裁机构受理案件的初步要求，是排除法院管辖权的理由，是仲裁裁决具有强制执行力的条件。因此，仲裁协议对于整个仲裁制度具有极其重大的意义。各法域对于仲裁协议效力的形式和实质要求有所不同，这也导致各法域对于仲裁协议效力的认定标准有所区别。就仲裁协议的形式要件而言，书面仲裁协议的要求仍然为大多数法域所采纳，但是，随着科学和技术的发展，“书面”的定义也有所扩张，这种扩张在《纽约公约》《联合国国际商事仲裁示范法》中均有所体现。就仲裁协议的实质要件而言，我国法律的规定较大多数法域稍显严苛。我国《仲裁法》第十六条明确规定：“仲裁协议应当具有下列内容：（一）请求仲裁的意思表示；（二）仲裁事项；（三）选定的仲裁委员会。”

我国确认仲裁协议效力的司法实践中，针对“选定的仲裁委员会”这一要件，曾出现过很多种抗辩事由。例如，选定的仲裁委员会名称不准确、选定了不存在的仲裁委员会、选定了多个仲裁委员会、约定了某地仲裁委员会但是某地有多个仲裁委员会等。针对实践中出现的多种情况，最高人民法院主要通过司法解释以及复函、答复的形式进行明确。本案中，当事人约定的仲裁机构为“当地仲裁委员会”。《最高人民法院关于适用〈中华人民共和国仲裁法〉若干问题的解释》第六条规定：“仲裁协议约定由某地的仲裁机构仲裁且该地仅有一个仲裁机构的，该仲裁机构视为约定的仲裁机构。该地有两个以上仲裁机构的，当事人可以协议选择其中的一个仲裁机构申请仲裁；当事人不能就仲裁机构选择达成一致的，仲裁协议无效。”但是，本案的核心问题并非认定某地有几个仲裁机构，而是认定“当地”的具体地点。合同的履行主要涉及当事人合同签署地、合同履行地、标的物所在地、当事人住所地。本案中，双方当事人分别位于武汉市和汉川市，所涉房屋所在地为武汉市。根据二手房买卖惯例，涉案《二手房居间买卖合同》应由武汉海赋江城房产经纪服务有限公司提供，合同签署地在武汉市的可能性显然较大。如果认定“当地”为合同签署地、标的物所在地，那么本案所涉争议应由武汉仲裁委员会仲裁，仲裁协议应为有效。但是，本案法院选择将“当地”认定为当事人住所地，并据此认为“当地”指向不明，无法确定仲裁委员会，且申请人唐瑶申请确认仲裁条款无效，说明当事人未就选择仲裁委员会达成补充协议，涉案仲裁协议应属无效。客观来看，本案法院的认定似可商榷：第一，从尽量使仲裁协议有效原则出发，既然法律并未规定“当地”为当事人所在地，那么也可以认定“当地”为可以使仲裁协议有效的“标的物所在地”等；第二，从实践惯例出发，将“当地”认定为房屋所在地更为合理。实践中，通过经纪公司进行交易的二手房买卖合同大多为格式合同，且只在房屋所在地辖区内适用，其所载的仲裁条款中所指的“当地”，理解为房屋所在地也就是经纪公司所提供的《二手房居间买卖合同》所适用的地方更符合合同的本意。

案例 10 玉泉法院申请确认仲裁协议无效案

【基本案情】

申请人：呼和浩特市玉泉区人民法院（以下简称玉泉法院）。

被申请人：北京金丰环球建筑装饰有限公司（以下简称装饰公司）。

申请人确认仲裁协议无效的事实及理由：

申请人的诉讼请求：

玉泉法院申请称，请求确认其与装饰公司之间的建设施工合同《合同条款专用部分》约定的仲裁协议无效。

事实及理由：

双方于 2011 年 10 月 18 日签订了《合同协议书》和《房屋建筑工程质量保修书》，没有就《合同条款专用部分》进行过协商，其不是双方真实意思表示，其中约定的仲裁条款属于无效条款。《合同条款专用部分》约定了本工程争议解决方式为向北京市仲裁委员会提起仲裁，但在 2012 年 3 月 25 日，双方又签订了《水电工程补充合同》，该合同第七条约定工程发生争议时向人民法院提起诉讼，故装饰公司提起仲裁所依据的仲裁条款无效。

被申请人的答辩意见：

双方在合同的专用条款部分专门约定了向北京仲裁委员会申请仲裁。玉泉法院主张《合同条款专用部分》没有签字而无效的问题，是对合同成立以及生效产生了误解，仲裁条款合法有效。《水电工程补充合同》仅约定因为工程质量问题发生争议，以诉讼形式解决，与仲裁案所涉及的工程结算问题无关。

北京第四中级人民法院意见：

法院查明：

2011 年 10 月 18 日，发包人玉泉法院与承包人装饰公司就玉泉法院审判办公综合楼工程签订《合同协议书》，约定的承包范围为扣除拨付给其他单位房间外的施工图纸所示范围内的装饰装修工程，工程规模 9220 平方米。第六条约定，本协议书与下列文件一起构成合同文件：（一）招标文件；（二）已标价的工程量清单；（三）合同条款专用部分；（四）合同条款通用部分；（五）技术标准和要求；

（六）合同图纸。双方在本合同履行中所共同签署或认可的符合现行法律、法规、规章及规范性文件，且符合本合同实质性约定的指令、洽商、纪要或同类性质的文件，均构成本合同文件的有效补充。《合同条款专用部分》中 23.1.1 约定的本工程的争议解决方式为向北京市仲裁委员会申请仲裁。

2012 年 3 月 5 日，玉泉法院与装饰公司就玉泉法院审判办公司综合楼工程的《施工总承包合同》中的相关事项签订《水电工程补充合同》，约定承包范围为施工图纸所示范围内水电安装工程。电气工程包括动力、照明；给水包括支管及卫生洁具。第七条纠纷处理方式为：因工程质量双方发生争议时，双方协商解决；当事人不愿通过协商、调解解决，或协商、调解不成时，可以按照本合同约定向人民法院提起诉讼。

后双方发生纠纷，装饰公司向北京仲裁委员会提起仲裁，请求裁决玉泉法院支付综合办公楼装饰装修工程款 10177923 元及相应违约金。

法院意见：

《中华人民共和国仲裁法》第十六条规定，仲裁协议包括合同中订立的仲裁条款和以其书面方式在纠纷发生前或者纠纷发生后达成的请求仲裁的协议。仲裁协议应当具有下列内容：（一）请求仲裁的意思表示；（二）仲裁事项；（三）选定的仲裁委员会。《中华人民共和国仲裁法》第十七条规定，有下列情形之一的，仲裁协议无效：（一）约定的仲裁事项超出法律规定的仲裁范围的；（二）无民事行为能力人或者限制民事行为能力人订立的仲裁协议；（三）一方采取胁迫手段，迫使对方订立仲裁协议的。

本案中，《合同协议书》经双方签字盖章，系双方当事人的真实意思表示，不违反法律行政法规的强制性法律规定，应为合法有效。《合同协议书》第六条约定，《合同条款专用部分》是合同文件的一部分，《合同条款专用部分》中约定的争议解决方式为向北京市仲裁委员会申请仲裁，该约定对双方具有法律约束力。玉泉法院称根据《水电工程补充合同》的约定，水电工程部分应当向法院起诉。但《水电工程补充合同》第七条纠纷处理方式为：因工程质量双方发生争议时……双方可以按照本合同约定向人民法院提起诉讼。但仲裁案件系工程款结算纠纷，非工程质量纠纷，因此就工程结算问题，并未构成或裁或审的情形，并不符合《最高人民法院关于适用〈中华人民共和国仲裁法〉若干问题的解释》第七条的规定。

此外，《最高人民法院关于适用〈中华人民共和国仲裁法〉若干问题的解释》第三条规定，仲裁协议约定的仲裁机构名称不准确，但能够确定具体的仲裁机构的，应当认定选定了仲裁机构。本案中，北京市不存在北京市仲裁委员会，故《合同条款专用部分》约定的仲裁机构名称不准确。北京市同时存在北京仲裁委员会、中国国际经济贸易仲裁委员会和中国海事仲裁委员会，但中国国际经济贸易仲裁委员会和中国海事仲裁委员会名称中均不含“北京”二字，北京市仲裁委员会的表述并不会与中国国际经济贸易仲裁委员会和中国海事仲裁委员会产生混同认识，故可确定双方当事人约定的“北京市仲裁委员会”即为“北京仲裁委员会”，即应认定双方选定了仲裁机构，《合同条款专用部分》约定的仲裁条款有效。

综上，玉泉法院请求确认仲裁协议无效的申请没有事实和法律依据，本院不予支持。依照《中华人民共和国仲裁法》第十六条、第十七条之规定，裁定如下：驳回呼和浩特市玉泉区人民法院的申请。

【案例评析】

“或裁或审”，一般是指当事人就同一争议既约定了诉讼又约定了仲裁，其典型表现形式如“当事人可以向××仲裁机构申请仲裁，也可以向××法院提起诉讼”。《仲裁法解释》第七条规定：“当事人约定争议可以向仲裁机构申请仲裁也可以向人民法院起诉的，仲裁协议无效。但一方向仲裁机构申请仲裁，另一方未在《仲裁法》第二十条第二款规定期间内提出异议的除外。”“或裁或审”条款仲裁部分之所以无效，其原因在于诉讼和仲裁是两种互斥的争议解决方式，这也就意味着当事人约定的具体争议解决方式应具有明确性和确定性。对于诉讼部分，越来越多的司法实践表明其效力应作独立判断，典型观点如〔2017〕浙民辖终 144 号民事裁定书，“案涉仲裁部分的条款无效，但诉讼管辖部分只要符合法律规定应当有效”。同时，根据《仲裁法解释》第七条及《仲裁法》第二十条的规定，“或裁或审”情形下一方当事人对仲裁机构管辖权持有异议的，应在仲裁庭首次开庭前提出。否则，根据《仲裁法解释》第二十七条的规定，该当事人在裁决作出后以仲裁协议无效为由主张撤销仲裁裁决或者提出不予执行抗辩的，法院不予支持。

本案法院认为“仲裁案件系工程款结算纠纷，非工程质量纠纷，因此就工程结算问题，并未构成‘或裁或审’的情形”。那么，法院此番意见是否意味着如果是工程质量纠纷，就可能构成“或裁或审”？《合同条款专用部分》约定的争议解决方式为向北京市仲裁委员会申请仲裁，而根据《水电工程补充合同》的约定，“因工程质量双方发生争议时……双方可以按照本合同约定向人民法院提起诉讼”。这是不是意味着双方当事人已就水电工程的质量争议本身变更了此前《合同条款专用部分》中有关将争议提交仲裁的约定？这或许是一个合同条款解释的问题。实务中，与“或裁或审”相关的另外一个常见问题是“可申请仲裁”。有观点认为，当事人约定“可申请仲裁”时并未排除也可通过诉讼途径解决争议的意思，因此构成“或裁或审”情形，争议解决条款（仲裁）应为无效。实际上，最高法院早在〔2003〕民四他字第 7 号中就指出，“可申请仲裁”侧重于任何一方当事人均可申请仲裁，而非“既可以申请仲裁，也可以提起诉讼”。

当事人申请确认仲裁协议效力的案件中，围绕“北京市仲裁委员会”曾存在广泛争议。有观点认为，北京实际不存在一家叫作“北京市仲裁委员会”的仲裁机构，因此这样的仲裁条款应为无效。如在〔2015〕安中民一初字第 97 号民事裁定书中，法院就认为“……双方同意由北京市仲裁委员会仲裁。北京市解决平等主体之间合同纠纷及其他财产权益纠纷的仲裁机构有北京仲裁委员会、中国国际经济贸易仲裁委员会等两家以上的仲裁机构，应当认定《双方结算付款协议》中约定的仲裁条款无效”。不过，最高法院随后作出〔2016〕最高法民监 106 号民事裁定，指出“上述裁定确有错误”。

从最新司法审查情况来看，法院之间已经基本达成共识，“北京市仲裁委员会”属于约定仲裁机构名称不准确，而非约定的仲裁机构不存在或对仲裁机构约定不明确，不构成仲裁协议无效的事由。但也存在不同意见，如在〔2018〕吉民辖终 39 号民事裁定中，吉林高院认为，“本案中双方约定的‘北京市仲裁委员会’应认定为约定的仲裁机构不明确。根据《中华人民共和国仲裁法》第十八条‘仲裁协议对仲裁事项或者仲裁委员会没有约定或者约定不明确的，当事人可以补充协议；达不成补充协议的，仲裁协议无效’之规定，应认定上述仲裁协议无效”。

案例 11　王大可、吴绍鹏不服管辖权异议裁定上诉案

【基本案情】

二审上诉人（一审被告）：王大可，住辽宁省黑山县。

二审上诉人（一审被告）：吴绍鹏，住辽宁省黑山县。

二审被上诉人（一审原告）：辽宁现代农机设备有限公司，住所地为黑山县庞河经济技术开发区。

一审被告：黑山县腾飞房地产开发有限公司，住所地为黑山县黑山镇。

本案件的事实：

一审原告辽宁现代农机设备有限公司诉称，请求一审被告支付原告各项费用共计12076584.46元。一审被告王大可、吴绍鹏在提交答辩状期间对管辖权提出异议，认为根据双方争议处理方式的约定，本案明确应由协议签订地仲裁委员会仲裁，签约地为黑山县黑山庞河经济开发区中山路50号，即辽宁现代农机装备有限公司办公室，根据《民事诉讼法解释》第二百一十五条第二百一十六条和《民事诉讼法》第一百二十四条第（二）项的规定，请求依法驳回原告起诉。一审法院裁定驳回一审被告王大可、吴绍鹏的管辖权异议。一审被告王大可、吴绍鹏就管辖权异议裁定，向辽宁省锦州市中级人民法院提起上诉。针对一审被告的上诉，二审法院于2018年11月3日作出〔2018〕辽07民辖终72号民事裁定，驳回了上诉人的上诉，且裁定已经发生法律效力。但是随后，二审法院于2019年11月20日作出〔2019〕辽07民监91号民事裁定，决定再审本案。

一审法院意见：

一审法院经审查认为，原告与王大可、吴绍鹏于2014年8月26日签订《联合开发协议书》，在协议中第十条第一款约定：本协议在履行过程中发生的争议，由双方当事人协商解决，也可由有关部门调解；协商或调解不成的，提交协议签约地仲裁委员会仲裁。虽然双方在《联合开发协议》中约定了仲裁条款，但是该条款约定的仲裁委员会为“协议签约地仲裁委员会”，本案的协议签约地为黑山县。目前黑山县未设仲裁委员会，即选定的仲裁委员会不存在，等同协议没有约定。依据《中华人民共和国仲裁法》第十八条规定：“仲裁协议对仲裁事项或者仲裁委员会没有约定或者约定不明确的，当事人可以补充协议；达不成补充协议的，仲裁协议无效。”故本案原告有权选择向人民法院起诉。综上，依据《最高人民法院关于适用〈中华人民共和国民事诉讼法〉的解释》第二百一十五条、第二百一十六条，《中华人民共和国仲裁法》第十六条、第十八条之规定，裁定如下：驳回被告王大可、吴绍鹏对本管辖权提出的异议。案件受理费100元，由被告王大可、吴绍鹏共同负担。

上诉人提出上诉所依据的事实和理由：

上诉人王大可、吴绍鹏上诉称，请求撤销辽宁省黑山县人民法院〔2018〕辽0726民初1567号民事裁定书，依法驳回起诉。事实与理由如下：

（1）该裁定程序违法。作出裁定的审判人员不是本案的审判员或者合议庭成员，其无权作出此裁定。

（2）裁定实体认定错误。上诉人与被上诉人约定协议争议处理方式为“协议

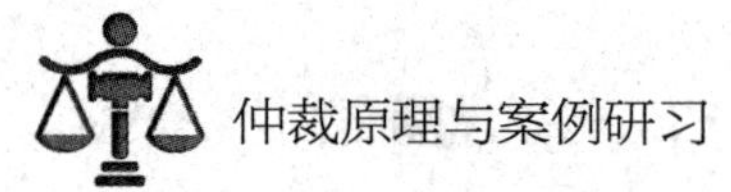

签约地仲裁委员会仲裁”，签订地为黑山县黑山庞河经济开发区中山路50号辽宁现代农机装备有限公司办公室，协议约定仲裁是双方当事人的意思表示且不违反法律规定，双方约定是签约地仲裁委员会，而非黑山县仲裁委员会，签约地的仲裁委员会在锦州市当地只有锦州市仲裁委员会，该条款约定非常明确且合法有效。依照《最高人民法院关于适用〈中华人民共和国仲裁法〉若干问题的解释》第六条规定，该案应当移送至锦州市仲裁委员会管辖，黑山县法院认定仲裁协议无效错误，应当驳回被上诉人的起诉。

被上诉人的答辩意见：

被上诉人辽宁现代农机设备有限公司未向本院提交书面答辩意见。

二审法院意见：

本院二审经审查认为，合同的当事人有权约定以仲裁方式解决争议，但该约定应当明确，否则约定无效。本案上诉人王大可、吴绍鹏，被上诉人辽宁现代农机设备有限公司于2014年8月26日签订《联合开发协议书》，协议约定双方发生争议由协议签约地仲裁委员会仲裁。同日，被上诉人辽宁现代农机设备有限公司与上诉人王大可、吴绍鹏，原审被告黑山县腾飞房地产开发有限公司签订《联合开发现代家园住宅小区协议书》，协议约定解决方式仍为协议签约地仲裁委员会仲裁，合同签订地点注明为“现代农机办公室”。上述两份协议约定解决争议方式为仲裁，协议签订地为被上诉人处。被上诉人位于辽宁省黑山县行政辖区，黑山县现无仲裁委员会，故应视为没有约定，该仲裁条款无效，原审法院对本案具有管辖权。关于上诉人提出适用仲裁法解释第六条规定的观点，《最高人民法院关于适用〈中华人民共和国仲裁法〉若干问题的解释》第六条规定，仲裁协议约定由某地的仲裁机构仲裁且该地仅有一个仲裁机构的，该仲裁机构视为约定的仲裁机构。本案中合同各方当事人约定的仲裁机构并不存在，而非上述司法解释所规定的仅有一个仲裁机构，故上诉人的上诉观点不符合法律规定，本院不予支持。综上，依照《中华人民共和国民事诉讼法》第一百七十条第一款第（一）项、第一百七十一条规定，裁定：驳回上诉，维持原裁定。

再审法院意见：

本院再审认为，本案争议的焦点问题是二审上诉人提出的管辖异议是否成立。《最高人民法院关于适用〈中华人民共和国仲裁法〉若干问题的解释》第六条规定，仲裁协议约定由某地的仲裁机构仲裁且该地仅有一个仲裁机构的，该仲裁机构视为约定的仲裁机构。该地有两个以上仲裁机构的，当事人可以选择其中的一个仲裁机构申请仲裁；当事人不能就仲裁机构选择达成一致的，仲裁协议无效。

本案中，二审上诉人王大可、吴绍鹏与二审被上诉人辽宁现代农机设备有限公司于 2014 年 8 月 26 日签订《联合开发协议书》，协议约定双方发生争议由协议签约地仲裁委员会仲裁。同日，二审被上诉人辽宁现代农机设备有限公司与二审上诉人王大可、吴绍鹏，一审被告黑山县腾飞房地产开发有限公司签订《联合开发现代家园住宅小区协议书》，协议约定解决方式仍为协议签约地仲裁委员会仲裁，合同签订地点注明为“现代农机办公室”。上述两份协议约定解决争议方式为仲裁，协议签订地为二审被上诉人处。二审被上诉人注册及办公地点在黑山县境内，黑山县境内无仲裁机构，但黑山县属锦州市辖区县，锦州市存在仲裁委员会，且只有一个，符合双方合同约定，可以认定双方约定的仲裁协议明确。故上诉人对管辖权提出的异议成立，本院应予支持。原审以该仲裁条款无效为由，驳回二审上诉人王大可、吴绍鹏对本案管辖权提出的异议不当，应予纠正。综上，依照《中华人民共和国民事诉讼法》第一百七十条第一款第（二）项、第一百七十一条规定，裁定如下：二审上诉人王大可、吴绍鹏对管辖权提出的异议成立。

【案例评析】

1. 合同 / 协议签订地点的确定

实践中，当事人经常在协议中约定，争议由协议签订地仲裁委员会仲裁。此类仲裁条款效力的认定，涉及以下几个问题：第一，如何从法律上确定协议签署地。该问题涉及三个子问题：首先，如果当事人没有在协议中约定签署地，如何确定协议签署地。其次，没有约定签署地，且协议当事人签署协议的实际地点也不一致，如何确定协议签署地。最后，协议约定的签署地与实际签署地不同，如何确定协议签署地。第二，如何从事实上确定协议签署地，即协议签署地是以区、县为标准还是以所在的市为标准。

2. 协议签署地的法律确定

《合同法司法解释二》第四条规定：“采用书面形式订立合同，合同约定的签订地与实际签字或者盖章地点不符的，人民法院应当认定约定的签订地为合同签订地；合同没有约定签订地，双方当事人签字或者盖章不在同一地点的，人民法院应当认定最后签字或者盖章的地点为合同签订地。”据此，如果双方约定签署地与实际签署地不一致的，以约定为准；如果没有约定签署地，那么将以协议实际签署地为协议签署地；如果双方实际签署地不在同一地点，以最后签署的地点为协议签署地。这里，实际签署地的确定，在实践中，存在一定的障碍。因为争议发生后，双方处于对抗的状态下，会倾向于尽可能给对方造成拖延或者阻碍。如果协议没有约定签署地，确认仲裁协议有效的当事人需提出充分的证据证明合同的实际签署地，否则，在另一方当事人提出（很可能提出）不一致的实际签署地的情况下，法院很可能会以签署地无法确定为由，进而认定无法确定双方约定的仲裁机构，仲裁协议无效。在〔2018〕苏 02 民特 26 号案中，合同未约定签订地点，双方主张的签订地点不一致，且都无法证明各自的主张，在此情况下，法院认为，仲裁机构约定不明，确认仲裁协议无效。在〔2017〕京 02 民特 38 号案中，北京市第二中级人民法院作出了同样的认定。

3. 如何从事实上确定协议签署地

如果双方约定了签署地，协议签署地将以双方约定为准。如果没有约定，那么需依据法律的相关约定来确定协议签署地。但是，在中国的行政区划中，某一地点，必然属于某个区 / 县，而又同时属于某个市 / 省。在确认仲裁协议效力时，认定协议签署地仲裁机构时，是以所在区县为准还是区县所在市为准？这一问题并无统一的答案，需在“尽量使仲裁协议有效”的原则下，根据案件的实际情况决定。具体而言，如果该地点所在的市存在两家以上的仲裁机构，那么，应以区县为准确定“签署地仲裁机构”。例如，合同签署地为北京市朝阳区，而北京市有多家仲裁机构，那么，如何认定“签署地仲裁机构仲裁”这一条款的效力。以朝阳区所属的北京市认定，则仲裁协议应属无效；如以朝阳区认定，则仲裁协议有效。在〔2017〕京 03 民特 405 号案中，涉案仲裁条款约定在“需方所在地仲裁委仲裁”，而需方所在地为北京市朝阳区，法院认为，“具体到本案中，也即‘当地’究竟应理解为北京市还是北京市朝阳区。因北京市有两个以上的仲裁机构，不同的认定对案件的处理结果有决定性影响。……在本案中，应将需方所在地限定至北京市朝阳区，进而，因北京市朝阳区只有北京仲裁委员会一家仲裁机构，按照双方仲裁条款及前述司法解释，北京仲裁委员会可以视为约定的仲裁机构”。而如果协议签署地所在的区并没有仲裁机构，那么，应当以区所在的市为准。例如，在〔2019〕苏 06 民辖终 129 号案中，合同签署地为海安区，而海安区并没有仲裁机构。法院认为：合作协议约定“如双方有任何争议，所有的仲裁和解决按照中国法律向仲裁委员会仲裁解决”，设备销售合同均约定“本合同在履行过程中发生争议，由当事人双方协商解决，如协商不成，当事人双方同意由合同签约所在地仲裁委员会仲裁”，合同明确签订地点“海安”。上述证据可以证明双方就合同争议已达成由仲裁解决的意思表示，双方又约定由合同签约地“海安”仲裁委员会仲裁，而海安所属地区仅南通仲裁委员会一个仲裁机构，南通仲裁委员会即视为约定的仲裁机构，故双方达成的仲裁协议应属有效。

案例 12　北京华业资本控股股份有限公司申请确认仲裁协议无效案

【基本案情】

申请人：北京华业资本控股股份有限公司（以下简称华业资本）。

被申请人：广州证券股份有限公司（以下简称广州证券）。

申请人申请确认仲裁协议无效的事实及理由：

2017 年 10 月，华业资本发布《募集说明书》，发行 5 亿元“北京华业资本控股股份有限公司 2017 年度第一期短期融资券”，发行日为 2017 年 10 月 12 日，起息日为 2017 年 10 月 13 日，期限为 365 天，票面年利率为 7.2%。《募集说明书》第十一章第二条“违约责任”第一款约定：“发行人到期未能偿还本期短期融资券本息，投资者可依法提起诉讼。”《募集说明书》第十一章第七条“控制权变更条款”第二款第三项“救济与豁免机制”第（二）小项约定：“发行人应无条件接受持有人会议作出的上述决议，如果发行人未获得豁免，则发行人在该触发情形发生之日（若有宽限期的，在宽限期到期之日）起构成违反约定，则本期债务融资工具持有人可在持有人会议召开日的次一日提起诉讼或仲裁；若持有人会议有条件豁免，发行人应于三十个工作日内完成相关法律手续，发行人未在该工作日内完成相关手续的，则本期债务融资工具持有人可在办理法律手续期限届满日后次一日提起诉讼或仲裁。发行人发行本期债务融资工具，主承销商承销本期债务融资工具，以及持有人认购或购买本期债务融资工具，均视为已同意上述约定，并认可该等约定构成对其有法律约束力的相关合同义务。发行人违反上述约定，投资人有权向中国国际经济贸易仲裁委员会按照申请仲裁时其有效的仲裁规则在北京进行仲裁。持有人会议的召开应不违反《持有人会议规程》相关规定。”2018 年 8 月 2 日，广州证券管理的广州证券粤汇通 8 号集合资产管理计划购入华业资本发行的上述债券，购入债券的票面总额为 5000 万元。2018 年 11 月，广州证券就发行人到期未能偿还本期短期融资券本息争议向中国国际经济贸易仲裁委员会（以下简称贸仲）申请仲裁，贸仲受理后至今未组成仲裁庭，亦未开庭审理。针对发行人到期未能偿还本期短期融资券本息如何解决的问题，《募集说明书》第十一章第二条“违约责任”第一款明确约定了诉讼管辖：即“发行人到期未能偿还本期短期融资券本息，投资者可依法提起诉讼”。广州证券援引的仲裁依据是《募集说明书》第163页最后一段，但该段内容是《募集说明书》第十一章第七条“控制权变更条款”项下的约定，该约定仅能适用于该条项下的有关争议，而不应适用于其他争议，尤其是在《募集说明书》第十一章第二条第一款已经对“发行人到期未能偿还本期短期融资券本息”争议作出“投资者可依法提起诉讼”的明确诉讼管辖的情况下，更不能适用于“发行人到期未能偿还本期短期融资券本息”的争议解决。即便在第七条项下，也既约定了诉讼，又约定了仲裁，仲裁协议也依法无效。退一步讲，即使《募集说明书》第163页有关仲裁约定的适用范围包括发行人到期未能偿还债券本息的情形，但由于《募集说明书》第十一章第二条“违约责任”第一款已经对发生该情形的争议解决方式明确约定了诉讼管辖，涉案争议亦属于既约定可以诉讼又约定可以仲裁的情形。根据法释〔2006〕7号《最高人民法院关于适用〈中华人民共和国仲裁法〉若干问题的解释》第七条“当事人约定争议可以向仲裁机构申请仲裁也可以向人民法院起诉的，仲裁协议无效”的规定，《募集说明书》第163页项下的仲裁协议亦应认定无效。此外，《募集说明书》项下债券的其他投资人通过人民法院解决债券逾期争议的事实亦可证明《募集说明书》项下的仲裁协议无效。

被申请人的答辩意见：

（1）广州证券提起仲裁的依据与《募集说明书》第十一章第二条是相互独立的。华业资本援引的条款，规定在《募集说明书》第十一章第二条“违约责任”项下，内容为“发行人到期未能偿还本期短期融资券本息，投资者可依法提起诉讼”。该章节第一条规定了“违约事件”的概念：“拖欠付款，指拖欠短期融资券本金或短期融资券应付利息；解散，指发行人于所有未赎回短期融资券获赎回前解散或因其他原因不再存在。因获准重组引致的解散除外；破产，指发行人破产、全面无力偿债、拖欠到期应付款项、停止 / 暂停支付所有或大部分债务或终止经营其业务，或发行人根据《破产法》规定进入破产程序。”综上可知，违约责任产生的前提是“违约事件”规定任一情形的发生。而广州证券的仲裁依据，规定在第十一章“投资者保护机制”的最后一段，系关于整章内容争议解决方式的概括性规定，并非华业资本所称仅适用于第十一章第七条“控制权变更条款”（第十一章第七条第三点“救济与豁免机制”最后一段中，已对涉及“控制权变更”为被豁免时的争议解决方式进行了规定）。《募集说明书》第十一章第二条与广州证券的仲裁依据，虽规定在同一章节，但二者发生依据不同，且可区分，前者因规定的“违约事件”而发生，后者因第十一章其他内容而发生，前者的效力并不及于后者，二者是相互独立的两个条款。广州证券申请仲裁的理由是，华业资本在存续期内发生大额应收账款无法收回，偿债能力急剧下降，也就是《募集说明书》第十一章第三条“投资者保护机制”所规定的“发行人突然出现的，可能导致短期融资债券不能按期、足额兑付，并可能影响到金融市场稳定”的应急事件，而非《募集说明书》第十一章第一条规定的拖欠付款等“违约事件”。因此，华业资本所援引条款并不适用本案。广州证券依据《募集说明书》第十一章规定的仲裁条款提起仲裁，亦不与其他管辖条款相冲突。

（2）《募集说明书》中的管辖条款，不能直接约束债券持有人。根据《募集说明书》第三章“本期短期融资券发行安排”规定：“本期短期融资……通过集中簿记建档系统向簿记管理人提交《北京华业资本控股股份有限公司2017年度第一期短期融资券申购要约》（以下简称《申购要约》），申购时间以在集中簿记建档系统中将《申购要约》提交至簿记管理人的时间为准。”可以看出，《募集说明书》性质上属于要约邀请，而非发行人与债券持有人之间达成的合同。华业资本为发行债券而公布的《募集说明书》主要目的是供投资者了解即将发行的债券以及发行人自身的情况，《募集说明书》中关于管辖条款的规定，在双方未达成一致意见的情况下，并不能直接约束债券持有人。也就是说，华业资本并未与广州证券同时约定仲裁和诉讼两种争议解决方式。而广州证券选择依据《募集说明书》中的仲裁条款提起仲裁，在华业资本未明确表示撤回《募集说明书》内容的情况下，应视为双方已就仲裁条款达成一致。

（3）广州证券申请仲裁所依据的条款位于《募集说明书》第十一章“投资者保护机制”最后一段，其关于《募集说明书》所引发争议提交仲裁解决的意思表示是明确的，且仲裁条款具备了仲裁事项、仲裁地、仲裁机构和仲裁规则等必要事项，属于有效的管辖条款。而《募集说明书》第十一章“违约责任”第二项既未明确是向“法院”起诉，也未明确争议解决的法院，不符合民事诉讼法关于协议约定人民法院管辖的规定，不应将其认定为有效的管辖条款。结合其所处的位置以及所属的第二级标题“违约责任”，该条款是对发行人和投资者违约情形以及承担违约责任范围的约定，与广州证券的仲裁依据相互独立，不构成对仲裁条款的实质性改变。

北京市第四中级人民法院意见：

法院查明：

2017年10月，华业资本公司发行“北京华业资本控股股份有限公司2017年度第一期短期融资券”，融资总金额5亿元，发行于2017年10月12日，期限365天。上述发行债券《募集说明书》中，就争议解决方式未作统一约定，而是散见于不同条款。其中第十一章“投资者保护机制”第二条“违约责任”第一款约定“……发行人到期未能偿还本期短期融资券本息，投资者可依法提起诉讼”（见《募集说明书》第152页）；同一章第七条“控制权变更条款”第（二）款“处置程序”第三项“救济与豁免机制”第（二）小项约定：（当发行人出现控制权变更情形时，主承销商应召开持有人会议，持有人有权表决对此是否进行豁免）“发行人应无条件接受持有人会议作出的上述决议，如果发行人未获得豁免，则发行人在该触发情形发生之日（若有宽限期的，在宽限期到期之日）起构成违反约定，则本期债务融资工具持有人可在持有人会议召开日的次一日提起诉讼或仲裁；若持有人会议有条件豁免，发行人应于30个工作日内完成相关法律手续，发行人未在该工作日内完成相关手续的，则本期债务融资工具持有人可在办理法律手续期限届满日后次一日提起诉讼或仲裁”，（此后另起一段，亦为《募集说明书》全文最后一段）“发行人发行本期债务融资工具，主承销商承销本期债务融资工具，以及持有人认购或购买本期债务融资工具，均视为已同意上述约定，并认可该等约定构成对其有法律约束力的相关合同义务。发行人违反上述约定，投资人有权向中国国际经济贸易仲裁委员会按照申请仲裁时其有效的仲裁规则在北京进行仲裁。持有人会议的召开应不违反《持有人会议规程》相关规定”（见《募集说明书》第162～163页）。本院审查期间，双方当事人就前述“违反上述约定”具体指向存在分歧。华业资本称“上述约定”仅指向第十一章第七条“控制权变更”这一种特定情形，广州证券则认为是指向《募集说明书》第十一章整章内容。

法院意见：

本案《募集说明书》的法律性质应属于要约邀请，但该说明书最后一段明确载明“发行人发行本期债务融资工具，主承销商承销本期债务融资工具，以及持有人认购或购买本期债务融资工具，均视为已同意上述约定，并认可该等约定构成对其有法律约束力的相关合同义务”，且没有证据显示广州证券购买该期债券时与华业资本达成了其他约定，故《募集说明书》载明的内容可以视为双方当事人达成的协议文本。《募集说明书》最后一段虽然有“发行人违反上述约定，投资人有权向中国国际经济贸易仲裁委员会按照申请仲裁时其有效的仲裁规则在北京进行仲裁”（结合全段文字，本院认为此处“上述约定”应指代《募集说明书》全文）之表述，但《募集说明书》他处多次出现“提起诉讼”等表述，由此可见《募集说明书》中对于纠纷解决方式同时约定了诉讼及仲裁，且没有做出特别区分。根据《最高人民法院关于适用〈中华人民共和国仲裁法〉若干问题的解释》

第七条之规定，《募集说明书》项下的仲裁协议应属于无效。据此，本院依据《最高人民法院关于仲裁司法审查案件报核问题的有关规定》第二条第二款之规定，向上级法院提请报核。

经审核，最高人民法院认为，《募集说明书》最后一段载明："发行人发行本期债务融资工具，主承销商承销本期债务融资工具，以及持有人认购或购买本期债务融资工具，均视为已同意上述约定，并认可该等约定构成对其有法律约束力的相关合同义务。发行人违反上述约定，投资人有权向中国国际经济贸易仲裁委员会按照申请仲裁时其有效的仲裁规则在北京进行仲裁。持有人会议的召开应不违反《持有人会议规程》相关规定。"该仲裁条款所属全段文字内容均指向"本期债务融资工具"，因此仲裁条款中"上述约定"应指代《募集说明书》全文。《募集说明书》前后约定了不同的争议解决方式，应当以双方最后一次意思表示为准。涉案仲裁条款符合《中华人民共和国仲裁法》第十六条规定的形式要件，是有效的仲裁条款，不宜认定《募集说明书》项下的仲裁协议无效。

据此，本院对华业资本要求确认涉案仲裁协议无效的申请不予支持。依照《中华人民共和国仲裁法》第十六条、第二十条规定，裁定如下：驳回北京华业资本控股股份有限公司的申请。

【案例评析】

1. 可诉可裁条款及其效力

《最高人民法院关于适用〈中华人民共和国仲裁法〉若干问题的解释》第七条明确规定"当事人约定争议可以向仲裁机构申请仲裁也可以向人民法院起诉的，仲裁协议无效。但一方向仲裁机构申请仲裁，另一方未在仲裁法第二十条第二款规定期间内提出异议的除外。"此处，可以向仲裁机构申请仲裁也可以向人民法院起诉的仲裁协议在实践中被简称为"可诉可裁条款"。根据前述规定，该类型条款原则上无效，但一方提起仲裁，一方未提出异议的除外。由此，"可诉可裁"条款的普遍形式表象有两个特点：其一，诉讼和仲裁的约定在同一个争议解决条文中；其二，诉讼和仲裁的约定是并列的关系，没有先后顺序。实践中，还存在另外两种类似的情形：一种是类似于"仲裁不能解决的再诉讼"的仲裁条款。通常认为，该种仲裁条款并非"可诉可裁"条款，因此，其关于仲裁的约定只要符合《仲裁法》第十六条规定的仲裁协议生效要件就是有效的。例如，在〔2019〕粤01民辖终811号案件中，涉案仲裁条款约定"任何一方均有权将其提交广州仲裁委员会根据其届时有效的仲裁规则在广州以仲裁方式解决该等争议，仲裁没有达成和解时，可以向人民法院提起相关诉讼”。广州市中级人民法院认为，仲裁条款约定了仲裁事项和仲裁机构，仲裁协议有效。仲裁条款中“仲裁没有达成和解时，可以向人民法院提起相关诉讼”的约定属于仲裁和诉讼的衔接问题，不属于当事人可以协商的事项，该部分约定无效，但不影响仲裁条款其他部分的效力。另一种情形是本案中所述的情形，即诉讼和仲裁约定在同一个合同 / 协议中，但并非在同一个争议解决条文中。这类条款中诉讼和 / 或仲裁的约定，在合同 / 协议中出现的顺序有先后之分。可以认为，这类合同中的争议解决条款存在冲突，无法一概而论地认定其为“可诉可裁”条款。

2. 争议解决条款冲突的处理

对于前述争议解决条款冲突的情形，一般而言，对于仲裁条款效力的认定应分两步进行。其一，区分争议解决条款所涵摄的范围，即如果诉讼和仲裁所针对的争议范围有明确的划分，那么仲裁条款只要符合《仲裁法》的规定，即可认定为有效。本案中，被申请人的一项答辩事由就是，《募集说明书》第十一章第二条所约定的诉讼条款与被申请人提起仲裁所依据的仲裁条款，发生的依据不同，且可区分，前者因规定的“违约事件”而发生，后者因第十一章其他内容而发生，前者的效力并不及于后者，二者是相互独立的两个条款。其二，在无法区分诉讼和仲裁约定涵摄范围的情况下，如何认定仲裁约定的效力。关于这一步，以本案为例，北京市第四中级人民法院的初步认定与最高人民法院的认定并不一致。具体而言，北京市第四中级人民法院经审理认为，诉讼和仲裁所涵摄的范围并没有明显的区分，涉案协议中的争议解决条款属于“可诉可裁”条款，并据此认定仲裁协议无效。而最高人民法院则以争议解决方式在涉案协议中出现的先后顺序为标准，认为在《募集说明书》前后约定不同的争议解决方式的情况下，应当以双方最后一次意思表示为准。据此，涉案仲裁条款符合《中华人民共和国仲裁法》第十六条规定的形式要件，是有效的仲裁条款。二者相比，最高人民法院的认定标准更加体现了“尽量使仲裁协议有效”这一支持仲裁的原则。最终，北京市第四中级人民法院按照最高人民法院的意见，驳回了申请人确认仲裁协议无效的申请。

案例13 江建军申请确认未达成仲裁协议案

【基本案情】

申请人：江建军。

被申请人：王石金（WANG SHIJIN）。

申请人申请确认未达成仲裁协议的事实及理由：

申请人的诉讼请求：

申请人江建军称，请求人民法院依法确认江建军与王石金（WANG SHIJIN）之间未达成仲裁协议，《债务偿还及相关安排之协议书》（以下简称协议书）中第十条约定的仲裁条款对江建军无效。

事实与理由：

（1）江建军有权请求人民法院对仲裁协议效力进行确认，人民法院有权对仲裁协议效力进行审查。江建军请求人民法院对仲裁协议效力进行确认是在仲裁庭首次开庭前，且之前未就同一事项请求仲裁委员会作出决定。

（2）江建军请求人民法院对仲裁协议效力进行确认的事项属于人民法院对仲裁协议效力的审查范围。是否存在仲裁协议，是判定仲裁协议效力的前提和基础。仲裁协议尚未成立，则自始无效，对当事人当然无效，当事人之间的纠纷不应通过仲裁方式解决。江建军与王石金（WANG SHIJIN）之间并未订立任何书面仲裁协议，双方的纠纷不应通过仲裁解决。

（3）江建军与王石金（WANG SHIJIN）之间未达成仲裁协议。协议书包括甲方、乙方、丙方（担保人）三方当事人，其中乙方签字人为王石金、丙方（担保人）签字人为江建军，甲方一栏无人签字。协议书第十一条约定："本合同于三方当事人签署日生效。"由于甲方未在协议书上签字或者盖章，因此协议书未完成签署，既未成立也未生效，且当事人之间并未就仲裁条款的效力做专门确认，故江建军与王石金（WANG SHIJIN）之间未达成仲裁协议。

被申请人的答辩意见：

被申请人王石金（WANG SHIJIN）称，请求人民法院依法驳回江建军的申请。

（1）本案审查内容仅为仲裁协议效力，而并非仲裁协议是否存在。是否存在仲裁协议，不属于人民法院的审查范围。仲裁协议是否存在涉及各方磋商情况、合同内容、合同履行等实体问题，不应在本案中认定。

（2）即使人民法院对仲裁协议效力的审查包括仲裁协议是否存在，江建军和案外人钟捷威已就该问题向中国国际经济贸易仲裁委员会（以下简称仲裁委员会）提出过申请和书面意见，仲裁委员会也已经作出了决定。《最高人民法院关于适用〈中华人民共和国仲裁法〉若干问题的解释》（以下简称《仲裁法司法解释》）第十三条第二款规定："仲裁机构对仲裁协议的效力作出决定后，当事人向人民法院申请确认仲裁协议效力或者申请撤销仲裁机构的决定的，人民法院不予受理。"因此，在仲裁委员会已经作出决定的情况下，人民法院不应当受理本案。

（3）江建军与王石金（WANG SHIJIN）之间存在有效的仲裁协议。协议书第十条约定："凡因本合同引起的或与本合同有关的任何争议，均应提交中国国际经济贸易仲裁委员会，按照申请仲裁时该会现行有效的仲裁规则在深圳进行仲裁，仲裁裁决是终局的，对各方均有约束力。"上述条款中有明确请求仲裁的意思表示、仲裁事项、选定的仲裁委员会，符合《中华人民共和国仲裁法》（以下简称《仲裁法》）第十六条关于仲裁协议内容的规定，且江建军与王石金（WANG SHIJIN）均在协议书上签字确认。此外，江建军与王石金（WANG SHIJIN）曾签署过一份《关于两千万股中国北大荒（HK00039）股票的变更约定》，其中江建军承认协议书已经生效且实际履行，故可以认定江建军签署变更约定的行为是认可仲裁协议的效力。且即便协议书不成立，仲裁协议也是有效的，根据《仲裁法》第十九条第一款规定，仲裁协议独立存在，合同的变更、解除、终止或者无效都不影响仲裁协议效力；《仲裁法司法解释》第十条第二款规定，当事人在订立合同时就争议达成仲裁协议的，合同未成立不影响仲裁协议的效力。

北京市第四中级人民法院意见：

法院查明：

2015 年 7 月 10 日，作为乙方（签字）的王石金（WANG SHIJIN）与作为丙方（签字）的江建军签订协议书，第十条约定："凡因本合同引起的或与本合同有关的任何争议，均应提交中国国际经济贸易仲裁委员会，按照申请仲裁时该会现行有效的仲裁规则在深圳进行仲裁。"协议书中"甲方（签字）"处空缺。

法院意见：

仲裁协议（仲裁条款）系合同当事人约定将争议提交仲裁解决的意思表示，其效力存在与否决定了争议解决方式的选择。人民法院在对仲裁案件进行司法审查时，应当以尊重当事人意思自治为原则，以审查当事人有无将争议提交确定仲裁机构仲裁的意思表示为依据来确定仲裁协议（仲裁条款）的效力。

经查，仲裁委员会于 2018 年 9 月 10 日作出了〔2018〕中国贸仲京（深）字第 007074 号《SZF20180047 号债务偿还协议争议案》决定，认为仲裁庭应当在进行实体审理后才能决定仲裁委员会是否对本案具有管辖权，且仲裁程序继续进行。故仲裁委员会并未对其管辖权作出实质性认定，在此情况下，当事人可以依据《仲裁法》第二十条关于“当事人对仲裁协议的效力有异议的，可以请求仲裁委员会作出决定或者请求人民法院作出裁定”之规定，向本院申请确认协议书中仲裁协议的效力。

协议书第十条约定，因该合同或与该合同有关的任何争议，应通过仲裁的方式解决。此处涉及的有关争议，可以理解为《仲裁法司法解释》第二条规定的“基于合同成立、效力、变更、转让、履行、违约责任、解释、解除等产生的纠纷”，因此，合同是否成立、生效并非认定仲裁协议效力的必要条件。此外，《仲裁法》第十九条规定：“仲裁协议独立存在，合同的变更、解除、终止或者无效，不影响仲裁协议的效力。”故本院在对本案仲裁协议效力进行司法审查时，不以协议书是否有效为前提，而是依据《仲裁法》第十六条关于仲裁协议内容的规定进行审查。

协议书第十条约定有明确的仲裁意思表示、仲裁事项和仲裁委员会，符合《仲裁法》规定的仲裁协议合法有效的形式要件和实质要件，且本案中不存在《仲裁法》第十七条、第十八条规定的仲裁协议无效之情形，应认定为合法有效的仲裁条款。江建军的主张不能成立，应予驳回。依照《中华人民共和国仲裁法》第十六条、第二十条规定，裁定如下：驳回江建军的申请。

【案例评析】

我国仲裁机构所享有的自裁管辖权是有限度或者不完全的自裁管辖权，仲裁机构只有在当事人未向法院申请确认仲裁协议效力或仲裁机构在法院受理当事人确认仲裁协议效力申请前已经作出管辖权决定的情形下，才享有自裁管辖权。《仲裁法》第二十条规定：“当事人对仲裁协议的效力有异议的，可以请求仲裁委员会作出决定或者请求人民法院作出裁定。一方请求仲裁委员会作出决定，另一方请求人民法院作出裁定的，由人民法院裁定。”最高人民法院《关于确认仲裁协议效力几个问题的批复》第三条规定：“当事人对仲裁协议的效力有异议，一方当事人申请仲裁机构确认仲裁协议效力，另一方当事人请求人民法院确认仲裁协议无效，如果仲裁机构先于人民法院接受申请并已作出决定，人民法院不予受理；如果仲裁机构接受申请后尚未作出决定，人民法院应予受理，同时通知仲裁机构终止仲裁。”《仲裁法解释》第十三条规定：“仲裁机构对仲裁协议的效力作出决定后，当事人向人民法院申请确认仲裁协议效力或者申请撤销仲裁机构的决定的，人民法院不予受理。”这些规定都是我国仲裁机构有限度或不完全自裁管辖权的体现。实务中，在仲裁当事人向仲裁机构提出管辖权异议情形下，仲裁庭很少直接作出有或无管辖权的决定，通常都是“决定”需要对案件进行实体审理后才能确定是否享有管辖权。但是，前述“决定”是否等同于《关于确认仲裁协议效力几个问题的批复》第三条及《仲裁法解释》第十三条所规定的“决定”？从本案裁定书披露的有关“仲裁委员会于2018年9月10日作出了……决定……仲裁委员会并未对其管辖权作出实质性认定，在此情况下，当事人可以……向本院申请确认协议书中仲裁协议的效力”的内容来看，《关于确认仲裁协议效力几个问题的批复》第三条及《仲裁法解释》第十三条所规定的“决定”应当是一项实质性认定，也就是说应当是一项有关有或无管辖权的决定。也正因此，本案法院依然有权受理申请人的确认仲裁协议效力的申请并就其申请作出裁定。

仲裁协议具有独立性，这种独立性的体现之一便是仲裁协议的效力应独立判断。根据《仲裁法》第十六条的规定，一项有效的仲裁协议应包含请求仲裁的意思表示、仲裁事项及选定的仲裁委员会三项内容。仲裁协议本身作为一项合意，是当事人之间的一致意思表示，所以“请求仲裁的意思表示”应当也是当事人一致意思表示的内容之一。本案法院认为“协议书第十条约定有明确的仲裁意思表示”，但是法院并未进一步明确当事人如何就“仲裁意思”达成了一致，仅凭借协议书第十条的内容本身或许并不足以表明当事人已经就此形成了“一致”的意思表示。

本案中，申请人主张“请求人民法院依法确认江建军与王石金（WANG SHIJIN）之间未达成仲裁协议，《债务偿还及相关安排之协议书》（以下简称协议书）中第十条约定的仲裁条款对江建军无效”，实质上属于当事人对于本案有无仲裁协议之争，“并不属于仲裁协议效力之争”（〔2018〕京04民特274号）。按照北京四中院此前的观点，申请人的这一主张不属于申请确认仲裁协议效力的审查范围，法院应当以此为由驳回申请人的申请。如在〔2018〕京04民特287号案中，北京四中院就曾认为，“申请人美东公司提出签……《协议》中的仲裁协议对美东公司不具有约束力，意旨美东公司与金龙公司之间不存在仲裁协议，而该事由不属于人民法院审理确认仲裁协议效力案件的审查范围，因此，美东公司的请求没有法律依据，应予驳回”。不过，与此不同，本案驳回申请人申请的理由是，“……应认定为合法有效的仲裁条款。江建军的主张不能成立，应予驳回”，这一点是值得我们注意的。

案例 14　阳潇申请撤销仲裁裁决案

【基本案情】

申请人：阳潇，住四川省成都市龙泉驿区。

被申请人：成都富力地产开发有限公司，住所地为四川省成都市青羊区。

申请人申请撤销仲裁裁决的事实和理由：

2012 年阳潇曾代案外人孟小冬与富力地产公司签订过《房屋租赁合同》，租赁期间从 2012 年 12 月 1 日到 2015 年 5 月 31 日。合同到期后，阳潇再未与富力地产公司续签仲裁案件所涉《房屋租赁合同》，故仲裁案件所依据的《房屋租赁合同》是伪造的，阳潇与富力地产公司没有仲裁协议。综上，请求撤销成都仲裁委员会〔2017〕成仲案字第 883 号仲裁裁决。

被申请人的答辩意见：

富力地产公司认可仲裁案件所涉《房屋租赁合同》落款处的“阳潇”签名及手指印并非阳潇所留，该公司并未与阳潇签订仲裁案件所涉《房屋租赁合同》，同意撤销成都仲裁委员会〔2017〕成仲案字第 883 号仲裁裁决。

四川省成都市中级人民法院意见：

法院查明：

2017 年 9 月 6 日，富力地产公司根据其与阳潇及案外人广州天力物业发展有限公司成都分公司签订的《房屋租赁合同》中的仲裁条款，以阳潇拖欠房屋租金为由向成都仲裁委员会申请仲裁，请求裁决：（一）阳潇支付租赁期间拖欠的租金人民币 195021.45 元；（二）阳潇以每期应付租金为基数，按每天 2% 的利率标准向富力地产公司支付自每期租金逾期之日起至合同终止之日的违约金；（三）案件仲裁费由阳潇承担。成都仲裁委员会于同年 9 月 21 日受理。

同年 12 月 26 日，成都仲裁委员会仲裁庭在成都开庭，阳潇未到庭陈述意见。2018 年 3 月 6 日，成都仲裁委员会依据富力地产公司出示的《房屋租赁合同》作出〔2017〕成仲案字第 883 号仲裁裁决，裁决：（一）阳潇于裁决书送达之日起十五日内，向富力地产公司支付租金 195021.45 元；（二）阳潇于裁决书送达之日起十五日内，以每期租金金额 65007.17 元为基数，分别以 2016 年 8 月 25 日、2016 年 11 月 25 日、2017 年 2 月 25 日为起点，按照每月 2% 的标准向富力地产公司支付违约金至实际付清之日止。（三）案件仲裁费 24074 元（已由富力地产公司预交），由富力地产公司承担 16000 元，阳潇承担 8074 元。阳潇在履行裁决书第

（一）（二）项义务时，一并将其承担的仲裁费 8074 元支付给富力地产公司。

法院意见：

富力地产公司认可仲裁案件中主张的《房屋租赁合同》落款处的“阳潇”签名及手指印并非为阳潇所留，该公司并未与阳潇签订上述《房屋租赁合同》，那么阳潇不是该合同的当事人，该合同中的仲裁条款不是阳潇真实意思表示，对其没有约束力，阳潇与富力地产公司之间并不因上述合同存在仲裁协议。成都仲裁委员会依据该无效仲裁条款作出〔2017〕成仲案字第 883 号仲裁裁决违反《中华人民共和国仲裁法》第五十八条第一款第（一）项规定，该仲裁裁决依法应予以撤销。综上所述，阳潇的申请成立。

依照《中华人民共和国仲裁法》第五十八条、第五十九条规定，裁定如下：撤销成都仲裁委员会〔2017〕成仲案字第 883 号仲裁裁决。

【案例评析】

1. 被申请人同意撤销裁决的意见是否会对裁决的撤销产生决定性影响

本案中，申请人申请撤销仲裁裁决，被申请人则表示同意撤销仲裁裁决，这种情况下，被申请人的意见是否会对法院产生决定性影响？换言之，法院可否不再依据《仲裁法》第五十八条规定的且本案申请人提出的事由进行审查，而直接基于当事人双方的意思经行作出撤销仲裁裁决裁定？第一，意思自治原则应仅适用于当事人可以自由处分的领域，而对于仲裁的司法监督，当事人无权自由处分，因此该原则并不能适用于仲裁的司法监督场合。无论双方当事人同意撤销仲裁裁决的理由是否相同，法院应严格依照《仲裁法》第五十八条列明且申请人提出的法定事由，审查决定是否应撤销仲裁裁决。第二，由于未提出明确的诉讼请求，因此，在申请人提起的撤裁案件中，法院并不会审查被申请人关于同意撤销裁决的主张及理由。这一观点，在司法实践中已经得到了普遍的认同。例如，在〔2016〕京 03 民特 330 号案件中，对于被申请人同意撤销裁决的主张，北京市第三中级人民法院认为“中银律所同意撤销仲裁裁决一节，因中银律所未就北京仲裁委裁决书提出明确的撤销仲裁裁决之诉，本院在本案中对其上述辩解主张不予审查”。另外，在〔2016〕豫 08 民特 11 号案、〔2014〕庆中民特字第 4 号案中，河南省焦作市中级人民法院、甘肃省庆阳市中级人民法院均采取了类似的做法。

2. 没有仲裁协议

“没有仲裁协议”是《仲裁法》第五十八条第一款第一项规定的法定撤销仲

裁裁决的事由。实践中，关于该项事由，至少有两点值得注意。第一，“没有仲裁协议”的内涵和外延。《仲裁法司法解释》第十八条规定：“仲裁法第五十八条第一款第一项规定的‘没有仲裁协议’是指当事人没有达成仲裁协议。仲裁协议被认定无效或者被撤销的，视为没有仲裁协议。”没有仲裁协议指的是未达成协议。而仲裁协议被认定无效或者被撤销则指的是双方存在仲裁协议，但协议触发了《仲裁法》中的无效事由或存在合同法中的可撤销事由。从法律适用的结果来看，仲裁协议被认定无效或被撤销与当事人间没有仲裁协议并无不同。本案中，申请人请求撤销裁决的事由为“没有仲裁协议”，法院也认定“阳潇与富力地产公司之间并不因上述合同存在仲裁协议。”但随后，法院关于“成都仲裁委员会依据该无效仲裁条款作出〔2017〕成仲案字第883号仲裁裁决……”的表述却指向的是“无效仲裁条款”，虽然二者在效果上并无区别，但此处，如直接指向“没有仲裁协议”似乎更为准确。第二，当事人在程序中未提出“没有仲裁协议”的抗辩，在撤裁程序中是否可以再次提出。《仲裁法司法解释》第二十七条规定：“当事人在仲裁程序中未对仲裁协议的效力提出异议，在仲裁裁决作出后以仲裁协议无效为由主张撤销仲裁裁决或者提出不予执行抗辩的，人民法院不予支持。”“没有仲裁协议”作为与“仲裁协议效力”有着密切关联的概念，是否适用于前项规定，在实践中经常被当事人误解。实际上，基于当事人意思自治原则的要求，对于“没有仲裁协议”的判断，法院有着最终的确认权，被申请人在仲裁程序中未提出“没有仲裁协议”的抗辩，或者被申请人根本未参加庭审，并不会导致当事人之间产生仲裁协议，在撤裁程序或者不予执行程序中，当事人仍可提出该项事由。

第四章　仲裁程序

第一节　仲裁程序之法律原理

一、仲裁当事人与代理人

（一）当事人概述

1. 仲裁当事人的含义

仲裁程序中的当事人是指依据仲裁协议，以自己的名义参加仲裁程序，并受仲裁裁决约束的主体。向仲裁委员会提出仲裁申请的人，叫申请人；申请人在仲裁申请书中主张权利的对象，也就是所请求的义务人，叫被申请人。另外，在申请撤销仲裁裁决的程序中，当事人也称申请人和被申请人；在执行程序中，当事人称申请执行人或申请人和被申请人或被执行人。

当事人与仲裁参加人、仲裁参与人有区别。

仲裁参加人除当事人外，还包括仲裁代理人。

仲裁参与人除包含仲裁参加人外，还包括证人、鉴定人、翻译人员等。

2. 仲裁当事人的特征

从世界各国仲裁立法和实践对仲裁当事人的规定来看，仲裁当事人具有以下特征。

（1）仲裁当事人的法律地位平等。

进行仲裁的双方当事人的仲裁关系是建立在他们商事法律关系基础之上的。根据商事法律关系的特点，双方当事人的法律地位必须是平等的。我国《仲裁法》第二条明确规定仲裁只适用于平等主体的公民、法人或其他组织之间的特定纠纷。如果某一法律关系的当事人之间法律地位不是平等的，意味着一方当事人与另一方当事人之间必然存在着上下级关系或管理与被管理的关系，也就是说他们之间的法律关系不是商事法律关系，因而也就不能按照仲裁法所规定的仲裁程序进行仲裁。

（2）仲裁当事人之间必须订有有效的仲裁协议。

仲裁协议是仲裁赖以存在的基础，没有仲裁协议，仲裁机构不能受理当事人的仲裁申请，仲裁庭不能裁决纠纷案件，亦即没有仲裁协议就没有仲裁，也就不可能有仲裁当事人，所以仲裁协议是仲裁当事人产生、存在以及进行仲裁程序的基础。

（3）仲裁当事人之间的纠纷必须具有可仲裁性。

纠纷具有可仲裁性是以仲裁方式解决的纠纷所持有的属性，即不具有可仲裁性的纠纷，不属于仲裁立法所规定的仲裁范围，该纠纷就不能通过仲裁方式解决，当事人也就不可能成为仲裁当事人。

3. 仲裁当事人的权利和义务

仲裁当事人的权利是仲裁当事人维护自己合法权益的有效手段，而仲裁当事人的义务则是保障仲裁程序得以顺利进行的重要条件。为确保双方当事人的合法权益获得应有的法律保护，仲裁法及仲裁规则既赋予仲裁当事人以广泛的权利，也要仲裁当事人履行相应的义务。

（1）仲裁当事人的权利。

仲裁当事人包括申请人和被申请人，某些仲裁当事人权利仅属于申请人，某些仲裁当事人权利仅属于被申请人，但更多的仲裁当事人权利为申请人和被申请人所共同享有。①申请人单独享有的权利包括：申请仲裁，有权放弃或变更仲裁请求，有权撤回仲裁请求。②被申请人单独享有的权利包括：有权对仲裁申请进行答辩，有权承认或者反驳对方当事人的仲裁请求，有权提出反请求。③申请人和被申请人共同享有的权利主要包括：协商订立、变更或解除仲裁协议的权利，选择仲裁委员会及约定仲裁庭组成方式的权利，委托律师或其他代理人参加仲裁的权利，申请仲裁员、办案秘书、翻译人员、鉴定人等人员回避的权利，调查收集、提供证据，申请证据保全、财产保全、行为保全的权利，在仲裁程序中对证据进行质证并进行辩论、陈述意见的权利，自行和解或者请求调解的权利，商定是否开庭以及是否公开审理的权利，要求裁决书不写明争议事实和理由的权利，申请延期开庭审理的权利，请求补正仲裁开庭笔录或仲裁裁决的权利，以及申请执行、撤销、不予执行仲裁裁决的权利。

（2）仲裁当事人的义务。

仲裁当事人享有的仲裁权利本质上属于类型化自由，通常以对方当事人、仲裁庭或者其他仲裁参与人为义务主体。为了保证仲裁程序的顺利进行，仲裁当事人也向对方当事人、仲裁庭或者其他仲裁参与人负有义务。根据我国《仲裁法》

的有关规定，当事人应当承担的仲裁义务主要有以下几个方面：①依法行使仲裁权利的义务。当事人必须依照仲裁法和仲裁规则的规定，妥善行使仲裁权利，不得滥用仲裁权利，以免损害对方当事人或者案外人合法权益。②遵守仲裁秩序的义务。当事人必须遵守仲裁秩序，服从仲裁庭的指挥，不得实施妨碍仲裁程序正常进行的各种行为，以保障仲裁程序顺利进行，及时作出公正的裁决。③及时、全面履行发生法律效力的裁决书或调解书的义务。我国民商事财产纠纷解决遵循或裁或审原则，既然双方当事人选择仲裁方式解决纷争，就应当接受仲裁委员会依法作出的裁决书或调解书，有义务履行裁决书或调解书确定的给付义务，如果不自觉履行的，对方当事人有权依法向有管辖权的人民法院申请强制执行。④按规定缴纳仲裁费用的义务。传统意义上的民商事仲裁属于有偿的私人纠纷解决方式，仲裁机构收取案件受理费和案件处理费。当事人缴纳仲裁费用是仲裁机构启动或续行仲裁程序的必要条件，不按照规定缴纳仲裁费用将导致程序终结或者发生不利推定等后果。

（二）共同仲裁当事人

共同仲裁是指当事人一方或双方为两人或两人以上，其争议标的是共同的，或者争议标的是同一种类，仲裁机构认为可以合并审理，并经当事人同意合并审理的仲裁。

共同仲裁当事人是指共同仲裁中的当事人。申请人为两人或两人以上的称为共同申请人，被申请人为两人或两人以上的称为共同被申请人。

根据仲裁实践，共同仲裁存在必要共同仲裁和普通共同仲裁两种情形。必要共同仲裁当事人争议标的是共同的，普通共同仲裁当事人争议标的是同一种类，仲裁机构认为可以合并审理，并经当事人同意合并审理。

在必要共同仲裁中，只有所有两人以上仲裁当事人申请或被申请仲裁，仲裁委员会或仲裁庭才能认定仲裁当事人适格，而部分当事人申请或被申请仲裁的，将被以当事人不适格为由驳回仲裁申请。

必要共同仲裁应作出一个仲裁裁决，普通共同仲裁应作出两个或两个以上的仲裁裁决。

（三）仲裁中的第三人问题

1. 各种观点

（1）肯定说。

对仲裁中存在第三人持肯定态度的国家和学者将民事诉讼第三人的概念套用在仲裁中，认为仲裁在申请人和被申请人参加下进行，但在某种特殊情况下有第三方参加，即所谓仲裁第三人。根据第三人对仲裁争议标的是否有独立请求权，进一步将仲裁第三人分为有独立请求权的第三人和无独立请求权的第三人。该观点认为仲裁第三人问题，源于仲裁协议效力的扩张，基于特定事由导致仲裁协议的效力扩张到仲裁当事人以外的人。

（2）否定说。

对仲裁中存在第三人持否定态度的理论认为，仲裁程序中的当事人具有确定性，即仲裁程序的申请人和被申请人在仲裁程序开始时就是确定的，并自始至终不应变更。根据这一观点，仲裁程序不应涉及第三人问题。尽管实践中会存在第三方对仲裁事项享有独立的请求权，或虽无独立的请求权但与裁判结果具有法律上的利害关系，但由于他们没有参与仲裁条款的订立，也就是说，仲裁协议的当事人无意愿与之进行仲裁，故不能将其纳入仲裁程序。

（3）有条件地认可说。

在是否认可仲裁程序中存在第三人的问题时，还有一种理论和做法，即有条件地承认第三人有权参加仲裁程序。这里所说的“条件”一般是指经过双方当事人同意，或者经过仲裁庭同意等。

2. 分析及结论

对仲裁程序中是否存在仲裁第三人，可以作如下分析。

（1）仲裁第三人的概念有广义和狭义之分。广义第三人是指，不受仲裁协议效力约束的任何人参加仲裁程序，成为有独立地位的仲裁第三方当事人。一般来说，签订仲裁协议的双方当事人以及按照法律规定受仲裁协议约束的人，如自然人死亡后承继其权利义务的继承人等，都是仲裁当事人。仲裁当事人以外的其他人我们称为“第三人”。因此，所谓“仲裁第三人”不仅限于诉讼中所说的有独立请求权和无独立请求权的第三人，即不论有无独立请求权，只要不是仲裁协议的一方，不受仲裁协议的约束，而进入仲裁程序，成为有独立地位的仲裁第三方当事人，就是我们所说的“仲裁第三人”。狭义第三人是指，不受仲裁协议约束的利害关系人，即对当事人争议的标的有独立请求权，或者与案件裁判结果有法律上利害关系的人。

（2）仲裁程序中，涉及有关第三人利益的法律问题不可避免。这是由主体之间实体权利义务关系的交叉性、重叠性、复杂性等因素决定的，当事人之间的争议必然会产生牵涉他人的情形。因此，客观上存在第三人，存在仲裁当事人之外的与仲裁案件有某种牵连关系的第三人。

（3）仲裁以当事人的自主性、自愿性为核心。通过仲裁协议体现当事人之间的合意，这是仲裁程序正当性的保障，因此必须得到充分尊重。如果为了纠纷的“一揽子”解决而损害仲裁的原则，损害协议仲裁制度，那么仲裁程序本身的价值、本身的合理性与正当性就会受到严峻挑战。所以我们不能因为客观上“第三人”的存在，而削足适履，改变仲裁的本质特征。

（4）能否将“第三人”纳入仲裁程序一并解决纠纷，当事人是否能够形成共同的仲裁合意是关键。如“第三人”和仲裁双方当事人达成一致协议，将正在通过仲裁解决的争议和与之有牵连的争议提交仲裁一并解决，这就使“第三人”合理地进入仲裁程序，该纠纷可以通过仲裁彻底解决。但这时的“第三人”实际上已经基于三方当事人达成的新的仲裁协议而成为仲裁当事人。因此，从这一角度来说，根本不可能存在“第三人”参加仲裁程序，成为“仲裁第三人”。其要么是广泛意义上的第三人，因没有仲裁协议而不可能进入仲裁程序；要么是仲裁当事人，通过一致的仲裁合意进入仲裁程序。

（5）法律是否肯定仲裁第三人的存在，即是否承认仲裁第三人也是重要因素。从目前各国仲裁立法和仲裁规则的规定来考察，并没有强制性的规定，虽然有少数国家规定了第三人可以参加仲裁，但都是有条件的，如多方要签协议同意仲裁，仲裁庭和当事人均同意等。我国仲裁立法和各仲裁委员会的仲裁规则中也没有关于仲裁第三人的规定。

基于上述分析，在没有法律依据的前提下，在有可能违反仲裁基本原则和制度以及仲裁原理的情况下，应当否定仲裁第三人的概念，即仲裁程序中不存在仲裁第三人。

3. 承认仲裁第三人典型国家的相关立法

目前全球已经有一定数量的国家在国家立法层面接受了仲裁第三人制度，直接肯定了仲裁第三人存在的必要性。

（1）荷兰。

对于仲裁第三人制度持肯定态度的国家，最具代表性的当属荷兰。荷兰对仲裁第三人的规定体现于1986年12月1日生效的《荷兰民事诉讼法典》第四编：仲裁。该编中第一千零四十五条是关于仲裁第三人的规定：“（一）根据与仲裁程序的结果有利害关系的第三人的书面请求，仲裁庭可以允许该第三人参加或介入程序。仲裁庭应毫不迟延地将一份请求发送给当事人。（二）声称第三人应予赔偿的一方当事人可以将一份通知送达该第三人。该份通知的副本应毫不迟延地发送给仲裁庭和其他当事人。（三）如果第三人根据他与仲裁协议的当事人之间的书面协议参加仲裁，其参加、介入或为了实现赔偿权的参加，仅可由仲裁庭在听取当事人意见后许可。（四）一旦准许了参加、介入或为了实现赔偿权的参加的请求后，第三人即成为仲裁程序的一方当事人。除非当事人另有协议，仲裁庭应决定程序上如何进一步行事。”

（2）比利时。

1998 年 5 月 19 日，比利时修正后的《司法法典》第一千六百九十六条作出了有关仲裁第三人的规定：“任何有利害关系的第三人可以请求仲裁庭授权参加仲裁程序。这种请求必须以书面形式向仲裁庭提出，而仲裁庭应该将该请求转发给仲裁当事人。仲裁当事人一方也可以要求第三人进入仲裁程序。在任何情况下，为了使第三人能够加入仲裁程序，该第三人与当事人之间必须形成一个仲裁协议。而且，仲裁庭对此问题应该一致同意。”

（3）英国。

1996 年《英国仲裁法》第三十五条规定，当事人可以自由同意仲裁程序的合并或者按照当事人协商同意的条件进行同步开庭。但是，必须当事人同意授予仲裁庭合并仲裁的权利，否则仲裁庭无权命令仲裁程序合并。

1999 年 11 月英国议会通过的《1999 年合同第三人权利法》明文规定了第三人参加仲裁的条件。该法第八条规定：“（一）当本法第一条所规定的强制执行合同条款（实体条款）的权利属于将纠纷提起仲裁的条款（仲裁协议）约定事项的范围，及根据 1996 年《仲裁法》第一章，仲裁协议应当采取书面形式，第三人就其自身与债权人之间关于第三人要求强制执行合同实体条款的纠纷应视为仲裁协议的当事人。（二）当根据本法第一条之规定，第三人有权强制执行将其与债权人之间一种或多种纠纷提交仲裁的条款（仲裁协议）；并根据 1996 年《仲裁法》第一章，仲裁协议应采取书面形式，及根据本条第一款规定不被视为仲裁协议当事人；第三人一旦行使其强制执行仲裁协议的权利以及与该权利有关的事项，在权利行使之时开始就应当被视为该仲裁协议当事人。”

（四）仲裁当事人的变更

仲裁中当事人的变更，是指在仲裁程序中，由于特殊事由的发生，仲裁当事人由仲裁程序以外的人取代参加仲裁程序。仲裁中当事人的变更，是一个非常重要而复杂的问题，所涉及的主要法律问题是当事人变更后仲裁庭能否继续对该仲裁协议以外的人行使仲裁权？所作出的仲裁裁决能否约束变更后的当事人？在各国仲裁立法中，当事人变更主要有以下几种原因。

1. 当事人死亡

当事人死亡既包括自然人的死亡，也包括法人的死亡。当事人死亡的后果是在法律上产生继承，即死亡人的权利义务由其继承人承受。在民事诉讼中，各国均承认继承人代替已死亡的当事人参加诉讼。但由于仲裁程序的特殊性，即只有签订仲裁协议的当事人才能成为仲裁程序中的当事人。因此，继承人能否替代已死亡的当事人成为仲裁中的当事人，是一个颇具争议的问题。而当事人在仲裁程序之前或之中死亡，会对仲裁程序产生不同影响。

（1）自然人的死亡。

仲裁程序开始前自然人死亡的，仲裁协议对承继死者权利义务的继承人是否有效？根据一般的原理，仲裁协议应当有效，并对继承人具有约束力。表现为该继承人可以基于被继承人死亡之前订立的仲裁协议成为仲裁当事人。原因在于商事仲裁程序开始之前，仲裁协议的法律性质具有契约性，应适用实体法关于合同当事人变更的规定。如果自然人死亡发生在仲裁程序进行中也是如此，仲裁协议对参加仲裁程序的继承人具有约束力。具体表现为已经进行过的仲裁程序应当有效。

我国《仲裁法》对自然人死亡后仲裁协议对其继承人的效力没有规定，但最高人民法院在《仲裁法解释》第八条第二款明确规定，除非当事人订立仲裁协议时另有约定，“当事人订立仲裁协议后死亡的，仲裁协议对承继其仲裁事项中的权利义务的继承人有效”。因为从理论上讲，仲裁协议是私法契约，应适用民事实体法关于当事人变更的规定。因自然人死亡而导致的仲裁中当事人变更，除非继承人明示放弃对被继承人权利的继承，否则，应视为继承人对被继承人全部权利义务的继承，其中包括根据仲裁协议进行仲裁的权利与义务。

（2）法人死亡。

由于生产的发展、公司的现出，现代各国法律均已把法人的破产、合并或分立视作“当事人死亡”。

①法人破产。对于法人破产前签订的仲裁协议，不会因当事人宣告破产而导致无效。在英国，含有商事仲裁条款的主合同的一方当事人在签订合同后破产的，如果破产管理人履行合同，就合同而引起或与合同有关的事项，破产管理人可以申请也可以被申请强制执行商事仲裁协议。宣告破产后，破产程序终结前，破产清算人或管理人可以作为当事人参加诉讼和仲裁。但破产程序终结后，对于法人而言，并不存在类似于自然人的继承人。因此，一旦法人破产，它作为一方当事人的仲裁程序即告结束。

②法人的合并和分立。对于法人合并和分立的情况，合并后的新法人及分立后形成的多个法人能否成为仲裁当事人，应适用民事实体法关于合同当事人变更的规定。正如我国《合同法》第九十条的规定：“当事人订立合同后合并的，由合

并后的法人或者其他组织行使合同权利，履行合同义务。当事人订立合同后分立的，除债权人和债务人另有约定外，由分立的法人或其他组织对合同的权利和义务享有连带债权，承担连带债务。”这也是各国民事实体法普遍承认的原则。最高人民法院发布的《仲裁法解释》第八条第一款对此作出了明确规定，除非当事人订立仲裁协议时另有约定，“当事人订立仲裁协议后合并、分立的，仲裁协议对其权利义务的继受人有效”。如果当事人在仲裁协议中约定，法人分立后纠纷的解决不受仲裁协议的约束，则不发生仲裁当事人的变更，当事人可以通过其他途径解决纠纷。

不论是自然人的死亡，还是法人的合并、分立等，在仲裁实践中都是客观存在的现实。在我国，正是基于这一客观事实的不可避免，如果仅将仲裁协议的效力限定在签订仲裁协议的双方当事人上，不利于保障双方当事人的合法权益，因此，仲裁协议对当事人效力范围的扩张就成为必要。所谓仲裁协议对当事人效力范围的扩张，是指仲裁协议对签订仲裁协议以外的人所具有的约束效力。但这种扩张是一种法律扩张，即只有法律的明确规定才可以及于仲裁协议以外的人。《仲裁法解释》第八条就是仲裁协议对当事人效力范围扩张的法律依据，也肯定了当事人的变更对仲裁协议效力的影响。

2. 合同转让

因合同转让而引起仲裁过程中当事人的变更也是一个非常重要的问题。合同的转让实际上是合同主体的变更，是变更后主体对原有全部权利义务的承受，或债权的承受或债务的承受。这种变更一般不影响仲裁程序的进行。当然，与当事人死亡不同，合同转让导致仲裁当事人变更是一种协议变更，若转让本身有规避法律之嫌或意在损害另一方当事人的权益，从确保仲裁合意性的角度出发，赋予协议另一方当事人异议权十分必要。《仲裁法解释》第九条规定：“债权债务全部或者部分转让的，仲裁协议对受让人有效，但当事人另有约定、在受让债权债务时受让人明确反对或者不知有单独仲裁协议的除外。”

（五）仲裁代理人

1. 仲裁代理人的概念及特征

仲裁代理人是指依据法律的规定或当事人的授权，在仲裁程序中以被代理的仲裁当事人的名义进行仲裁活动的人。

仲裁代理人具有以下特征：

（1）仲裁代理人以被代理人的名义进行仲裁活动，而不能以自己的名义或者其他人的名义进行仲裁活动。

（2）仲裁代理人应当在代理权限内进行仲裁活动。代理权限是仲裁代理人在仲裁程序中行使代理权的范围，仲裁代理人只有在法律规定或者当事人授权的范围内从事代理行为，才具有法律上的效力。

（3）基于代理活动所产生的法律后果由被代理人承担。仲裁代理人的代理行为都会产生一定的代理后果，不论这一后果是否对被代理人有利，只要是在代理权限内的行为所产生的后果，都是由被代理人承担的。

（4）仲裁代理人进行代理活动以维护被代理人的利益为目的。仲裁代理人与其所代理的纠纷案件之间没有利害关系，仲裁代理人代理行为的目的是维护被代理人的利益。同时，由于纠纷案件的双方当事人之间存在着利害关系，因此，仲裁代理人在同一纠纷案件中只能代理一方当事人。

在现代社会，代理制度已相当普遍。代理制度对促进社会经济的发展，维护被代理人的合法权益，具有积极意义。在仲裁活动中，代理制度同样发挥着重要作用，不仅为那些无法亲自参加仲裁程序的当事人维护合法权益提供了便利，也有利于仲裁程序的顺利进行。

2. 仲裁代理人的种类及权限

仲裁代理人包括法定代理人和委托代理人。

（1）法定仲裁代理人。

法定仲裁代理人是指根据法律规定行使代理权的人。由于法定代理权的基础是监护权，故法定仲裁代理人即仲裁当事人的监护人。法定代理人的范围，《仲裁法》没有直接的规定，根据代理制度的一般原理，无行为能力或者限制行为能力人的监护人是他的法定代理人。2021 年 1 月 1 日起施行的《民法典》第二十七条规定："父母是未成年子女的监护人。未成年人的父母已经死亡或者没有监护能力的，由下列有监护能力的人按顺序担任监护人：（一）祖父母、外祖父母；（二）兄、姐；（三）其他愿意担任监护人的个人或者组织，但是须经未成年人住所地的居民委员会、村民委员会或者民政部门同意。"第二十八条规定："无民事行为能力或者限制民事行为能力的成年人，由下列有监护能力的人按顺序担任监护人：（一）配偶；（二）父母、子女；（三）其他近亲属；（四）其他愿意担任监护人的个人或者组织，但是须经被监护人住所地的居民委员会、村民委员会或者民政部门同意。"

基于法定仲裁代理人的地位，使得法定仲裁代理人的代理权限由法律加以规定，即具有完全代理的资格，凡是仲裁法赋予仲裁当事人的权利和义务，都由法定仲裁代理人承担，包括承认、放弃、变更仲裁请求，和对方当事人进行和解，以及提出反请求等。

法定代理人的代理权限的消灭源自以下情形的出现：被代理人解除监护，恢复或者取得行为能力；法定代理人丧失行为能力或者死亡；法定代理人丧失监护权等。

（2）委托仲裁代理人。

委托仲裁代理人是指基于委托代理关系，在仲裁当事人或其法定代理人的授权范围内行使代理权的人。委托仲裁代理人的范围较广，仲裁当事人及其法定代理人可以聘任任何符合法律规定的人为其仲裁代理人参加仲裁程序。

我国《仲裁法》第二十九条规定，当事人、法定代理人可以委托律师和其他代理人进行仲裁活动。其他代理人，即《民事诉讼法》第五十八条规定的律师之外的代理人，包括：基层法律服务工作者，当事人的近亲属或者工作人员，当事人所在社区、单位以及有关社会团体推荐的公民。委托律师和其他代理人进行仲裁活动的，应当向仲裁委员会提交授权委托书。授权委托书应当载明委托事项和权限。如果当事人提交的书面授权委托书中，授权仲裁代理人进行一般代理的，该代理权限包括申请仲裁、进行答辩、申请回避、调查证据、参加仲裁开庭并进行陈述和辩论等。如果由委托代理人代为承认、放弃、变更仲裁请求，和对方当事人进行和解，提出反请求等，应当有被代理人的特别授权。

在仲裁程序中，被代理人有权变更或者解除代理权，代理人也有权辞去委托。不论是变更或者解除代理权，还是辞去委托，委托人都应当书面告知仲裁委员会或者仲裁庭，由仲裁委员会或者仲裁庭通知对方当事人。

关于委托仲裁代理人的人数，在《仲裁法》中并没有具体予以规定，但是在实践中，一般按照《民事诉讼法》的规定，即 1 名当事人可以委托 1 ～ 2 人作为委托代理人，也有些仲裁委员会不限制委托代理人的人数。

二、仲裁的申请和受理

（一）申请

1. 概念

申请仲裁，是指平等主体的自然人、法人和其他组织就他们之间发生的合同纠纷和其他财产权益纠纷，根据仲裁协议，提请有关的仲裁委员会进行仲裁并作出裁决的行为。

2. 申请仲裁的条件

（1）有仲裁协议；

（2）有具体的仲裁请求及所依据的事实、理由；

（3）属于仲裁委员会的受理范围。

3. 仲裁申请书

当事人申请仲裁，应当向仲裁委员会递交仲裁协议、仲裁申请书及副本。

仲裁申请书，是指有关争议的一方当事人向特定的仲裁委员会提交的请求该机构对双方当事人之间的争议进行仲裁的书面文件。

在中国，申请仲裁必须采用书面形式。

仲裁申请书应载明下列事项：

（1）当事人的基本情况；

（2）仲裁请求和所根据的事实（包括仲裁协议）、理由；

（3）证据和证据来源、证人姓名和住所。

另外，仲裁申请书还应写明仲裁委员会的名称、提交申请书的日期，申请人还应签名或盖章。

（二）受理

1. 概念

受理是指仲裁委员会收到民商事纠纷的当事人向其提交的仲裁申请后，经审查认为符合法定的申请仲裁的条件，决定予以接受并开始组织实施仲裁活动的行为。

2. 程序

仲裁委员会收到仲裁申请书之日起 5 日内，认为符合受理条件的，应当受理，并通知当事人；认为不符合受理条件的，应当书面通知当事人不予受理，并说明理由。

受理通知可以用书面形式，也可以用口头形式，但不予受理的通知应当采用书面形式。

仲裁委员会受理仲裁申请后，应当在仲裁规则规定的期限内将仲裁规则和仲裁员名册送达申请人，并将仲裁申请书副本和仲裁规则、仲裁员名册送达被申请人。

按照国务院发布的《仲裁委员会仲裁暂行规则示范文本》第十一条的规定，上述期限为 15 天。而各地重新组建的仲裁委员会，其仲裁规则对此期限的规定不尽一致，最短的只有 5 天。

较短期限的规定将会加重仲裁委员会的工作，但有利于体现仲裁的快捷性。

另外，应当指出的是，仲裁委员会受理仲裁申请后还应当向各方当事人送达仲裁费用表，《仲裁法》第二十五条未提及送达仲裁费用表，是一大缺陷。实践中，有些仲裁机构将自己的费用表附于仲裁规则之后，从而弥补了这一缺陷。

（三）答辩与反请求

仲裁答辩，是指仲裁案件的被申请人为了维护自己的权益，对申请人在仲裁申请书中提出的仲裁请求和所依据的事实和理由进行答复和辩解的行为。

反请求，是指在仲裁程序进行中被申请人针对申请人提出的独立的请求。答辩和反请求是仲裁过程中被申请人用以保障其利益的两种重要手段。

答辩和反请求的程序：

被申请人收到仲裁申请书副本后，应当在仲裁规则规定的期限内向仲裁委员会提交答辩书。

仲裁委员会收到答辩书后，应当在仲裁规则规定的期限内将答辩书副本送达申请人。

另据《仲裁委员会仲裁暂行规则示范文本》和一些仲裁委员会的暂行规则，上述前一期限（提交答辩书期限）大都为 15 天，而后一期限（将答辩书副本送达申请人期限）为 15 天或 7 天不等。

（四）对有仲裁协议的起诉的处理

（1）按照《仲裁法》第二十六条规定："如果当事人在起诉时，未声明有仲裁协议，法院审查若发现有仲裁协议，应不予受理。"

《民诉法解释》第二百一十五条规定："《民事诉讼法》第一百二十四条第二项规定，当事人在书面合同中订有仲裁条款，或者在发生纠纷后达成书面仲裁协议，一方向人民法院起诉的，人民法院应当告知原告向仲裁机构申请仲裁，其坚持起诉的，裁定不予受理，但仲裁条款或者仲裁协议不成立、无效、失效、内容不明确无法执行的除外。"

《民事诉讼法》第一百二十四条第二项规定："依照法律规定，双方当事人达成书面仲裁协议申请仲裁、不得向人民法院起诉的，告知原告向仲裁机构申请仲裁。"

（2）若没有发现仲裁协议，法院根据民事诉讼法的规定受理了当事人的起诉，但另一方当事人在首次开庭前提交仲裁协议的，法院则应审查仲裁协议是否有效，若有效，则裁定驳回起诉；若无效，则继续诉讼程序。

（3）对法院的管辖权提出异议是有时间限制的，即必须在首次开庭前提出。否则，各方当事人被视为放弃了以仲裁方法解决其纠纷的意愿，法院将继续审理案件。

《民诉法解释》第二百一十六条规定："在人民法院首次开庭前，被告以有书面仲裁协议为由对受理民事案件提出异议的，人民法院应当进行审查。经审查符合下列情形之一的，人民法院应当裁定驳回起诉：（一）仲裁机构或者人民法院已经确认仲裁协议有效的；（二）当事人没有在仲裁庭首次开庭前对仲裁协议的效力提出异议的；（三）仲裁协议符合《仲裁法》第十六条规定且不具有《仲裁法》第十七条规定情形的。”

《仲裁法》第十七条规定：“有下列情形之一的，仲裁协议无效：（一）约定的仲裁事项越出法律规定的仲裁范围的；（二）无民事行为能力人或者限制民事行为能力人订立仲裁协议的；（三）一方采取胁迫手段，迫使对方订立仲裁协议的。”

（4）对于有仲裁协议的涉外案件，法院在决定受理一方当事人的起诉之前，必须报请本辖区高级人民法院进行审查；如果高级人民法院同意受理，应将其审查意见报最高人民法院，在最高人民法院答复前，可暂不予受理。

（五）仲裁保全

1. 财产保全

（1）仲裁中的财产保全。

概念：仲裁中的财产保全，是指因另一方当事人的行为或其他原因，可能使将来的仲裁裁决不能执行或者难以执行的，经一方当事人申请并经仲裁委员会提交，由有管辖权的人民法院根据我国《民事诉讼法》采取的限制特定财产处分权的强制措施。

作用：财产保全是人民法院为及时、有效地保护仲裁当事人的合法权益而采取的措施，体现了人民法院对仲裁的支持。

担保：人民法院采取财产保全措施，可以责令申请人提供担保，申请人不提供担保的，裁定驳回申请。人民法院依照《民事诉讼法》的规定，在采取财产保全措施时，责令当事人提供担保的，应当书面通知。人民法院依申请采取财产保全措施的，应当根据案件的具体情况，决定申请人是否应当提供担保以及担保的数额。

《民事诉讼法》第二百七十二条规定，中华人民共和国涉外仲裁机构将当事人的保全申请提交人民法院裁定的，人民法院可以进行审查，裁定是否进行保全。裁定保全的，应当责令申请人提供担保，申请人不提供担保的，裁定驳回申请（《民诉法解释》第五百四十二条）。

时间：人民法院接受申请后，对情况紧急的，必须在48小时内作出裁定；裁定采取财产保全措施的，应当立即开始执行。

管辖：国内仲裁，由被申请人住所地或被申请保全的财产所在地的基层人民法院裁定并执行（1998年《执行规定》）；涉外仲裁，由被申请人住所地或被申请保全的财产所在地的中级人民法院裁定并执行（《民事诉讼法》第二百七十二条）。

仲裁中的财产保全的基本特点：

一是强制性和临时性。强制性是指这种措施由人民法院依法强制采取；临时性是指这种措施将因裁决的履行或执行而失去效力，或者法院采取保全措施后，如有关当事人提供了合格的担保，这种措施也可解除。

二是财产范围的限制性。财产保全仅限于仲裁请求的范围，即保全的对象是与案件有关的财物，其价值不应超过仲裁请求的数额。

三是程序性。保全措施的实施不是对当事人之间的争议作出实体上的处理，并不解决当事人之间实体上的权利与义务关系。

（2）仲裁前的财产保全。

概念：仲裁前的财产保全，是指在仲裁程序开始之前，因情况紧急，人民法院基于利害关系人的申请，对被申请人的财产所采取的强制性保护措施。

管辖：利害关系人可以在申请仲裁前向被保全财产所在地、被申请人住所地或者对案件有管辖权的人民法院申请采取财产保全措施。

担保：人民法院依照《民事诉讼法》的规定，在采取仲裁前财产保全措施时，责令利害关系人提供担保的，应当书面通知。利害关系人申请仲裁前财产保全的，应当提供担保。不提供担保的，裁定驳回申请。申请仲裁前财产保全的，应当提供相当于请求保全数额的担保；情况特殊的，人民法院可以酌情处理。

时间：人民法院接受申请后，必须在48小时内作出裁定；裁定采取财产保全措施的，应当立即开始执行。

后果：申请人在人民法院采取财产保全措施后30日内不依法申请仲裁的，人民法院应当解除保全。

2. 行为保全

（1）仲裁中的行为保全。

概念：仲裁中的行为保全，是指仲裁机构在受理当事人仲裁申请后，对案件作出仲裁裁决前，为保证将来仲裁裁决得以实现，仲裁机构应当将当事人的申请依照《民事诉讼法》的有关规定提交人民法院。依据法定程序，由人民法院责令被申请人作出一定行为或禁止其作出一定行为的制度。

措施：人民法院对于可能因当事人一方的行为或者其他原因，使判决难以执行或者造成当事人其他损害的案件，经一方当事人的申请，仲裁机构提交，可以裁定责令对方当事人作出一定行为或者禁止其作出一定行为；当事人没有提出申请的，人民法院不可以裁定采取保全措施。

管辖：国内仲裁，法律、司法解释没有规定。实践中一般由被申请人住所地或财产所在地的法院管辖；涉外仲裁，当事人申请采取保全的，中华人民共和国的涉外仲裁机构应当将当事人的申请提交被申请人住所地或者财产所在地的中级人民法院裁定（《民事诉讼法》第二百七十二条）。

担保：人民法院采取行为保全措施，可以责令申请人提供担保，申请人不提供担保的，裁定驳回申请。人民法院依照《民事诉讼法》的规定，在采取行为保全措施时，责令当事人提供担保的，应当书面通知。人民法院依申请采取行为保全措施的，应当根据案件的具体情况，决定当事人是否应当提供担保以及担保的数额。

《民事诉讼法》第二百七十二条规定，中华人民共和国涉外仲裁机构将当事人的保全申请提交人民法院裁定的，人民法院可以进行审查，裁定是否进行保全。裁定保全的，应当责令申请人提供担保，申请人不提供担保的，裁定驳回申请（《民诉法解释》第五百四十二条）。

时间：人民法院接受申请后，对情况紧急的，必须在48小时内作出裁定；裁定采取保全措施的，应当立即开始执行。

（2）仲裁前的行为保全。

概念：仲裁前的行为保全，是指在仲裁程序开始之前，因情况紧急，人民法院基于利害关系人的申请，责令被申请人作出一定行为或禁止其作出一定行为的制度。

管辖：利害关系人可以在申请仲裁前向被保全财产所在地、被申请人住所地或者对案件有管辖权的人民法院申请采取保全措施。

担保：人民法院依照《民事诉讼法》的规定，在采取仲裁前行为保全措施时，责令利害关系人提供担保的，应当书面通知。利害关系人申请仲裁前行为保全的，应当提供担保。申请仲裁前行为保全的，担保的数额由人民法院根据案件的具体情况决定。

时间：人民法院接受申请后，必须在48小时内作出裁定；裁定采取保全措施的，应当立即开始执行。

后果：申请人在人民法院采取保全措施后30日内不依法提起诉讼或者申请仲裁的，人民法院应当解除保全。

注意：仲裁程序中不存在职权保全，而且在仲裁中当事人不能直接向法院申请保全，而必须向仲裁委员会申请，由仲裁委员会将申请交给相应法院。

提起要求赔偿诉前保全造成的损失的诉讼的管辖，分为未申请仲裁和已申请仲裁两种情形。当事人申请仲裁前保全后没有在法定期间申请仲裁，给被申请人、利害关系人造成损失引起的诉讼，由采取保全措施的人民法院管辖；当事人申请仲裁前保全后在法定期间内申请仲裁，被申请人、利害关系人因保全受到损失提起的诉讼，由受理起诉的人民法院或者采取保全措施的人民法院管辖（《民诉法解释》第二十七条）。

三、仲裁庭的组成

（一）仲裁庭的组成形式

从各国关于仲裁的法律和各种仲裁规则的规定来看，仲裁庭有两种形式，即合议制仲裁庭和独任制仲裁庭。某一具体案件的仲裁庭采取什么形式，也是当事人自愿选择的结果，它体现了仲裁中当事人意思自治这一重要原则。

所谓合议制仲裁庭，是指仲裁庭由 1 名以上的仲裁员组成。

所谓独任制仲裁庭，是指仲裁庭由 1 名仲裁员组成。

不过，通常情况下合议制仲裁庭由 3 名仲裁员组成，即使是仲裁员超过 3 名的仲裁庭，仲裁员数目一般也被规定为奇数。

中国《仲裁法》第三十条规定，仲裁庭可以由 3 名仲裁员组成，也可以由 1 名仲裁员组成；由 3 名仲裁员组成的，设首席仲裁员。

（二）仲裁庭的组成程序

仲裁庭的组成程序从大体上讲，包括两个步骤，即首先确定仲裁庭的形式，然后再选定仲裁庭的成员。

1. 确定仲裁庭的形式

为尊重当事人的意愿，仲裁庭的组成应由双方当事人协商确定。

双方当事人在规定的期限内没有确定组庭形式的，由仲裁委员会主任根据具体情况来确定仲裁庭由 1 名或 3 名仲裁员组成。

2. 选定仲裁员

仲裁员的确定也是以当事人的意愿为优先。

当事人约定由 1 名仲裁员成立仲裁庭的，应当由当事人共同选定或者共同委托仲裁委员会主任指定仲裁员。

当事人约定由 3 名仲裁员组成仲裁庭的，应当各自选定或者各自委托仲裁委员会主任指定 1 名仲裁员，第三名仲裁员由当事人共同选定或者共同委托仲裁委员会主任指定。第三名仲裁员是首席仲裁员。

根据《仲裁委员会暂行规则示范文本》，上述选定仲裁员的期限，是自当事人收到受理仲裁案件的通知之日起 15 日内。实践中，各仲裁委员会对此期限的规定，不尽相同。

仲裁庭组成后，仲裁委员会应将仲裁庭的组成情况告知全体当事人。

四、仲裁审理和裁决

仲裁庭组成后，即进入仲裁程序的实质性阶段——审理和裁决。

所谓审理，就是仲裁庭查明案件事实、审查证据是否属实的活动。

通常情况下，这一活动的结果是仲裁庭对当事人之间的权利义务关系形成内心确信，并作出裁决。

（一）仲裁审理的原则

1. 开庭原则

在我国，仲裁案件以开庭审理为原则，以书面审理为例外。

进行书面审理的案件，一般经当事人协商同意，或者案件标的额较小、案情简单，当事人对案件事实并无争议，只是对所涉法律和责任的认识和理解不一致，仲裁庭认为书面审理是合适的。

《仲裁法》第三十九条："仲裁应当开庭进行。当事人协议不开庭的，仲裁庭可以根据仲裁申请书、答辩书以及其他材料作出裁决。"

2. 不公开原则

在仲裁中，不论案件是开庭审理还是书面审理，都应该不公开进行。开庭审理时，不允许非仲裁参与人旁听，不允许记者采访报道。除涉及国家秘密的以外，当事人可以协议公开进行。

（二）开庭前的准备

1. 通知当事人开庭的时间和地点

开庭时间确定后，应由仲裁委员会通过其办事机构（秘书处）在仲裁规则规定的时间内将开庭日期通知各方当事人。一般而言，开庭时间一旦确定，为了方便仲裁委员会、仲裁庭和当事人对开庭作出必要准备，仲裁员和当事人不要随意要求改变开庭时间。在特殊情况下，当事人要求延期，应在开庭前适当时间向仲裁庭提出申请，如有正当理由，仲裁庭可同意延期开庭，仲裁庭的各位仲裁员应与仲裁委员会联系，尽快重新调整开庭计划并确定新的开庭日期。仲裁员如因特殊情况需要延期开庭的，也应提前通知仲裁委员会，并由后者通知当事人，新的开庭时间应尽快确定并通知当事人。

《仲裁委员会仲裁暂行规则示范文本》第二十六条规定：仲裁委员会应当在开庭 10 日前将开庭日期通知双方当事人；双方当事人经商仲裁庭同意，可以提前开庭。当事人有正当理由的，可以开庭前 7 日请求延期开庭；是否延期，由仲裁庭决定。当事人委托了仲裁代理人的，此项通知也应一并通知其仲裁代理人。

2. 开庭前的讨论

仲裁员在开庭前应当仔细地审阅案件的全部材料，确定审理方案；如有3位仲裁员，首席仲裁员应当在开庭前提出庭审方案的初步构想，供仲裁庭讨论，在各位成员充分交换意见的基础上确定审理方案，以保证开庭审理过程有计划地、顺利地进行。

3. 确定庭审使用的语言和文字

尽管《仲裁法》和《仲裁委员会暂行规则示范文本》中都未就此问题作出规定，但是，如果当事人在仲裁协议中选定了应使用的语言文字，则从其约定；如果当事人未就仲裁使用的语言文字作出约定，则应由仲裁庭确定。一般来讲，以确定当事人之间的主合同或仲裁协议中使用的语言文字为宜。另外，在少数民族聚居地区或者多民族共同居住地区进行仲裁时，应使用当地通用的语言、文字。仲裁庭应当为不通晓当地民族通用语言、文字的仲裁参与人提供翻译。

（三）开庭审理

《仲裁法》对于仲裁庭开庭审理的程序的规定，较之《民事诉讼法》的规定要灵活得多，它没有严格区分调查和辩论程序。《仲裁委员会暂行规则示范文本》也是如此。

1. 开始开庭

正式开庭前，首席仲裁员或者独任仲裁员应核对当事人及其代理人的身份，确认其资格，接着宣布案由，宣布仲裁庭组成人员。然后，要告知当事人有关的仲裁权利和义务，询问当事人是否提出回避申请。首席仲裁员或者独任仲裁员最好向双方当事人简要介绍一下仲裁庭此前的准备情况、仲裁庭对本次开庭的计划和安排以及在开庭中应注意的问题。在双方当事人无异议的情况下，仲裁庭宣布正式开庭。

宣布正式开庭在仲裁庭的首次开庭中有着重要的法律意义。根据《仲裁法》，当事人对仲裁协议或仲裁案件管辖权的抗辩，应当在仲裁庭首次开庭前提出；当事人的回避申请，也应当在首次开庭前提出，除非回避事由在首次开庭后才为当事人得知。

2. 庭审程序

《仲裁法》没有明确规定开庭审理的具体顺序，大体上可参照《民事诉讼法》的规定进行。

仲裁庭通常应按照下列顺序进行庭审调查：第一，当事人陈述；第二，告知证人的权利义务，证人作证，宣读未到庭的证人证言；第三，出示书证、物证和视听资料、电子数据；第四，宣读勘验笔录和鉴定意见。

接着按下列顺序进行辩论：第一，申请人及其仲裁代理人发言；第二，被申请人及其仲裁代理人发言；第三，双方互相辩论；第四，辩论终结时，询问当事人的最后意见。

在具体开庭中，上述程序可灵活掌握。

3. 开庭中仲裁员应注意的问题

在开庭中，仲裁员要全神贯注地听取当事人的陈述和辩论，不要过早地宣布“不在本案审理范围之内”或“本庭不予审理”等论断，而制止和不听取陈述。

在提问时，要注意用语和态度不要有任何倾向性，应力求中立性，最好是简单、明了地直接提问，对当事人的回答不要轻易给予任何评论。问题一经提出，切忌随便放过。可提可不提，而且对调查、审理并无作用的问题，尽量不提。

当事人进行辩论，即使有些是强词夺理的，也应让其讲完，让另一方给予辩驳，仲裁员千万不要干预。

仲裁庭的责任只是引导庭审程序和维护审理秩序，在陈述或辩论中，某一方使用与本案无关的攻击性语言、侮辱性语言时，要及时制止。

仲裁员要避免对关键性问题过早作出结论，避免使用刺激性语言，避免出现与当事人争执对峙的局面，要设法保持开庭气氛的缓和与轻松。

4. 开庭笔录

开庭笔录是对开庭审理活动所作的记录。它是仲裁中的重要文件之一，是案件评议乃至总结仲裁工作经验的依据。

《仲裁法》第四十八条规定：仲裁庭应当将开庭情况记入笔录。当事人和其他仲裁参与人认为对自己陈述的记录有遗漏或者差错的，有权申请补正。如果不予补正，应当记录该申请。笔录由仲裁员、记录人员、当事人和其他参与人签名或者盖章。

涉外仲裁也可以作出笔录要点，笔录要点由当事人和其他仲裁参与人签字或者盖章。

一些仲裁机构也允许以影音记录代替开庭笔录。如 2015 年《中国海事仲裁委员会仲裁规则》第四十四条规定：“开庭审理时，仲裁庭可以制作庭审笔录及 / 或影音记录。……庭审笔录、庭审要点和影音记录供仲裁庭查用。”

（四）书面审理

1. 概念

书面审理是指仲裁庭根据当事人之间的协议，只根据当事人提供的书面材料对案件进行审理并作出仲裁裁决的行为。这里所说的书面材料，主要指仲裁申请书、答辩书、当事人之间的合同和往来函电以及其他有关书面材料。

2. 进行书面审理的条件

首先，进行书面审理必须依据当事人的协议。

其次，进行书面审理的案件一般应是争议金额小、案情简单、事实清楚的案件。

3. 进行书面审理应注意的问题

第一，仲裁委员会应当把一方当事人提供的书面材料及时送达对方当事人。

第二，仲裁庭应限定当事人提供材料的必要时间。

第三，书面审理并不绝对排除仲裁庭通知一方当事人到审理地点（一般在仲裁委员会所在地），就案件中的某些问题进行询问。但是仲裁庭必须及时把询问的一切情况告知另一方当事人，以示公平。

（五）和解

一方当事人在申请仲裁后，随时有权与另一方当事人和解。

1. 概念

和解是指当事人通过协商，就已经提交仲裁的争议自行达成解决方案的行为。

2. 和解的时间

既可发生在开庭当中，也可发生在庭审外，但它都是在没有仲裁庭主持的情况下，当事人自行达成的。

3. 和解的后果

第一，如果因申请人放弃仲裁请求而和解的，申请人可以撤回仲裁申请，仲裁委员会也可视情况决定撤销案件，这两种方式都将导致结案。

第二，如果因被申请人承认仲裁请求或者双方就他们之间的争议通过协商找到了一个解决方案而和解的，将导致双方达成和解协议，对和解协议不能申请法院强制执行，当事人可以请求仲裁庭根据和解协议制作仲裁裁决书，以便强制执行。也可以依协议申请撤销案件，还可以约定以仲裁规则不加禁止的其他方式结案。

4. 注意事项

不同于审判中的和解，在审判中：

法院根据和解协议作出调解书（《民事诉讼法解释》第一百四十八条），仲裁中根据和解协议作出的是裁决书（《仲裁法》第四十九条）。

仲裁庭依据和解协议作出裁决时，应进行必要审查，如和解协议的内容违背法律的强行规定，则不能予以确认或支持。

当事人达成和解协议，撤回仲裁申请后又反悔的，可依原仲裁协议再申请仲裁。

（六）调解

1. 概念

仲裁中的调解是指经各方当事人同意，在仲裁庭的主持下，当事人在自愿协商和互谅互让的基础上达成一致意见以解决纠纷的一种方式。

2. 方式

第一，仲裁庭与各方当事人一起共同磋商。

第二，各方当事人自己磋商，在达成一致意见后，将此意见告知仲裁庭。

第三，仲裁庭与各方当事人分别磋商。

3. 特点

第一，调解不是一个独立的程序，也不是裁决前的必经程序。

第二，调解是在各方当事人自愿的基础上并在仲裁庭主持下进行的。

第三，仲裁庭在符合法律规定的前提下进行调解。

第四，调解协议必须是各方当事人经协商达成的一致意见。

第五，调解不成的，仲裁庭应当及时作出裁决。

4. 后果

当事人经调解对纠纷的解决达成协议的，仲裁庭应当制作调解书或者根据协议的结果制作裁决书。调解书由仲裁员签名，加盖仲裁委员会印章，经双方当事人签收后即发生法律效力；调解书与裁决书具有同等法律效力。

调解如未获成功，仲裁庭应及时作出裁决。

调解过程中，仲裁庭发表的任何意见以及任何一方当事人的陈述、承诺，不能成为各方当事人证实自己的请求或主张的依据。

5. 仲裁调解与仲裁和解的区别

第一，调解是在仲裁庭主持下进行的，而和解是当事人对权利的自行处分，不需要仲裁庭来主持。

第二，和解一般发生在申请仲裁之后，可以在开庭中，也可以在庭审外。当事人甚至可以在申请仲裁前已达成和解协议，提交给仲裁委员会主要是为了获取强制执行力的裁决书；而调解则是发生于仲裁程序的某一阶段，且在仲裁庭主持下进行。可见，在仲裁过程中，调解有阶段性，和解则没有。

第三，和解达成协议后，当事人可请求仲裁庭根据和解协议作出裁决书，也可以撤回仲裁申请；调解达成协议后，仲裁庭应当制作调解书或根据调解协议的结果制作裁决书。当事人还可以约定其他的结案方式。

第四，当事人达成和解协议，撤回仲裁申请后反悔的，可以根据仲裁协议申请仲裁；在调解书签收前当事人反悔的，仲裁庭应当及时作出裁决。

第五，有些仲裁委员会规定，在仲裁庭进行调解过程中，当事人在仲裁庭之外达成和解的，视为在仲裁庭调解下达成的和解。

（七）对当事人消极行为的处理

由于仲裁当事人对自己的实体权利和程序权利都具有处分权，因此当事人对自己权利的消极行为即可理解为当事人对此权利的处分或放弃。

而当事人对自己的义务的消极行为，则不仅可能妨碍对方当事人权利的实现，而且不利于仲裁庭快捷地审理、裁决案件，有时还会导致对自己不利的法律后果。

1. 申请人不按期补正申请书

仲裁委员会可以要求当事人限期补正，逾期不补正的，视为未申请。

2. 当事人未在规定期限内预交案件受理费

当事人在规定期限内既不预交案件受理费，又不提出缓交申请的，视为撤回仲裁申请。

3. 被申请人未在规定期限内提交答辩书

如果被申请人未在规定期限内进行答辩，说明他自愿放弃了此项权利，不影响仲裁程序的进行。

4. 有仲裁协议而一方当事人向法院起诉

法院受理后，另一方当事人可以在法院首次开庭前对法院受理此案提出异议，法院将裁定驳回一方当事人的起诉。

另一方当事人没有提出异议的，视为其放弃仲裁协议，法院将继续审理此案。

5. 没有在规定的期限内约定仲裁庭组庭方式或选定仲裁员

由仲裁委员会主任确定组庭方式和仲裁员人选。

6. 当事人经书面通知无正当理由不到庭或未经许可中途退庭

申请人经书面通知，无正当理由不到庭或者未经仲裁庭许可中途退庭的，可以视为撤回仲裁申请；被申请人经书面通知，无正当理由不到庭的，可以缺席裁决。

（八）裁决

裁决是指仲裁庭在对提交仲裁的案件的审理过程中或审理终结后，根据已查明的事实和认定的证据对当事人提出的仲裁请求、反请求和与之有关的其他事项作出书面决定的行为。

该书面决定称为仲裁裁决书。有时候，裁决也可与仲裁裁决书作同样理解。

1. **裁决的作出**

在合议制仲裁庭，出现意见分歧时，裁决应当按照多数仲裁员的意见作出，少数仲裁员的不同意见可以记入笔录。仲裁庭不能形成多数意见时，裁决应当按照首席仲裁员的意见作出。

这一点不同于诉讼，审判中合议庭不能形成多数意见时，应当提交审判委员会讨论决定而不能按照审判长的意见作出。

仲裁裁决必须在一定的期限内作出。中国《仲裁法》对此期限未明确规定，各仲裁机构的做法略有差异。《仲裁委员会仲裁暂行规则示范文本》第四十一条规定：仲裁庭应当在仲裁庭组成后4个月之内作出仲裁裁决，有特殊情况需要延长的，由首席仲裁员或独任仲裁员报经仲裁委员会主任批准，可以适当延长。

2. **裁决书的内容**

裁决书的内容是指对仲裁案件程序事项和实体事项所作决定的书面陈述。

《仲裁法》规定，裁决书应当写明仲裁请求、争议事实、裁决理由、裁决结果、仲裁费用的负担和裁决日期。当事人协议无须写明争议事实和裁决理由的，可以不写。裁决书由仲裁员签字后，加盖仲裁委员会印章。对裁决持不同意见的仲裁员，可以签名，也可以不签名。

作为一份完整的仲裁裁决书，还应写明仲裁机构的名称和地址、审理过程及作出裁决的地点、履行期限等。

如果在仲裁程序中有下列情况的，也应写明：仲裁委员会对案件管辖权作出决定的情况；采取保全措施的情况；作出部分裁决、中间裁决的情况；重要证据的质证，特别是仲裁庭自行收集证据、指定鉴定人进行鉴定等情况。此外，裁决书应注明是终局裁决，还是临时裁决、部分裁决。

仲裁中调解达成协议后，可以制作调解书，也可以制作裁决书。

这与诉讼程序的调解有很大区别，因为在诉讼程序中，在达成调解协议后，当事人要求制作判决书的，人民法院一般不予支持。

如果裁决书是根据和解协议和调解结果制作的，称为合意裁决，其内容可以较为简单，如当事人未有相反约定，只需根据和解协议和调解结果制作即可，不必附具理由。

3. **部分裁决**

部分裁决在中国《仲裁法》中也称作先行裁决，它是仲裁庭在审理案件的过程中，查明了一部分事实或部分问题，为了便于继续审理其他问题和及时保护当事人的合法权益，就已查明的部分问题所作的裁决。

在仲裁理论中，还有中间裁决或临时裁决之说，但中国《仲裁法》没有规定中间裁决或临时裁决。

理论上，常见的观点认为：中间裁决通常是指有关程序问题的裁决，部分裁决是实体性裁决。实际上，从各国仲裁法的规定和实践看，中间裁决和部分裁决并不存在非常明确的区分。

根据中国《仲裁法》和仲裁实践，出现下列情况，可以作出部分裁决：

一是仲裁所涉争议事项本来就是分离或分阶段进行的，当事人据此亦提出数宗仲裁请求，仲裁庭完全查清案情尚需时日，而对已查清部分作出裁决又不影响后期审理的。如：当事人分几批购货，对这几批货物的质量有不同的意见，也提出了不同的仲裁请求。

二是在仲裁过程中出现了紧急情况，不先行裁决将引起当事人损失的。如：保存或出售易腐烂、变质、贬值的货物，防止损失进一步扩大。

三是要求当事人合作和采取措施，以便仲裁庭顺利开展工作的程序性事项的。如：协助仲裁庭委派专家调试设备、审计账目。

4. 裁决的生效

《仲裁法》统一规定为裁决书自作出之日起发生法律效力。一旦制作了裁决书，即使是根据协议结果制作的裁决书，也是作出即生效，而无须经当事人签收才生效。

5. 裁决书的补正

《仲裁法》第五十六条规定："对裁决书中的文字、计算错误或者仲裁庭已经裁决但在裁决书中遗漏的事项，仲裁庭应当补正；当事人自收到裁决书之日起30日内，可以请求仲裁庭补正。"《中国国际经济贸易仲裁委员会仲裁规则》（2015版）将裁决书的"补正"称为"更正"。

因此，对裁决书的补正事项，只限于三项：一是文字错误，二是计算错误，三是已经裁决但在裁决书中遗漏的事项。而对其他错误，包括对裁决本身的错误，仲裁庭则无权更正，体现了一裁终局的原则，总体而言，利大于弊。

对这三项错误，仲裁庭应当自行补正；当事人自收到裁决书之日起30日内，也可以请求仲裁庭补正。该书面补正构成裁决书的一部分。

6. 补充裁决

如果裁决书中有遗漏事项，仲裁庭可以在发出裁决书后的合理时间内自行或经一方当事人书面请求作出补充裁决。

《中国国际经济贸易仲裁委员会仲裁规则》（2015版）第五十四条规定：如果

裁决书中有遗漏事项，仲裁庭可以在发出裁决书后的合理时间内自行作出补充裁决。任何一方当事人可以在收到裁决书后30天内以书面形式请求仲裁庭就裁决书中遗漏的事项作出补充裁决；如确有漏裁事项，仲裁庭应在收到上述书面申请后30天内作出补充裁决。

《北京仲裁委员会仲裁规则》（2015版）第五十二条规定：裁决书对当事人申请仲裁的事项有遗漏的，仲裁庭应当作出补充裁决。当事人发现裁决书中有前款规定情形的，可以自收到裁决书之日起30日内，书面请求仲裁庭作出补充裁决。仲裁庭作出的补充裁决，是原裁决书的组成部分。

五、仲裁证据

同民事诉讼中的证据相似，仲裁证据是当事人得以证明自己的主张以及仲裁庭据以认定案件事实的基础，因而仲裁证据在仲裁中具有极其重要的地位。

仲裁证据制度是仲裁制度的核心内容，不过《仲裁法》并没有关于仲裁证据的系统规范。其关于仲裁证据的规定仅有4个条文，分别是举证责任、鉴定、仲裁机构收集证据的权利和证据保全，证据制度的其他内容则由仲裁规则加以规范，而仲裁规则的制定需要依据《仲裁法》和《民事诉讼法》。但是，多数仲裁委员会制定仲裁规则时，在有关证据制度的条文方面，仍然“惜墨如金”，例如，《中国国际经济贸易仲裁委员会仲裁规则》（2015）第四十一至第四十四条规定了举证、质证、仲裁庭调查取证、专家报告及鉴定报告的内容。因此，就实质和形式而言，仲裁法及仲裁规则所规定的内容并没有超越《民事诉讼法》的规定。

（一）仲裁证据制度概述

1. 仲裁证据的概念、特点及种类

（1）仲裁证据的概念。

仲裁证据就是仲裁当事人所提供的或者仲裁庭主动收集的或者在人民法院协助下所获得的一切可以由仲裁庭自行裁量并据之查明案件真实情况的事实。

关于仲裁证据的分类，英国证据法将其分为口头证据、文件证据和实物证据。我国《仲裁法》没有对证据的种类作出规定，但我国《民事诉讼法》第六十二条规定，证据包括书证、物证、视听资料、电子数据、证人证言、当事人的陈述、鉴定意见、勘验笔录。在国际商事仲裁中证据的形式一般主要有书证、证人证言、专家证据和现场勘查。其中现场勘查相当于我国《民事诉讼法》中规定的勘验笔录。

（2）仲裁证据制度的特点。

①仲裁证据制度更具有灵活性和开放性。《民事诉讼法》及相关司法解释对于诉讼证据制度作出了较为细致全面的规定。反观仲裁领域，《仲裁法》未对仲裁庭的证据审查和采证作出硬性规定，我国仲裁机构的仲裁规则中也大多只对证据制度作了原则性规定。一般情况下，仲裁员可以根据案情结合行业惯例、交易习惯并综合案件整体情况认定证据，从而使仲裁庭对证据的认定更加符合商事案件的特点。

②仲裁证据制度更倾向于对意思自治和效益价值的偏重。不同于司法权的来源，仲裁权来源于双方当事人合意和法律的共同授权，出于对当事人意思自治的尊重，赋予仲裁当事人和仲裁员自主性及自由裁量权，在证据规则的合法性上，仅需满足自然法上维系最低限度程序公正要求的某些内容即可。因此，仲裁庭可以根据当事人的意愿比较自由地处理案件，仲裁员也不受法定证据规则的严格约束。当然，自然公正这一基本的法律理念仍是不能被突破的。

（3）仲裁证据的种类。

①书证。

相较于诉讼，仲裁庭对于书证的采纳所受的限制较少。如仲裁中，是否需要提交中文译本、在没有原件的情况下对于书证的复印件是否认可等问题完全由仲裁庭决定。

仲裁庭在收集书证时也并不要求像人民法院调查收集证据一样，应当由两人以上同时进行。仲裁强调的是方便快捷，有时仲裁中对时间的考虑远甚于对其他价值的衡量，因此对采证人数不必作硬性规定，这既可为当事人获取时间上的效益，也能减少当事人的开支。

②物证。

物证的收集方法主要有勘验、扣押和提取物证三种。这三种方式中有的是法院依职权采取的具有强烈公权力色彩的强制性措施，仲裁庭并不都可以直接采取。我国《仲裁法》规定，仲裁庭在其必要时可以自行收集证据，但却没有出台相应的保障措施，以致该规定有名无实，同时又规定诸如证据保全等强制性措施必须提请法院执行，由此可推论，仲裁庭在收集物证时可以自行采取的措施是勘验和某些物证的提取，至于扣押物证和直接提取某些特殊物证，则需要法院的协助和配合。

③视听资料。

2020 年 5 月 1 日实施的新《民事诉讼证据规定》对视听资料在诉讼中的收集

与运用作了较详细规定，可将此类规则延伸于仲裁庭对视听资料的收集、运用和采信，但需要说明两点：其一，视听资料的保全措施以及与之相关的强制性措施应当由人民法院协助执行，仲裁庭不得单独采取；其二，旧《民事诉讼证据规定》将视听资料的证明力置于物证、档案、鉴定结论、勘验笔录或者经过公证、登记的书证等证据之后，这种“一刀切”的划分较为武断，现已被新《民事诉讼证据规定》取消。由于视听资料的现代性、高科技性和形象性，用它作为定案证据是必要和可行的，因此，即使在旧《民事诉讼证据规定》实施期，仲裁庭也是综合考虑案件情况自由裁量其证明力大小。

④证人证言。

相较于民诉程序中以证人出庭作证为原则，《仲裁法》对此并无明确要求，如果仲裁规则中亦无相应规定，仲裁中书面证人证言采信与否，以及证人证言的证明效力等问题原则上仍然应当由仲裁庭自由斟酌。

⑤电子数据。

2012 年《民事诉讼法》修订后，把电子数据作为一种新的证据形式加以规定。《民诉法解释》第一百一十六条第二款规定：“电子数据是指通过电子邮件、电子数据交换、网上聊天记录、博客、微博客、手机短信、电子签名、域名等形成或者存储在电子介质中的信息。”

根据内容的不同，电子数据可以分为内容数据信息和附属数据信息。内容数据信息记载一定社会活动内容，如电子邮件的正文、网上聊天记录等；附属数据信息是指记录电子证据的形成、处理、存储、传输、输出等与内容数据信息相关的环境和适用条件等附属信息，如 Word 文档的大小、文件位置、修改时间，电子邮件的发送、传输路径，邮件的 ID 号，电子邮件的发送者、日期等信息。电子数据的特性决定了其取证、认证、质证的方法不同于传统证据。

电子数据的认定采纳过程应注意以下几个方面：首先，电子数据在很多情况下需要配合其他的证据形式或者是证据保全形式才能确定。如内容数据信息，实践中经常的做法是通过公证的形式转化成书证。再如附属数据信息，很多情况下.当事人自己很难调取，需要通过调查取证、证据保全的方式获得。其次，电子数据需要其他证据形式或者质证方式配合才能发挥证明作用，有的电子数据需要通过其他证据确定其归属、真实性等。如对设有密码、电子签名账号或者其他户头号的电子数据的调查，则需要证明该密码、电子签名、账号的设立人或使用人等，而对于特定的电子数据显示出来的信息，可能非仲裁员能够知晓，需要通过鉴定或者专家才能解释说明。再次，由于电子数据易受破坏，所以推定确定案件事实的方式可能会比较多地使用。

仲裁庭在电子数据认定上有较大的自由裁量权。

⑥当事人陈述。

对于当事人的陈述，仲裁庭结合案情综合加以认定。民事诉讼和仲裁的当事人陈述差异不大。

⑦鉴定意见。

对于鉴定意见，各个仲裁机构的仲裁规则在细节上的规定都各有不同。以鉴定人的选择为例，《中国国际经济贸易仲裁委员会仲裁规则》（2015版）明确表示，“仲裁庭可以就案件中的专门问题向专家咨询或指定鉴定人进行鉴定。专家和鉴定人可以是中国或外国的机构或自然人”，即对于鉴定人的选择以仲裁庭指定为原则。而《北京仲裁委员会仲裁规则》（2015版）则规定，“当事人申请鉴定且仲裁庭同意，或者当事人虽未申请鉴定但仲裁庭认为需要鉴定的，可以通知当事人在仲裁庭规定的期限内共同选定鉴定人。当事人不能达成一致意见的，由仲裁庭指定鉴定人。”可见其以当事人协议选择为原则。所以如果是涉及鉴定的案件，也需要关注所适用的仲裁规则的具体规定。

对于仲裁中的专家鉴定人员没必要硬性规定其须具备某种证书，只要当事人共同选择或当事人一方选择而对方没有异议的专家都可以进行鉴定，这是当事人高度自治的要求，也是仲裁本质的体现。国际仲裁大体如此。

但是我国的国内仲裁过程中的鉴定仍需交由具备鉴定资质的鉴定机构进行。

⑧勘验笔录。

在仲裁活动中是否存在勘验以及如何进行操作，我国《仲裁法》语焉不详，不过，国际上一些著名的仲裁机构在仲裁规则中明确肯定了勘验笔录的证据地位。

新《民事诉讼证据规定》第四十三条、第九十八条规定了勘验笔录的相关要求：人民法院既可以主动进行，也可以应当事人的申请进行勘验并形成笔录；在制作过程中要求遵循严格的法定程序，如勘验人必须出示人民法院证件表明身份，并且应邀请当地基层组织或者当事人所在单位派人参加，还应通知当事人或者当事人的成年家属到场；如果他们拒不到场，则不影响勘验的进行。在仲裁活动中，允许仲裁庭主动或者被动地进行勘验在法理上没有疑义，只是要求仲裁庭在勘验时完全依照民事诉讼的程序进行未免显得刚性有余而弹性不足。笔者以为，实践中要求仲裁庭在勘验时通知除当事人以外的有关人员参与，可以作为一条建议性规定，仲裁庭原则上有权自由裁量，如果强行规定必须通知有关人员参与，由于仲裁庭并不具备法院那样的强制性权威，这种规定不仅难以落实，而且还导致了程序上的累赘。

我国仲裁机构的仲裁规则对勘验笔录的态度主要分两种，一种是对勘验未作规定，但是都认可仲裁庭在必要时调取证据的权力且没有排除勘验作为调查取证的方式存在，如贸仲委、北京仲裁委现行有效的仲裁规则都是如此。另一种是参照《民事诉讼法》对勘验作了详细的规定，如广州仲裁委的仲裁规则。实际操作中，由于仲裁庭的民间性身份，仲裁庭对于特定事物或者现场的勘验存在障碍的话，可以技巧性地通过证据保全程序，交由法院进行。[1]

2. 仲裁证据制度

仲裁证据制度就是对仲裁活动中证据的收集、保全、认定及举证责任等有关的证据问题建立的一套运作机制。国际商事仲裁证据制度，与诉讼中法律明文规定证据的种类、判断证据的标准等体系化的原则和制度相比更加灵活。各国仲裁法一般都确立：当事人意思自治，仲裁中证据规则无须严格依照民事诉讼中的证据规则；在当事人就仲裁程序没有特别约定时，仲裁庭是程序的主人，有权决定有关证据的一切事宜；在仲裁庭滥用权利十分明显、违反正当程序时，当事人可申请有关法院撤销或拒绝执行仲裁裁决。在英国，仲裁并不是必须适用严格的诉讼证据规则，但是《英国民事证据法》也可以适用于仲裁，当事人可以约定不适用严格的诉讼证据规则，在如何查明争议的事实和当事人举证方面，同样尊重双方当事人达成的合意，而不必严格地适用各国民事诉讼法上的证据规则。在美国，仲裁庭有权决定取证、举证、质证、认证的一切事宜。美国的仲裁实践体现了仲裁庭对证据规则的决定权受到法院尊重。仲裁机构的仲裁规则中也有关于仲裁无须遵循诉讼中证据规则的规定。

（二）仲裁证据的获取与认定

1. 仲裁证据的获取

（1）当事人提交证据。

①证据的提交。

当事人应对自己的主张提供证据，当事人提交证据、及时披露与争议有关的信息，对于仲裁庭就案件事实作出判断是至关重要的。对于他方占有而己方不占有的证据，当事人可以申请仲裁庭向占有该证据的当事人调取。此时，占有证据的一方除非有合理解释否则应提供该证据。为了公正、合理地应对因当事人之间

---

[1] 汪祖兴 . 民事诉讼证据规则与仲裁证据规则的差异性解读 [J]. 广东社会科学，2005（4）：166-171.

的利害关系可能对仲裁庭认定案件事实所造成的实质性的消极影响，有关国际组织和有关国家的仲裁规则对此设置了相应的制约措施。例如《联合国国际贸易法委员会仲裁规则》第二十四条第二项规定："仲裁庭如认为适当，得要求一方当事人在仲裁庭规定的期限内将其意图提出支持申请书或答辩书内所陈述的争议事实的有关文件摘要或其他证据提交该庭和另一方当事人。"《美国仲裁协会国际仲裁规则》第二十条规定："仲裁庭可以命令一方当事人将其准备提出支持其申请、反请求或答辩的有关文件摘要或其他证据提交仲裁庭和另一方当事人或各方当事人。在仲裁程序进行中的任何时段，如仲裁庭认为有必要或适当时，可以命令当事人提供其他书证、物证或其他证据。"

对于当事人举证和取证，英国法院和仲裁程序中都有要求：争议双方必须披露他所依赖的并处于其控制下的所有文件，无论对他有利还是不利。在诉讼中，未经法院许可，当事方不能依赖他没有披露的任何文件或不允许他人查阅的任何文件。仲裁庭可以视情况进行不利的推论，可以根据已有材料作出裁决。最后，它可以作出它认为适当的费用方面的命令。

②提交证据的期限。

举证时限在仲裁活动当中的主要功能，在于防止当事人有意拖延仲裁的正常进行。因为当发现当事人存在拒不及时提供证据、有意拖延仲裁进程的情形时，仲裁庭可以根据仲裁规则，决定不再接受当事人逾期提供的证据，从而使有关当事人因违背程序规则而招致实体上的不利裁判。这种做法实际上已经被国际上有关仲裁机构作为一种通行的规则所沿用，从而在维护仲裁庭的权威与仲裁程序的严肃性上发挥着不可替代的作用。例如，《联合国国际贸易法委员会仲裁规则》第二十四条第三项规定："在仲裁程序进行中的任何阶段，仲裁庭可要求当事人在仲裁庭规定的期限内提供书证、物证或其他证据。"《联合国国际商事仲裁示范法》第二十五条规定："当事人任何一方不出庭或不提供文件证据，仲裁庭可以继续进行仲裁程序并根据其所收到的证据作出裁决。"《大不列颠哥伦比亚国际商事仲裁中心和国际商事仲裁与调解程序规则》第二十五条第二款规定："仲裁庭可以随时要求当事人在其确定的期限内提交文件、证件或其他证据。"

鉴于仲裁程序效益优先的价值取向，基本上我国各个仲裁机构的仲裁规则都对举证期限进行了规定。但是仲裁规则也都给予了仲裁庭自由裁量权。超过举证期限提供的证据，仲裁庭有权决定是否采用。

（2）仲裁庭自行调查证据。

许多国家的仲裁立法以及常设仲裁机构的仲裁规则都强调当事人的举证责

任，而仲裁庭通常不会主动收集证据。但有些国家的仲裁立法则明确授予仲裁庭自行收集证据的权力，如我国《仲裁法》第四十三条第二款明确规定："仲裁庭认为有必要收集的证据，可以自行收集。"《世界知识产权组织国际仲裁中心仲裁规则》第五十条规定："仲裁庭可根据一方当事人的请求或自行动议视察或要求视察其认为适当的现场、财产、机器、设施、生产线、式样、影片、材料、产品或工艺……"《意大利民事诉讼法》第八百一十九条第三款规定："仲裁庭可要求证人出庭作证或经证人同意决定在他的住所或办公室听其供词，仲裁庭也可决定在限定的时间内要求证人以书面形式回答仲裁庭的询问。"

（3）法院协助收集证据。

由于仲裁制度的契约性和仲裁机构的民间性，仲裁庭缺乏强制性权力，仲裁庭收集证据的权限也是非常有限的，不能就此采取强制性措施，在一定的情况下需要法院的协助。如《瑞典仲裁法》第二十五条第三款规定："仲裁庭不得采用作证发誓或确真宣誓方式取证，也不得对不举证者处以罚款或为取证采取强制措施。"《联合国国际商事仲裁示范法》第九条规定："在仲裁程序进行前或进行期间内，当事人一方请求法院采取临时保护措施和法院准许采取这种措施，均与仲裁协议不相抵触。"第二十七条规定："仲裁庭或者当事人在仲裁庭同意下，可以请求本国主管法院协助获取证据；法院可以在其权限范围内并按照其获取证据的规则的规定执行上述请求。"

法院协助当事人或仲裁庭获取证据一般通过两个途径：一是采取证据保全措施；二是命令证人作证。在仲裁程序进行的过程中，如果需要当事人以外的证人出庭作证或以其他方式提供证据的，往往需要法院的协助。意大利和菲律宾的法律均允许仲裁庭强令证人作证。1996 年《英国仲裁法》第四十三条、第四十四条规定，法院在仲裁程序中有保证证人出庭的权力。有些国家虽允许仲裁庭书面传唤证人出庭作证，但是如果证人不合作，仲裁庭并没有强制性权力强迫证人出庭，还需请求法院协助。例如，《美国联邦仲裁法》第七条规定，仲裁员全体或者过半数可以书面传唤任何人出庭作证，并可以命令提出被认为是案件实质证据的簿册、记录、证件或者文件；如被传唤作证的人拒绝或者拖延出庭，仲裁员全体或者过半数所在地区的美国法院依照请求，可以强迫他出庭，或者按照美国法院关于保证证人出庭或者处罚拖延、拒绝出庭的规定，给予处罚。关于法院强制证人作证的规定对于国内仲裁具有一定的意义，但对于国际仲裁则不然。例如，双方当事人约定到第三国仲裁时，第三国法院一般不可能强迫非仲裁地国家的证人出庭作证。

我国《仲裁法》和《民事诉讼法》对法院协助仲裁庭或当事人收集证据的问

题未作规定，在仲裁过程中，如需当事人以外的证人作证而证人拒不合作时，我国法律没有规定相应的办法。我国《仲裁法》应当规定，仲裁庭或者当事人经仲裁庭同意，可以请求有关人民法院协助命令证人出庭或以其他方式提供证据，以保证仲裁程序的顺利进行。

2. 质证

质证是指仲裁当事人、委托代理人在仲裁庭的主持下，对所提供的证据进行宣读、展示、辨认、质疑、说明、辩驳等活动。仲裁庭的中立性、仲裁程序的透明度、仲裁裁决的公正性也集中地体现在为双方当事人举证平等地提供机会，对当事人的质证以及在质证活动中就证据材料提出的质疑，公正、公平地予以审查、判断，从而决定其取舍以及断定证据力的大小与强弱。有关国际或其他国家的仲裁机构所制定的仲裁规则也无不体现这种理念与精神。例如《联合国国际贸易法委员会仲裁规则》第二十九条第二项规定：“仲裁庭如认为由于特殊情况有必要时，得自行动议或根据当事人一方的请求，决定在作出仲裁前重新听证。”《美国海事仲裁员协会海事仲裁规则》第二十二条第二款规定：“所有证据都应当在仲裁员和所有当事人均在场时出示，除非任何一方当事人无正当理由缺席、不出庭或放弃出庭权利，或者双方当事人同意以邮寄或其他方式提交证据。”

在仲裁中，质证的主体只能是当事人，而不包括仲裁庭。质证的方式一般是询问和交叉询问。质证具体包括庭前交换证据中的质证、开庭审理中的质证和书面质证。当庭进行质证是主要方式。

3. 仲裁庭对证据的认定

仲裁机构特别是国际仲裁机构对证据的接受和认可比法院在此方面的做法灵活、自由。在国际商事仲裁中，除非当事人另有约定或法律另有规定，仲裁庭可以决定有关证据事项。仲裁可以无须同诉讼一样，遵守严格的证据规则。仲裁庭有权确定证据的真实性、相关性、合法性。绝大部分仲裁机构的仲裁规则把对证据认证的标准更多地留给了仲裁庭自由心证。在裁决职能方面，仲裁庭就证据的评判，主要涉及证据本身与待证事实之间因价值关系而产生证据证明力的大小与强弱的权衡与评估，涉及仲裁庭采用经验法则、论理法则等技术规范来形成内心确信的程度。在仲裁中对证据证明力的认定，实质上是对证据本身是否具有客观性以及与待证事实是否具有关联性的确认。对此，有关国际和国外的仲裁规则均有相关规定。例如，《联合国国际商事仲裁示范法》第十九条第二项规定：“授予仲裁庭的权力包括确定任何证据的可采性、关联性、实质性和重要性的权力。”1998 年《德国仲裁法》第一千零四十二条规定：“仲裁庭有权决定取证的可采纳性，有权取证并自由衡量此类证据。”《伦敦国际仲裁院仲裁规则》第二十二条规定：“仲裁庭可以决定一方当事人提出的任何有关事实或专家意见方面的材料的可接受性、关联性或重要性，是否适用严格的证据规则（或其他规则）；决定当事人之间交换或向仲裁庭提供此种材料的时间、方式和形式。”《中国海事仲裁委员会仲裁规则》第二十七条规定，证据由仲裁庭“审定”，但其均未对证据形式及仲裁庭如何“审定”证据作出规定。《俄罗斯国际商事仲裁院仲裁规则》第三十条第四项规定：“仲裁员应当按照其内心确信评价证据。”《斯德哥尔摩商会仲裁院仲裁规则》第二十一条第四款规定：“对审理过程中案件的每一情节作出认真的审阅和斟酌后，仲裁庭应当决定案件中哪些问题已得到证明。”

国际仲裁实践中赋予仲裁庭在“审定”证据方面的权力可表述为：只要仲裁庭认为适合，证据即有效力。与此观点相适应，仲裁证据的认定在很大程度上取决于仲裁庭的自由裁量。

鉴于具体证据认证的问题属于案件实体的内容，非属司法审查的范围，所以理论上法院审理过程中对针对证据认证提出的问题亦无法进行司法审查。

由于仲裁程序没有诉讼程序严格，仲裁庭在认证时拥有的自由裁量权的范围也比较广，而内心确信的形成必然离不开经验法则的运用，因此仲裁庭在认证时不可避免地用到经验法则。仲裁经验规则是指仲裁庭有权决定某些事实无须通过一般举证程序加以证明，这些事实可能是常识性的，也可能由于某些原因当事人无法提供通常所需的证据，此时仲裁庭可以依据经验规则认定这些事实的存在。各国的仲裁法往往不对证据问题作出具体规定，而将对于包括证据问题在内的程序问题全部交给仲裁庭决定。仲裁规则中往往也不对证据问题作出详细规定。仲裁员按照其自身的经验和知识进行判断，不受严格的、复杂的诉讼证据规则的约束。

（三）仲裁证据保全

1. 仲裁证据保全的概念

《仲裁法》第四十六条规定：“在证据可能灭失或者以后难以取得的情况下，当事人可以申请证据保全。当事人申请证据保全的，仲裁委员会应当将当事人的申请提交证据所在地的基层人民法院。”第六十八条规定：“涉外仲裁的当事人申请证据保全的，涉外仲裁委员会应当将当事人的申请提交证据所在地的中级人民法院。”这两条规定确立了我国的仲裁证据保全制度。

因此，仲裁中的证据保全是指仲裁当事人为了防止因种种原因使固有的证据灭失、损坏或以后难以取得而申请保全。仲裁委员会依法将该证据保全的申请提交有关人民法院，人民法院应当事人的申请对与仲裁案件有关的证据采取保全措施。

2. 申请仲裁证据保全的条件

（1）申请保全的证据有可能会灭失或难以取得的。所谓证据灭失，是指在收集证据之前，如不对证据采取相应的保全措施，该证据将可能会失去。如证人因病情严重可能死亡，若不及时将其证言保全下来，直接证言有可能再也得不到；又如，货物如不及时保全，被申请一方就可能将其卖出，使案情无法查证。所谓以后难以取得，是指如不采取相应的证据保全措施，等需要收集该证据时，证据收集工作可能面临难以预料的困难，例如证人即将出国长期居住。

（2）证据必须是对案情有较重要的证明作用的。保全的证据灭失或者以后难以取得的情况会使案情无法得到证实，从而使当事人的仲裁请求不能实现。

（3）当事人可以在仲裁申请提出以前或以后或在仲裁申请提出的同时提出证据保全的申请。仲裁机构也只有在决定受理案件后才有可能将当事人的申请转交给有管辖权的法院。仲裁机构受理案件前，被申请人完全有充裕的时间和机会转移、隐匿或消灭证据。因此，《民事诉讼法》第八十一条第二款规定：因情况紧急，在证据可能灭失或者以后难以取得的情况下，利害关系人可以在提起诉讼或者申请仲裁前向证据所在地、被申请人住所地或者对案件有管辖权的人民法院申请保全证据。

3. 证据保全的措施

对于证据保全的具体措施，《民事诉讼法》和《仲裁法》都未作出明确的规定。根据实践来看，法院对不同的证据采取不同的保全措施：对于证人证言、当事人的陈述，可采用笔录或者录音的方法加以保全；对于物证，可通过勘验笔录、拍照、录像、绘图或保持原物的方法保全；对于书证，要尽可能提取原件，提取原件有困难的，可提取复制品、照片、副本等加以保全。总之，对证据的保全要做到不损坏、不丢失，力争保持原样或原意，以充分发挥证据在仲裁中的证明作用。

经过保全的证据的种类及保全的方法，人民法院应当记录在案，并及时转交给仲裁委员会。经过人民法院依法定程序保全的证据对争议案件事实的证明力，与当事人向仲裁庭提交的证据相同。

六、简易程序

（一）概述

简易程序，即普通程序的简化，是仲裁机构审理简单的仲裁案件或根据当事人的协议进行仲裁时所适用的一种简便易行的仲裁程序。

关于简易程序，《仲裁法》和《仲裁委员会仲裁暂行规则示范文本》中都未作规定。但是《仲裁法》中关于独任仲裁员和书面审理的规定，包含了非常明显的简化仲裁程序的精神。

《中国国际经济贸易仲裁委员会仲裁规则》（1994）中规定了“简易程序”一章。1995 年、1998 年、2000 年、2005 年、2012 年和 2014 年该会修订仲裁规则时，保留并完善了相关内容。

为进一步体现仲裁的快捷性，国内其他仲裁委员会也借鉴了这一成功经验。目前已有一些仲裁机构，在仲裁规则中规定了简易程序。

（二）适用简易程序的条件

《中国国际经济贸易仲裁委员会仲裁规则》（2015）规定：除非当事人另有约定，凡争议金额不超过人民币 500 万元，或争议金额超过人民币 500 万元但经一方当事人书面申请并征得另一方当事人书面同意的，或双方当事人约定适用简易程序的，适用简易程序。

没有争议金额或争议金额不明确的，由仲裁委员会根据案件的复杂程度、涉及利益的大小以及其他有关因素综合考虑决定是否适用简易程序。

（三）简易程序的特点

与普通程序相比，简易程序有如下特点：

1. 审理组织较为简单

仲裁庭均由一名仲裁员组成。

2. 审理方式灵活

仲裁庭可以按照其认为适当的方式审理。也就是说，仲裁庭可以决定开庭审理，也可以决定进行书面审理，也可以把开庭审理和书面审理相结合。

3. 进行仲裁程序的期限较短

在简易程序中，提交答辩书和其他材料的期限、委托仲裁员的期限、反请求的期限、提前通知开庭的期限及各方当事人补交材料的期限等，相比于普通程序，都作了大幅度的缩短。

4. 作出裁决迅速

按照《中国国际经济贸易仲裁委员会仲裁规则》的规定，适用简易程序审理的，仲裁庭应在组庭后 3 个月内作出裁决书；经仲裁庭请求，仲裁委员会仲裁院院长认为确有正当理由和必要的，可以延长该期限。程序中止的期间不计入裁决期限。

第二节 有关仲裁程序之典型案例

案例 15 北京维景国际大酒店有限责任公司申请撤销仲裁裁决案

【基本案情】

申请人：北京维景国际大酒店有限责任公司（以下简称维景公司）。

被申请人：秦皇岛渤海铝幕墙装饰工程有限公司（以下简称渤海公司）。

申请人申请撤销仲裁裁决的事实及理由：

2013 年 7 月 15 日，中旅大厦有限责任公司（2015 年更名为维景公司）与渤海公司签订《中旅大厦内外装修工程幕墙专业分包工程合同》。其中，《分包合同协议书》第十二条约定："本合同签订和履行过程中产生的任何争议，各方应友好协商解决。协商不成的，任何一方均有权向北京市仲裁委员会申请按照该委员会届时有效的仲裁规则进行仲裁，仲裁地点为北京市。该仲裁裁决是终局的，对各方均具有约束力。"

后双方发生争议，渤海公司向北京仲裁委员会提起仲裁。2018 年 4 月 27 日，北京仲裁委员会作出〔2018〕京仲裁字第 0810 号裁决：（一）维景公司向渤海公司支付工程款 5400000 元；（二）维景公司向渤海公司支付以 4058000 元为基数，自 2016 年 4 月 1 日起至工程款实际付清之日止的利息，暂计算至 2017 年 8 月 21 日为 267744.62 元；（三）维景公司向渤海公司支付律师费 60000 元；（四）驳回渤海公司的其他仲裁请求；（五）渤海公司向维景公司支付损失 20000 元；（六）驳回维景公司的其他仲裁反请求；（七）本案本请求仲裁费 70316.68 元由渤海公司承担 30% 即 21095 元，由维景公司承担 70% 即 49221.68 元，本案反请求仲裁费 26550 元，由渤海公司承担 30% 即 7965 元，由维景公司承担 70% 即 18585 元。

事后维景公司向北京市第四中级人民法院申请撤销该仲裁裁决。理由之一为涉案裁决严重违背社会公共利益。维景公司认为，维景公司为国有独资企业，涉案工程为维景公司酒店外装修工程，涉及公共场所，属于《中华人民共和国招标投标法》第三条第一款第（一）项规定的"大型基础设施、公用事业等关系社会公共利益、公众安全的项目"，是必须进行招标投标的项目。但涉案合同未经招投标，仲裁庭依据该合同作出裁决损害了国有企业中铁公司的利益，裁决严重违背社会公共利益，应当予以撤销。

被申请人的申辩意见：

渤海公司认为涉案裁决仅解决了维景公司与渤海公司之间的争议事项，不涉及案外人利益，中铁公司亦未提出异议，且国有企业利益不等于国家利益或者公共利益，工程没有招投标亦不等于侵害了社会公共利益。招投标法所涉及的公共利益主要是工程质量和公共安全，并非某个企业的结算或资金。在工程安全的情况下，对于工程款结算的裁决不具有违背公共利益的情形。本案工程经维景公司接收后一直处于正常使用状态，各项技术指标均符合国家标准，也不存在损害公共利益的情况。

北京市第四中级人民法院意见：

关于涉案裁决是否违背社会公共利益的问题，北京市第四中级人民法院认为，社会公共利益是关系到全体社会成员的利益，为社会公众所享有，为整个社会发展存在所需要，具有公共性和社会性，不同于合同当事人的利益。本案中，涉案合同系民事主体自愿订立，其内容未违反法律和行政法规的强制性规定，合同双方为维景公司与渤海公司，涉案争议为合同约定的工程款等相关事项，应为《中华人民共和国合同法》约束下的关于平等民事主体间的合同争议，本案处理结果仅影响合同当事人，不涉及社会公共利益，因此，对于该项申请撤销理由不予采纳。

【案例评析】

违反社会公共利益是当事人申请撤销和不予执行仲裁裁决的情形之一，也是法院可依职权主动审查仲裁裁决的撤销或不予执行的主要情形。和多数国家一样，对于社会公共利益的含义及内涵，我国现行法律法规并未作出具体明确的规定。

在仲裁司法审查实践中，一般而言，法院对社会公共利益的含义及内涵的理解较为一致。例如，在本案中，法院认为："社会公共利益是关系到全体社会成员的利益，为社会公众所享有，为整个社会发展存在所需要，具有公共性和社会性，不同于合同当事人的利益。"在北京极星之旅科技有限公司与四川锦利城服装有限公司申请撤销仲裁裁决案中，法院认为："社会公共利益是指以社会公众为利益主体的涉及整个社会最根本的法律、道德的一般利益，是关系到全体社会成员的利益，和私人利益相对应，其包括公共秩序与公共道德两方面：公共秩序主要包括社会公共秩序与生活秩序；公共道德，即善良风俗，是指由全体社会成员所普遍认同、遵循的道德准则。社会公共利益的主体具有社会公众性，内容具有普遍性。"在北京中鑫智融投资基金管理有限公司与马国平申请撤销仲裁裁决一案中，法院认为："社会公共利益的主体具有社会公众性，内容具有普遍性。"

不过，在实务操作层面，仍然存在对社会公共利益的认定不尽一致的情形，例如，关于违反法律的强制性规定是否会违背社会公共利益，不同法院观点不一。

在本案中，涉案合同违反《招标投标法》的规定未进行招标投标，但法院认为本案的涉案争议是维景公司与渤海公司这两个平等民事主体间关于合同约定的工程款等相关事项，而社会公共利益是关系到全体社会成员的利益，本案处理结果仅影响合同当事人，因此不涉及社会公共利益。然而，在东营市金盟建安有限公司与山东中海利群置业有限公司申请撤销仲裁裁决案中，涉案建设工程施工合同违反《招标投标法》的规定未进行招标投标，依据《最高人民法院关于审理建设工程施工合同纠纷案件适用法律问题的解释》第一条，该合同应被认定无效，涉案仲裁裁决认定该合同有效并据此确认双方权利义务，因此该案法院认为该裁决架空了《招标投标法》的强制性规定，有违社会公共利益并因此撤销涉案裁决。

与该案类似的基于违反法律的强制性规定认定违反社会公共利益的案例并不在少数。譬如，在武汉超凡物流（鄂州）有限公司、武汉市超凡物流有限公司等申请撤销仲裁裁决案中，涉案裁决违反了《港口法》《港口工程竣工验收办法》关于竣工验收合格才能交付使用的强制性规定，认定交工验收合格并裁决支付工程款，因此法院以违反社会公共利益为由撤销该仲裁裁决。在江苏泰盛达建设工程有限公司与盐城大地房地产有限公司申请撤销仲裁裁决一案中，涉案合同存在违法借用建筑资质的问题，违反了《建筑法》第二十六条关于建筑施工企业禁止借用建筑资质的相关规定，法院认定涉案仲裁裁决认定合同有效的做法违背了社会公共利益，依法应予撤销。在华信石油（广东）有限公司与广东中裕能源发展有限公司申请撤销仲裁裁决一案中，涉案合同以船用燃料油的名义，掩盖进行成品油交易的真实目的，违反了国务院行政法规有关特许经营的强制性规定，法院认为涉案裁决认定该合同有效会产生不良示范效应，有违社会公共利益。

其实，就违反法律的强制性规定是否会构成违反社会公共利益的问题，最高人民法院在2003年《关于ED&F曼氏（香港）有限公司申请承认和执行伦敦糖业协会仲裁裁决案的复函》中即明确"违反我国法律的强制性规定不能完全等同于违反我国的公共政策"。

尽管该复函是针对承认和执行外国仲裁裁决作出的，但公共政策和社会公共利益的内涵应该是相同的。《最高人民法院关于内地与香港特别行政区相互执行仲裁裁决的安排》第七条规定："内地法院认定在内地执行该仲裁裁决违反内地社会公共利益，或者香港特区法院决定在香港特区执行该仲裁裁决违反香港特区的公共政策，即可不予执行该裁决。”在这一规定中，社会公共利益和公共政策被放置在对应位置，均是不予执行仲裁裁决的情形。如果按照最高人民法院在前述《复函》中的观点，违反我国法律的强制性规定不等同于违反我国的社会公共利益。但鉴于我国此前已经在外国仲裁裁决的承认与执行以及我国涉外仲裁机构裁决的执行上建立了报告制度，因此在“社会公共利益”的认定上的裁判标准较高且较为一致。相比之下，国内仲裁裁决的撤销和不予执行的认定上尚未建立报告制度，因此在认定“社会公共利益”时裁判标准不一。这种“内外有别”的安排导致了同一情形在国内仲裁裁决的司法审查中可能会被认定违反社会公共利益，而在涉外或外国仲裁裁决的司法审查中却可能会得出相反结论。

案例 16　上海连尚网络科技有限公司申请撤销仲裁裁决案

【基本案情】

申请人：上海连尚网络科技有限公司（以下简称连尚公司）。

被申请人：上海亿起联科技有限公司（以下简称亿起联公司）。

申请人申请撤销仲裁裁决的事实和理由：

连尚公司请求撤销北京仲裁委员会（以下简称北仲）作出的〔2017〕京仲裁字第 1815 号仲裁裁决（以下简称 1815 号裁决），其主张的理由为：

（1）仲裁庭适用国内仲裁程序审理涉外仲裁案件，违反仲裁规则。

根据涉案合同，亿起联公司向连尚公司提供手机应用程序产品在 Facebook、Twitter、Google 等域外网络平台上（以下合并简称三大平台）的广告推广服务，连尚公司则根据亿起联公司在三大平台投放广告的实际情况向亿起联公司支付推广服务费用。涉案合同存在涉外因素，从标的物来看，涉案合同的标的物是广告投放服务。而该等标的物在中华人民共和国领域外，双方应当被认定为存在涉外民事关系，涉案仲裁案应当被认定为国际商事仲裁案件并适用《仲裁规则》第八章的国际商事仲裁特别规定。从案件相关事实来看，第一，亿起联公司是一家在上海自由贸易试验区内登记成立的企业，本身所从事的业务以发布广告、从事货物及技术的进出口为主；第二，连尚公司负责与亿起联公司电子邮件沟通广告投放推广事宜的工作人员均常驻于新加坡；第三，连尚公司此前向亿起联公司所支付的推广费用也均是以美元进行结算。北仲适用《仲裁规则》对国内仲裁案件普通程序的规定，未适用《仲裁规则》第八章的国际商事仲裁特别规定，显属错误。

连尚公司曾就涉案仲裁案是否具有国际因素，向仲裁庭提出异议，但仲裁庭未予决定，违反《仲裁规则》第六十条第（三）款之规定。

（2）连尚公司未能陈述意见。

由于北仲对涉案仲裁案未适用《仲裁规则》第八章的特别规定，错误地参照国内仲裁案件规则处理程序，导致连尚公司调查取证、准备答辩意见的时间被大大压缩，使连尚公司未能获得充足的时间与机会陈述其意见。

（3）涉案仲裁案中不存在书面仲裁条款。

北仲确认管辖权的表面证据是双方2015年12月22日签订的《推广协议》，而双方在当日另外签订的《海外社交平台网络推广补充协议》及《Google广告网络推广补充协议》中，分别约定以三大平台规定的争议解决机构为准，已对争议管辖条款作出修改。但北仲却无视双方两份补充协议的约定，仅凭《推广协议》的仲裁条款确认其管辖权是错误的。

（4）亿起联公司在涉案仲裁案中不仅隐瞒了足以影响公正裁决的证据，且其提交的作为涉案仲裁裁决根据的主要证据系伪造。

（5）涉案仲裁裁决违背社会公共利益，即使根据《中华人民共和国仲裁法》第五十八条之规定，亦应当予以撤销。

被申请人的答辩意见：

针对申请人提出的第一项主张，涉案仲裁不具有国际因素，连尚公司以北仲未适用国际商事仲裁程序为由申请撤销仲裁裁决于法无据。就本案而言，首先，仲裁双方当事人均为在中国内地注册的公司。其次，双方的合同签订地也在中国内地，不具有涉外因素。再次，双方的法律关系为广告推广的服务法律关系，合同的履行系通过亿起联公司的工作人员在互联网上完成，因此合同的履行地主要为亿起联公司的办公地点（北京市）；至于连尚公司所称涉案标的物位于国外，没有任何事实依据和法律依据。

针对申请人提出的第二项主张，连尚公司首先向北仲提交了管辖权异议申请，北仲于2017年3月9日作出裁定认定北仲对案件有管辖权。之后，连尚公司向北京市第三中级人民法院提起了申请确认仲裁协议无效之诉，北京市第三中级人民法院以〔2017〕京03民特184号民事裁定书驳回其申请。连尚公司多次拖延涉案仲裁程序，其以未获得充分时间陈述为由申请撤销仲裁裁决没有事实依据。

针对申请人提出的第三项主张，涉案仲裁程序的管辖权问题已经仲裁机构和法院的确认，连尚公司以仲裁协议不存在为由申请撤销仲裁裁决于法无据。

针对申请人提出的第四项主张，涉案的主要广告推广费用均已得到连尚公司的认可和确认。亿起联公司多次向连尚公司开放后台数据供其核对，连尚公司所称亿起联公司隐瞒了账户信息和后台数据信息与事实不符，不存在亿起联公司伪造证据的情况。

鉴此，连尚公司撤销仲裁裁决的请求缺乏事实依据和法律依据，请法院依法予以驳回。

北京市第四中级人民法院意见：

法院查明：

2015年12月22日，连尚公司（甲方）与亿起联公司（乙方）签订《推广协议》，约定甲方委托乙方在其平台或其他相应替代或与乙方合作的推广平台/媒体上推广，乙方为甲方提供推广服务，有效期自2015年11月23日起至2016年11月23日止。双方在上述《推广协议》中约定发生争议提交北仲进行仲裁。

2015年12月22日，连尚公司与亿起联公司又签订了《Google广告网络推广补充协议》和《海外社交平台网络推广补充协议》。该两份协议的争议解决条款约定，双方发生争议应提交北仲进行裁决，如对争议解决机构另有特别规定的，依照其规定。

上述合同履行期间，双方发生争议，亿起联公司于2016年10月25日向北仲提出仲裁申请。北仲于2016年11月4日受理了该仲裁案件，并适用《仲裁规则》的普通程序对该案进行审理。期间，连尚公司于2016年12月1日向北仲提交《申请书》及《管辖权异议申请书》各一份，其中《申请书》申请以下事项：（1）请求确认本案具有国际因素，适用北仲关于国际商事仲裁的相关规则；（2）请求延长连尚公司关于管辖权异议申请的举证期限。连尚公司在《管辖权异议申请书》中主张，《海外社交平台网络推广补充协议》《Google广告网络推广补充协议》作为《推广协议》的补充协议，应以上述两份补充协议约定的方式确定争议管辖机构，而补充协议的特别约定排除了北仲的管辖权，且两份补充协议分别涉及的付款纠纷属于不同协议项下的争议，不应在同一案件中进行审理。北仲经审查，于2017年3月9日作出《关于〔2016〕京仲案字第2475号仲裁案管辖权异议的决定》，认定仲裁条款有效，北仲对该案有管辖权，并决定仲裁程序继续进行，但未对《申请书》作出回应。

2017年5月4日，北京市第三中级人民法院立案受理连尚公司申请确认上述仲裁条款无效一案。北京市第三中级人民法院查明北仲已经就相关仲裁条款效力作出确认，认定该案不属于人民法院的受案范围，于2017年5月23日作出〔2017〕京03民特184号民事裁定，驳回连尚公司的申请。

此后，仲裁庭决定于2017年6月27日在北京进行开庭审理。正式庭审之前，首席仲裁员曾向双方当事人询问对此前进行的仲裁程序（到询问时为止）是否有异议，双方均表示无异议。

法院意见：

本案中，涉案仲裁案件属于合同纠纷，亿起联公司在涉案合同项下的主要义务为接受连尚公司的委托，为其在包括Google、Facebook、Twitter在内的三大平台提供推广服务，连尚公司向亿起联公司支付相应的服务费用，而众所周知的事实是三大平台运营业务尚未获得进入内地的批准（或者已经撤出），换言之三大平台的广告受众主要为境外用户，且三大平台运营服务器亦位于中华人民共和国境外，因此应当认定本案中产生民事关系的法律事实（即亿起联公司所提供的推广服务）发生在中华人民共和国境外。根据上述法律规定，该案件明显具有涉外因素，虽然双方当事人均为国内企业法人，但仍然应当认定为涉外案件。因此，本案应当按照申请撤销涉外仲裁裁决审查程序对本案进行审查处理。

涉外仲裁案件具有涉外因素，并不能当然推导出必须应当适用《仲裁规则》第八章“国际商事仲裁的特别规定”，而应当结合当事人约定以及《仲裁规则》的具体规定，最终确定应当适用的规则条款。本案中双方当事人就仲裁适用程序未作出与《仲裁规则》不一致的书面约定，故应当适用《仲裁规则》的相应规定。《仲裁规则》第八章“国际商事仲裁的特别规定”中第六十条“本章适用”第一款规定，“除非当事人另有约定，国际商事案件适用本章规定”，第三款又规定“当事人对案件是否具有国际因素有争议的，由仲裁庭决定”。在当事人有争议的情况下，由仲裁庭决定仲裁案件中是否存在涉外因素（国际因素）并无不当。但是，在《仲裁规则》未作出相反或者排除性规定的情况下，本院认为仲裁庭亦应当按照法律明文规定对案件是否具有涉外因素（国际因素）进行审查判断，在判断结论为肯定项的情况下，必须适应《仲裁规则》第八章“国际商事仲裁的特别规定”，否则即应认定为违反仲裁规则。本案中，仲裁期间在连尚公司明确要求仲裁庭确认该案件具有涉外因素（国际因素）的情况下，仲裁庭未予回应而是径行适用《仲裁规则》规定的普通程序对案件进行审理，未适用《仲裁规则》第八章“国际商事仲裁的特别规定”，违反了仲裁规则的相应规定。

至于连尚公司提出的北仲未按照仲裁规则的规定处理管辖权异议问题，经查，仲裁期间在连尚公司就管辖权提出异议后，北仲已经就管辖权问题进行审查并向当事人作出回应，并未违反《仲裁规则》第六条之规定。

本院还注意到，仲裁开庭期间首席仲裁员曾向双方当事人询问对此前进行的仲裁程序（到询问时为止）是否有异议，双方均表示无异议。鉴于仲裁系当事人意思自治原则的体现，双方当事人可以约定具体仲裁程序，连尚公司向仲裁庭表述对此前仲裁程序没有异议的同时即意味着其接受了此前的全部仲裁程序，现其却又以仲裁程序与仲裁规则不符为由申请撤销仲裁裁决，违反了禁止反言的基本诉讼原则。总结以上分析，本院最终意见是对连尚公司关于仲裁程序与仲裁规则不符的主张不予采信。

仲裁期间，连尚公司参与了仲裁程序并出庭应诉，仲裁庭听取了连尚公司的相关意见，因此连尚公司主张“由于不属于其所负责的原因而未能陈述意见”的意见缺乏基本事实依据，本院对此不予采信。

《中华人民共和国民事诉讼法》（2017 年修正）第二百七十四条规定的“违背社会公共利益”，主要指向仲裁裁决违反我国法律的基本原则，违反社会善良风俗、危害国家及社会公共安全等情形，应涉及不特定多数人的共同利益，据此判断，〔2017〕京仲裁字第 1815 号裁决与违背社会公共利益无关。本院对连尚公司以违背社会公共利益为由申请撤销〔2017〕京仲裁字第 1815 号裁决的意见不予采信。

依照《中华人民共和国仲裁法》第七十条、《中华人民共和国民事诉讼法》第二百七十四条规定，裁定如下：驳回上海连尚网络科技有限公司的申请。

【案例评析】

1. 涉外因素的判断及后果

仲裁机构在立案时会对当事人之间的诉争法律关系是否存在涉外因素进行初步判断，这种判断的效果在于确定仲裁程序（在仲裁程序前期主要影响的是仲裁员的选定以及答辩期限）以及仲裁费的收费标准。当然，在仲裁庭成立之后，仲裁庭有权对案件是否存在涉外因素进行最终确定。例如，在宁波新汇国际贸易有限公司诉美康国际贸易发展有限公司仲裁裁决案〔2015〕四中民（商）特字第 00152 号中，涉案裁决系贸仲按照国内仲裁案件受理后，审理期间仲裁庭认为具有涉外因素而转为涉外仲裁，按涉外仲裁程序（经双方当事人同意在有关期限等仲裁程序事宜上适用仲裁规则中国内程序的相关规定）审理作出的涉外裁决。但是，仲裁庭对案件是否存在涉外因素的认定必须按照法律规定进行判断。这种要求所体现的后果是，仲裁庭对于涉外因素的认定，将影响案件适用的仲裁程序，如仲裁庭对于案件是否具有涉外因素认定错误，可能导致案件仲裁程序违反仲裁规则，并被认定为违反法定程序。

2. 涉外因素的认定标准及其在实践中的发展

我国法律规范中关于涉外因素的界定主要规定在1987年1月1日起施行的《最高人民法院关于贯彻执行〈中华人民共和国民法通则〉若干问题的意见（试行）》第七章“涉外民事关系的法律适用”第一百七十八条以及1992年7月14日发布的《最高人民法院关于适用〈中华人民共和国民事诉讼法〉若干问题的意见》第十八章“涉外民事诉讼程序的特别规定”第三百零四条。前述法律规范主要通过民事法律关系三要素来判断和认定涉外法律关系。随着司法实践的发展和变化，前述规定显示出了一定的滞后性。2013年1月7日实施的《最高人民法院关于适用〈中华人民共和国涉外民事关系法律适用法〉若干问题的解释（一）》第一条以及2015年2月4日起施行的《最高人民法院关于适用〈中华人民共和国民事诉讼法〉的解释》第二十二章“涉外民事诉讼特别规定”第五百二十二条不仅对三要素进行了扩充和完善，而且增加了兜底条款，为涉外因素之灵活认定留下了一定空间。个案中，法院往往也会结合涉案合同主体、履行特征等案件实际情况，对于案件是否具有涉外因素进行灵活判断。例如在西门子国际贸易（上海）有限公司诉上海黄金置地有限公司申请承认和执行外国仲裁裁决案〔2013〕沪一中民认（外仲）字第2号中，法院认定，西门子公司与黄金置地公司注册地均在上海自贸试验区区域内，且其性质均为外商独资企业，故此类主体与普通内资公司相比具有较为明显的涉外因素。合同项下的标的物设备先从我国境外运至自贸试验区内进行保税监管，再从区内流转到区外，至此货物进口手续方完成，故合同标的物的流转过程也具有一定的国际货物买卖特征。因此，该案属于“可以认定为涉外民事关系的其他情形”，合同具有涉外因素，涉案仲裁协议有效。而在〔2018〕京04民特217号案以及〔2015〕四中民（商）特字第00152号案两例案件中，涉案合同约定的交货地点均位于保税区，北京市第四中级人民法院在两例案件中均认为，保税区内未清关货物属于未入境货物，涉案法律关系具备涉外因素。

3. 禁止反言原则在仲裁司法审查中的适用与当事人的权益保护

近年来，最高人民法院和地方各级人民法院均在仲裁司法实践中贯彻落实“支持仲裁”原则，强化法院对于仲裁程序中当事人意思自治的尊重，其中一个尤为明显的体现就是，对“禁止反言”原则的逐步适用。关于“禁止反言”原则，我国《仲裁法》并没有作出规定。《仲裁法司法解释》《最高人民法院关于为自由贸易试验区建设提供司法保障的意见》的相关规定则部分涉及了该原则。例如，《仲裁法司法解释》第二十七条规定：“当事人在仲裁程序中未对仲裁协议的效力提出异议，在仲裁裁决作出后以仲裁协议无效为由主张撤销仲裁裁决或者提出不予执行抗辩的，人民法院不予支持。”《最高人民法院关于为自由贸易试验区建设提供司法保障的意见》第九条第二款规定：“另一方当事人在仲裁程序中未对仲裁协议效力提出异议，相关裁决作出后，又以有关争议不具有涉外因素为由主张仲裁协议无效，并以此主张拒绝承认、认可或执行的，人民法院不予支持。”与法律规定的缺失相比，各仲裁机构的仲裁规则均引入了“禁止反言”原则。而在实践中，该原则的适用频率在逐步增加。在本案中，法院认定，仲裁开庭期间首席仲裁员曾向双方当事人询问对此前进行的仲裁程序（到询问时为止）是否有异议，双方均表示无异议。后申请人却又以仲裁程序与仲裁规则不符为由申请撤销仲裁裁决，违反了禁止反言的基本诉讼原则。DUFERCOS.A（德高钢铁公司）申请承认与执行 ICC 第 14006 / MS / JB / JEM 号仲裁裁决〔2018〕角仲监字第 4 号一案中，最高人民法院《关于适用〈中华人民共和国仲裁法〉若干问题的解释》第十三条规定：“依照仲裁法第二十条第二款的规定，当事人在仲裁庭首次开庭前没有对仲裁协议的效力提出异议，而后向人民法院申请确认仲裁协议无效的，人民法院不予受理。仲裁机构对仲裁协议的效力作出决定后、当事人向人民法院申请确定仲裁协议效力或者申请撤销仲裁机构的决定的，人民法院不予受理。”法院认为，宁波市工艺品进出口有限公司未在有效期限内对仲裁协议的效力提出异议，且国际商会仲裁院已在仲裁裁决中作出仲裁条款有效的认定，故宁波市工艺品进出口有限公司关于仲裁协议无效的主张不能成立。

西门子国际贸易（上海）有限公司诉上海黄金置地有限公司申请承认和执行外国仲裁裁决案〔2013〕沪一中民认（外仲）字第 2 号中，法院认定，双方当事人均实际参与了全部仲裁程序，黄金置地公司在仲裁程序中始终主张仲裁条款有效，并在裁决作出后履行了部分裁决确定的义务，在此情况下，黄金置地公司又以仲裁条款无效为由，提出拒绝承认与执行涉案仲裁裁决的申请，违反禁止反言、诚实信用和公平合理等公认的法律原则。

从上述裁判可知，基于“支持仲裁”之原则，法院对于仲裁案件当事人的意思自治予以充分尊重，但如当事人在仲裁程序中，未能按照仲裁规则或当事人对仲裁程序的特殊约定，及时行使其提出异议之权利，在仲裁程序结束后，又对仲裁协议效力等提出异议的，将构成对禁止反言、诚实信用原则的违反。因此，当事人应当注意在仲裁程序中及时、充分行使其发表意见、提出异议之权利，否则其在程序结束后再主张仲裁程序存在违法，可能很难得到法院支持。

案例 17 神户天津事业开发株式会社申请撤销仲裁裁决案

【基本案情】

申请人：神户天津事业开发株式会社（以下简称天津事业会社）。

被申请人：天津市南市食品街管理委员会（以下简称南市街管委会）。

申请人申请撤销仲裁裁决的事实和理由：

天津事业会社请求北京市第四中级人民法院：（1）裁定撤销中国国际经济贸易仲裁委员会（以下简称贸仲）作出的〔2018〕中国贸仲京裁字第 0913 号裁决书（以下简称 0913 号裁决书，相应裁决简称 0913 号裁决）；（2）裁定贸仲对天津事业会社的仲裁申请事项重新作出裁决。其理由为：

其一，0913 号裁决认定的天津神户餐厅出资问题错误，裁决错误。

（1）0913 号裁决书认定“根据仲裁庭查明的事实，南市街管委会的出资已满足合资合同约定的出资要求，天津事业会社提出的第一项仲裁请求已超出双方合资合同的约定”，事实上并非如此。

（2）南市街管委会对于天津神户餐厅出资未满足合资合同约定的出资要求。

①南市街管委会对于天津神户餐厅出资是以 988 平方米建筑物所有权作出资。1985 年 2 月 9 日，天津事业会社与天津市商业经济开发公司（以下简称天津商业公司）在天津市签订关于在天津市开设天津神户餐厅的《天津神户餐厅合同》（以下简称《餐厅合同》），合同的第九条约定由天津商业公司“以现有建筑物出资”。第十一条约定“甲、乙双方在餐厅营业执照签发之日起三个月内将各自出资额，用实物和现金交付给餐馆”。1992 年 4 月，南市街管委会从天津商业公司受让天津神户餐厅全部股权，并全面接收天津神户餐厅债权债务。

②南市街管委会并未将建筑面积 988 平方米的建筑物登记在神户餐厅名下。迄今为止，无论南市街管委会还是天津商业公司都未将作为出资的 988 平方米建筑物登记在天津神户餐厅名下，仅将相应建筑物交付使用而已，未完整履行建筑物出资的义务。

③南市街管委会的出资不满足合资合同约定。对于南市街管委会以建筑物所有权进行出资且其出资不满足合资合同约定的事实及法律适用和法理分析在〔2014〕中国贸仲京裁字第 1029 号裁决书、〔2015〕中国贸仲京裁字第 1198 号裁决书中有充分剖析。

（3）天津事业会社所提出的仲裁申请合理合法应予支持。

天津事业会社所提出的三项仲裁申请是建立在已经生效的〔2014〕中国贸仲京裁字第 1029 号、〔2015〕中国贸仲京裁字第 1198 号裁决书基础上的合理请求，理应获得支持。以上足以证明〔2018〕中国贸仲京裁字第 0913 号裁决认定的天津神户餐厅有限公司出资问题错误，裁决错误。

其二，裁决无权对天津神户餐厅出资及违约问题再次进行认定。

（1）贸仲已对天津神户餐厅出资及违约问题作出过裁决，〔2014〕中国贸仲京裁字第 1029 号、〔2015〕中国贸仲京裁字第 1198 号裁决书分别从建筑物所有权出资、出资不到位及违约等方面对天津神户餐厅出资问题进行了认定。

（2）〔2018〕中国贸仲京裁字第 0913 号裁决再次对天津神户餐厅出资及违约问题进行认定违背一事不再理的诉讼原则。

（3）裁决对天津神户餐厅出资问题再次进行认定的做法违反仲裁法规定。

其三，裁决关于建筑物土地使用权与建筑物产权登记之间关系的认定违背法律及与此有关的社会公共利益。

裁决认定“在南市街管委会出资的建筑物土地使用权不属于出资内容的情况下，不具备将建筑物转移登记的基础和前提条件”，严重违反物权法及房地产管理法等相关法律法规规定，有悖中华人民共和国在土地使用权、房屋所有权领域基本的社会公共利益。

被申请人的答辩意见：

南市街管委会称，请求法院驳回天津事业会社的申请。

其一，天津事业会社提起的撤裁事实及理由与中华人民共和国法律相悖，毫无任何事实及法律依据。

（1）天津事业会社基于《餐厅合同》仲裁条款向贸仲提起仲裁，贸仲受理后将仲裁文件送达南市街管委会，依贸仲适用并生效的《中国国际经济贸易仲裁委员会仲裁规则》（以下简称《仲裁规则》），南市街管委会提起了反请求，贸仲一并审理后作出了〔2018〕中国贸仲京裁字第 0913 号裁决书。仲裁庭作出的该裁决于法有据、于情合理，特别是 2017 年 6 月 12 日开庭后，仲裁庭决定继续让双方当事人提交有关的事实陈述、对证据发表质证意见、诉争本案法律适用等文件及补充材料，天津事业会社在庭后除向仲裁庭提交一份延期申请外，没有提交任何书面文件及补充材料；相反，南市街管委会按照仲裁庭的要求按期提供了 8 份重要的书面文件及补充证据材料，翔实论述了天津事业会社所提两项仲裁请求毫无事实及法律依据，南市街管委会所提两项反请求在事实及法律方面是有案可稽的。

仲裁庭根据双方当事人提供的证据和庭审的陈述、辩论，以及庭后提交的法律意见、补充证据、证据说明、有关事实陈述等书面文件和补充材料，作出了公平与公正的裁决，该裁决是无可厚非的。

2. 该裁决是具有涉外因素的仲裁案件，贸仲又是我国成立最早、在世界上信誉卓著的常设涉外仲裁机构，因此，天津事业会社根据《中华人民共和国仲裁法》第五十八条提起撤销该裁决显然于法无据。天津事业会社申请撤销仲裁裁决的事实和理由没有一项与《中华人民共和国仲裁法》第七十条规定相一致，因此其所述完全是乱用诉讼权利、浪费司法资源的具体体现。

其二，贸仲作出的该裁决公平、公正，根本不具有任何撤销的法定情形。

首先，诉争案件根本不存在没有仲裁条款的情形；其次，天津事业会社按照适用及生效的《仲裁规则》选定了仲裁员，南市街管委会也选定了仲裁员，贸仲主任指定了首席仲裁员，至此仲裁庭的组成及全部仲裁程序均符合适用及生效的《仲裁规则》；最后，贸仲所作的该裁决（包括反请求）事项均在仲裁条款的范围内，根本不存在仲裁庭无权仲裁的情形。反之，天津事业会社在庭后除递交申请延期外，没有向仲裁庭提交代理意见、辩论观点、事实陈述、质证意见等在内的任何书面文件及补充资料，完全放弃了仲裁庭给予各方充分陈述的机会。

鉴于此，天津事业会社应当接受该裁决的结果，而不是浪费司法资源，进行毫无意义的撤裁活动，此举凸显了天津事业会社对中华人民共和国法律缺乏足够的了解。

北京市第四中级人民法院意见：

法院查明：

（1）涉案合同及此前两次仲裁概况。

1985 年 2 月 9 日，天津事业会社与天津商业公司签订《餐厅合同》，其中第九条约定由天津商业公司“以现有建筑物出资”。此后天津神户餐厅于 1985 年 5 月 7 日成立。1992 年 4 月，南市街管委会从天津商业公司受让天津神户餐厅全部股权。天津神户餐厅于 2000 年更名为天津神户餐厅有限公司，并于 2005 年经营期限届满。

2013 年 10 月 31 日，天津事业会社以南市街管委会为仲裁被申请人，就《餐厅合同》项下争议第一次向贸仲提起仲裁，其仲裁请求为：（一）明确合同书中第九条的“建筑物出资”为建筑物所有权出资而非建筑物使用权出资；（二）南市街管委会承担仲裁费。经审理，该案仲裁庭于 2014 年 11 月 28 日作出〔2014〕中国贸仲京裁字第 1029 号裁决：（一）支持天津事业会社关于《餐厅合同》第九条的“建筑物出资”为建筑物所有权出资而非建筑物使用权出资的仲裁请求；（二）仲裁费全部由南市街管委会承担。

2015 年 4 月 28 日，天津事业会社以南市街管委会为仲裁被申请人，就《餐厅合同》项下争议第二次向贸仲提起仲裁，其仲裁请求为：（一）确认南市街管委会未完整履行本案合同中第九条及附件一明确的出资义务；（二）南市街管委会承担仲裁费。经审理，该案仲裁庭于 2015 年 12 月 2 日作出〔2015〕中国贸仲京裁字第 1198 号裁决：（一）确认南市街管委会未完整履行本案合同第九条及附件一明确的出资义务；（二）仲裁费全部由南市街管委会承担。

（2）0913 号裁决案件概况。

2016 年 12 月，仲裁申请人天津事业会社以南市街管委会为仲裁被申请人，依据双方于 1985 年 2 月 9 日签订的《餐厅合同》中仲裁条款的约定，第三次向贸仲提出仲裁申请。天津事业会社的仲裁请求为：（一）南市街管委会完整履行合同中第九条及附件一明确的出资义务，将该建筑物登记在天津神户餐厅有限公司清算委员会名下；（二）南市街管委会给付违约金人民币 1500 万元；（三）南市街管委会承担本案仲裁费。仲裁期间南市街管委会提出仲裁反请求：（一）确认 2016 年 10 月 28 日天津神户餐厅有限公司清算委员会的建立及人选违反 1985 年 2 月 9 日《餐厅合同》第四十一条及《天津神户餐厅章程》第三十八条的约定；（二）确认《餐厅合同》第九条及附件一中天津商业公司出资不包括建筑物的场地使用权；（三）反请求仲裁费由天津事业会社承担。

天津事业会社系在日本国注册成立的企业法人，故本案所涉及的 0913 号裁决为涉外仲裁裁决。关于涉外仲裁裁决，《中华人民共和国仲裁法》第七十条规定："当事人提出证据证明涉外仲裁裁决有民事诉讼法第二百五十八条（该法修正后的第二百七十四条）第一款规定的情形之一的，经人民法院组成合议庭审查核实，裁定撤销。"《中华人民共和国民事诉讼法》（2017 年修正）第二百七十四条规定："对中华人民共和国涉外仲裁机构作出的裁决，被申请人提出证据证明仲裁裁决有下列情形之一的，经人民法院组成合议庭审查核实，裁定不予执行：（一）当事人在合同中没有订有仲裁条款或者事后没有达成书面仲裁协议的；（二）被申请人没有得到指定仲裁员或者进行仲裁程序的通知，或者由于其他不属于被申请人负责的原因未能陈述意见的；（三）仲裁庭的组成或者仲裁的程序与《仲裁规则》不符的；（四）裁决的事项不属于仲裁协议的范围或者仲裁机构无权仲裁的。人民法院认定执行该裁决违背社会公共利益的，裁定不予执行。"本院将依据上述法律规定对本案进行审查。

本案中天津事业会社要求撤销涉案 0913 号裁决的第一项理由指向"仲裁庭错

误认定事实”，但根据本院引述法律依据，仲裁庭对于案件事实认定是否正确不属于撤销仲裁裁决案件的审查范围，故本院对此不予审查。

天津事业会社还提出0913号裁决违背社会公共利益，就此本院认为，0913号裁决仅仅在双方当事人之间设定权利义务，不涉及案外人权益，与社会公共利益无关。至于仲裁庭适用法律是否正确，不属于本案审查范围，且亦与社会公共利益无关。

但是本院注意到，根据本案查明的事实，天津事业会社就同一合同项下争议，先后以不同的仲裁请求，三次以南市街管委会为仲裁被申请人提起仲裁。其中第二次仲裁裁决，即〔2015〕中国贸仲京裁字第1198号裁决，主文部分已经明确裁决“确认南市街管委会未完整履行本案合同第九条及附件一明确的出资义务”。基于该裁决，天津事业会社提起第三次也就是本案仲裁申请，要求南市街管委会继续履行合同第九条约定的出资义务。但是第三次仲裁期间，仲裁庭却对已经发生法律效力的〔2015〕中国贸仲京裁字第1198号裁决项重新进行了审查，并作出相反判断，认定南市街管委会不构成违约，在此基础上驳回了天津事业会社本次仲裁请求。

对比〔2015〕中国贸仲京裁字第1198号裁决以及0913号裁决，两案当事人相同，诉讼标的相同，且0913号裁决实质否定前案裁决。鉴于0913号裁决涉嫌违反一裁终局制度以及《仲裁规则》第四十九条第九项规定，根据《最高人民法院关于仲裁司法审查案件报核问题的有关规定》第二条第一款之规定，本院向上级法院报请审核。

上级法院经审查认为，天津事业会社申请撤销0913号仲裁裁决的理由涉及案件的实体认定，仲裁庭作出0913号仲裁裁决的程序合法，本案不存在《中华人民共和国仲裁法》第七十条和《中华人民共和国民事诉讼法》第二百七十四条对涉外案件仲裁裁决撤销的情形，故天津事业会社申请撤销0913号仲裁裁决的理由不成立，其申请应予驳回。因此，本院对天津事业会社请求撤销0913号裁决的申请不予支持。

基于相同理由，本院对天津事业会社要求重新进行仲裁的申请亦不予支持。

据上述意见，根据《中华人民共和国仲裁法》第七十条、《中华人民共和国民事诉讼法》第二百七十四条、《最高人民法院关于仲裁司法审查案件报核问题的有关规定》第二条第一款规定，裁定如下：驳回神户天津事业开发株式会社的申请。

【案例评析】

上级人民法院认为，对重复仲裁的判断，属于仲裁庭对于案件实体内容的审理。《仲裁法》第九条规定："仲裁实行一裁终局的制度。裁决作出后，当事人就同一纠纷再申请仲裁或者向人民法院起诉的，仲裁委员会或者人民法院不予受理。"多数仲裁机构的仲裁规则中也有相应的规定。比如，贸仲现行《仲裁规则》第四十九条第（九）项规定："裁决是终局的，对双方当事人均有约束力。任何一方当事人均不得向法院起诉，也不得向其他任何机构提出变更仲裁裁决的请求。"当一方当事人以另一方违反"一裁终局"为由，申请撤销仲裁裁决时，法院首要面临的问题即是：对重复仲裁的判断，应属于程序问题还是仲裁庭对实体问题的审理？对这一问题，此前一直存在不同态度。一部分意见认为，关于重复仲裁的判断是程序问题，因此法院具有司法审查的权力。而另一部分意见则认为，是否是重复仲裁，属于仲裁庭实体审理的内容，法院不应理会此等申请撤销仲裁裁决的理由。在本案中，北京市四中院的上级人民法院给出了自己的答案，其认为申请人提出的"违反一裁终局"的撤裁理由涉及仲裁庭的实体认定，因本案仲裁程序合法，故不应撤销仲裁裁决。

本案项下，另一值得关注的地方是，申请人先后以被申请人为仲裁被申请人提起三次仲裁，在第三次仲裁期间，仲裁庭对前两次仲裁裁决事项重新进行了审查，并作出了完全相反的裁决，而且该裁决并未被撤销。换言之，在本案相关的仲裁案件中，后案仲裁庭实际上依据案件事实和证据，否定了前案仲裁裁决。

我国《仲裁法》第五十七条规定："裁决书自作出之日起发生法律效力。"实践里，在不少有关联的仲裁案中，前案仲裁中胜诉的一方会要求后案仲裁庭直接地、当然地适用前案仲裁中对其有利的裁决和理由。但是，也有观点认为，在有关联的仲裁案件中，后案仲裁庭有权依据案件事实和证据，作出独立裁决，即使后案仲裁庭的裁决主文与前案仲裁庭作出的裁决完全相反，也并不当然违反既判力原则。该观点的基础是仲裁制度自身的独立性，其理由具体如下。

首先，仲裁程序有其特殊性，如果强制要求后案仲裁庭适用前案仲裁裁决，很可能造成一错再错并无法纠正的混乱局面。原因是：从性质上讲，仲裁具有民间性，当事人之间可以就程序进行合意，因此仲裁庭在证据查明、事实审理和法律关系的判断方面本就不像法官那样严格，很可能会在证据和事实认定，甚至法律适用上产生错误。从纠错机制上看，诉讼制度项下存在一审、二审、再审等安排，在制度上保障了双方对事实和法律问题的充分论述，而仲裁实行的是"一裁终局"制度，缺少纠错机制。因此，如果强制要求后案仲裁庭必须遵循前案仲裁裁决，很可能会导致仲裁裁决一错再错且无法纠正，这会使得仲裁严重丧失公平。

其次，即使在民事诉讼中，尽管存在既判力理论，我国法律同样规定，如有相反证据推翻前案认定，法院亦可不采纳前案认定。《民诉法司法解释》第九十三条规定："下列事实，当事人无须举证证明：……（五）已为人民法院发生法律效力的裁判所确认的事实；（六）已为仲裁机构生效裁决所确认的事实；……第五项至第七项规定的事实，当事人有相反证据足以推翻的除外。"《最高人民法院关于民事诉讼证据的若干规定》第九条亦有同样规定。

因此，如果前案仲裁庭曾就某些问题作出了认定，但该等认定存在严重错误，后案仲裁庭完全有权且也应当根据事实和证据，以符合法律规定和公平合理的方式，基于独立思考作出新的裁定。

第五章　申请撤销仲裁裁决

第一节　申请撤销仲裁裁决之法律原理

一、申请撤销仲裁裁决的含义及条件

（一）申请撤销仲裁裁决的含义及特征

一裁终局制度的确立，体现了对当事人意愿的充分尊重，也体现了仲裁这种纠纷解决机制快捷性的优势。然而，在仲裁实践中，由于受到各种因素的影响，有些仲裁裁决也不可避免地会出现不同程度的偏差或错误，损害仲裁的公正性和权威性。对此，我国《仲裁法》设置了申请撤销仲裁裁决这种程序监督机制，规定仲裁庭作出仲裁裁决后，任何一方当事人均可以依据特定的事由，向法院提出撤销仲裁裁决的申请。

所谓申请撤销仲裁裁决是指对符合法定应予撤销情形的仲裁裁决，经由当事人提出申请，人民法院组成合议庭审查核实，裁定将已作出的仲裁裁决予以撤销的行为。

申请撤销仲裁裁决作为当事人的法定权利，具有以下特征：

（1）撤销仲裁裁决的申请必须由当事人提出，第三人无权提出，人民法院也不得依职权撤销仲裁裁决。当事人是指仲裁案件的申请人或被申请人，案外第三人不具备申请撤销仲裁裁决的主体资格。同时，按照现行法律的规定，一般情形下人民法院不得依职权撤销仲裁裁决，只有在人民法院认定该裁决违背社会公共利益的情形下，才应当直接裁定予以撤销。

（2）撤销仲裁裁决是法院的职权，仲裁机构无权撤销。仲裁中仲裁庭所作出的仲裁裁决，不论是作出仲裁裁决的仲裁庭或者受理该案件的仲裁机构，还是其他仲裁机构，都无权撤销仲裁裁决，即是否撤销仲裁裁决，只能由法律规定的人民法院作出裁定，任何其他机构和个人均无权审查及撤销仲裁裁决。

（3）当事人申请撤销仲裁裁决必须具备法定的撤销情形。仲裁裁决只有符合法

定予以撤销的情形时，法院才能作出撤销仲裁裁决的裁定，将仲裁裁决予以撤销。

申请撤销仲裁裁决是仲裁法所规定的司法监督的重要内容和监督形式。对符合法律规定为撤销情形的仲裁裁决予以撤销，有利于维护当事人的合法权益，有利于维护仲裁的公正性与权威性，也有利于完善我国的司法监督体制。对确保仲裁裁决的合法性和正确性，对我国仲裁制度的发展具有非常重要的意义。

（二）申请撤销仲裁裁决的条件

仲裁裁决一经作出，即具有法律约束力，任何单位和个人不得任意撤销。作为当事人，为维护自己的权益而申请撤销仲裁裁决，也必须符合法定条件。

根据我国《仲裁法》的规定，申请撤销仲裁裁决必须符合下列条件：

（1）提出撤销仲裁裁决申请的主体必须是仲裁当事人。由于仲裁当事人与仲裁裁决的结果有直接的利害关系，仲裁裁决也决定着当事人的合法权益是否得到了保护或者受到了侵害。因此，法律规定提出申请撤销仲裁裁决的主体是当事人，包括仲裁申请人和被申请人，当事人以外的任何人无权提出撤销仲裁裁决的申请。

（2）必须向有管辖权的人民法院提出撤销仲裁裁决的申请。当事人申请撤销仲裁裁决，必须向特定的人民法院提出。根据《仲裁法》第五十八条的规定，当事人应当向仲裁委员会所在地的中级人民法院提出，向其他人民法院提出的，人民法院不予受理。

（3）必须在法定的期限内提出撤销仲裁裁决的申请。仲裁裁决一经作出即具有法律约束力，为保证仲裁裁决的稳定性，我国《仲裁法》对申请撤销仲裁裁决的期限作出了明确规定。根据我国《仲裁法》第五十九条的规定，当事人申请撤销仲裁裁决的，应当自收到裁决书之日起 6 个月内提出。

（4）必须有证据证明仲裁裁决有法律规定的应予撤销的情形。仲裁裁决只有符合法定撤销的事由时才能予以撤销，而仲裁裁决是否具有法定可撤销的情形，则需当事人提出证据进行证明。当事人所提供的证据能否证明，则需要人民法院的审查认定。

二、申请撤销仲裁裁决的法定情形

（一）申请撤销国内仲裁裁决的法定情形

根据我国《仲裁法》第五十八条及相关司法解释的规定，有下列法定情形之一的，当事人可以向人民法院申请撤销国内仲裁裁决。

1. 没有仲裁协议

仲裁协议是当事人自愿将他们之间已经发生或者可能发生的争议提交仲裁解决的书面文件，是纠纷发生后当事人申请仲裁和仲裁机构受理当事人的仲裁申请的前提条件。没有仲裁协议即无仲裁。

“没有仲裁协议”，根据最高人民法院关于《仲裁法解释》第十八条的规定，是指当事人没有达成仲裁协议，而对于仲裁协议被认定无效或者被撤销的，则视为没有仲裁协议。据此，没有仲裁协议包括没有达成仲裁协议和视为没有仲裁协议两种情形。

没有仲裁协议，仲裁即失去了存在和进行的基础。因此，没有仲裁协议的当事人申请仲裁，仲裁委员会应当不予受理，更不能对案件进行审理和作出裁决。如果仲裁机构对没有仲裁协议的纠纷案件予以受理并作出裁决，则违反了仲裁的根本制度和当事人意思自治的仲裁原则，该仲裁裁决即为违法裁决，当事人有权向人民法院申请撤销该仲裁裁决。

2. 仲裁的事项不属于仲裁协议的范围或者仲裁委员会无权仲裁

下列情形经人民法院审查属实的，应当认定为“裁决的事项不属于仲裁协议的范围或者仲裁机构无权仲裁的”情形：（一）裁决的事项超出仲裁协议约定的范围；（二）裁决的事项属于依照法律规定或者当事人选择的仲裁规则规定的不可仲裁事项；（三）裁决内容超出当事人仲裁请求的范围；（四）作出裁决的仲裁机构非仲裁协议所约定。（《仲裁执行规定》第十三条，属于最新解释）

3. 仲裁庭的组成或者仲裁的程序违反法定程序

违反仲裁法规定的仲裁程序、当事人选择的仲裁规则或者当事人对仲裁程序的特别约定，可能影响案件公正裁决，经人民法院审查属实的，应当认定为“仲裁庭的组成或者仲裁的程序违反法定程序的”情形。

当事人主张未按照仲裁法或仲裁规则规定的方式送达法律文书导致其未能参与仲裁，或者仲裁员根据仲裁法或仲裁规则的规定应当回避而未回避，可能影响公正裁决，经审查属实的，人民法院应当支持；仲裁庭按照仲裁法或仲裁规则以及当事人约定的方式送达仲裁法律文书，当事人主张不符合《民事诉讼法》有关送达规定的，人民法院不予支持。

适用的仲裁程序或仲裁规则经特别提示，当事人知道或者应当知道法定仲裁程序或选择的仲裁规则未被遵守，但仍然参加或者继续参加仲裁程序且未提出异议，在仲裁裁决作出之后以违反法定程序为由申请撤销仲裁裁决的，人民法院不予支持（《仲裁执行规定》第十四条）。

《最高人民法院关于仲裁机构“先予仲裁”裁决或者调解书立案、执行等法律适用问题的批复》（2018年5月28日最高人民法院审判委员会第1740次会议通过，自2018年6月12日起施行）补充规定：

下列情形，应当认定为《民事诉讼法》第二百三十七条第二款第三项规定的“仲裁庭的组成或者仲裁的程序违反法定程序”的情形：

（一）仲裁机构未依照仲裁法规定的程序审理纠纷或者主持调解，径行根据网络借贷合同当事人在纠纷发生前签订的和解或者调解协议作出仲裁裁决、仲裁调解书的；

（二）仲裁机构在仲裁过程中未保障当事人申请仲裁员回避、提供证据、答辩等仲裁法规定的基本程序权利的。

前款规定情形中，网络借贷合同当事人以约定弃权条款为由，主张仲裁程序未违反法定程序的，人民法院不予支持。

4. 仲裁裁决所依据的证据是伪造的

符合下列条件的，人民法院应当认定为“裁决所根据的证据是伪造的”情形：（一）该证据已被仲裁裁决采信；（二）该证据属于认定案件基本事实的主要证据；（三）该证据经查明确属通过捏造、变造、提供虚假证明等非法方式形成或者获取，违反证据的客观性、关联性、合法性要求（《仲裁执行规定》第十五条）。

5. 对方当事人隐瞒了足以影响公正裁决的证据

符合下列条件的，人民法院应当认定为“对方当事人向仲裁机构隐瞒了足以影响公正裁决的证据的”情形：（一）该证据属于认定案件基本事实的主要证据；（二）该证据仅为对方当事人掌握，但未向仲裁庭提交；（三）仲裁过程中知悉存在该证据，且要求对方当事人出示或者请求仲裁庭责令其提交，但对方当事人无正当理由未予出示或者提交。当事人一方在仲裁过程中隐瞒已方掌握的证据，仲裁裁决作出后以己方所隐瞒的证据足以影响公正裁决为由申请撤销或不予执行仲裁裁决的，人民法院不予支持（《仲裁执行规定》第十六条）。

6. 仲裁员在仲裁该案时有索贿受贿、徇私舞弊、枉法裁决的行为

《仲裁司法审查规定》第十八条规定的“仲裁员在仲裁该案时有索贿受贿、徇私舞弊、枉法裁决行为”，是指已经由生效刑事法律文书或者纪律处分决定所确认的行为。

根据我国《仲裁法》第五十八条的规定，除上述几项属于申请撤销仲裁裁决的事由外，如果仲裁裁决违背社会公共利益，人民法院也应当裁定撤销该仲裁裁决。公共利益条款是各国司法对仲裁实施监督的前提条件，不论国内仲裁立法还是国际仲裁公约，都将其作为撤销仲裁裁决的理由之一。但何谓社会公共利益并没有统一的解释。各国的“公共利益”也存在一定的差异。在我国，对“社会公共利益”的解释也不明确，一般理解为：社会公共利益即社会共同的利益，属于社会全体成员的利益。社会公共利益和个人利益、局部利益既有统一协调的一面，又有矛盾冲突的一面。保护社会公共利益，是现代各国的通例，也是我国的仲裁准则之一，因此，仲裁裁决违反社会公共利益的应当予以撤销。

由于撤销仲裁裁决是仲裁监督中非常严厉的手段，直接导致仲裁裁决被撤销而归于无效。因此，必须严格把握撤销仲裁裁决事由的范围。对此，2006 年最高人民法院在《仲裁法解释》中作出了明确规定：

（一）根据《仲裁法解释》第十七条的规定，当事人以不属于仲裁法第五十八条规定的事由申请撤销仲裁裁决的，人民法院不予支持。

（二）《仲裁法解释》第二十七条规定，当事人在仲裁程序中未对仲裁协议的效力提出异议，在仲裁裁决作出后以仲裁协议无效为由主张撤销仲裁裁决的，人民法院不予支持。这一规定确立了仲裁程序中的先行抗辩原则，即在仲裁程序中对仲裁协议的效力提出异议，是在仲裁裁决作出后以仲裁协议无效为由主张撤销仲裁裁决的前提条件。

（二）申请撤销涉外仲裁裁决的法定情形

《仲裁法》第七十条规定：当事人提出证据证明涉外仲裁裁决有民事诉讼法第二百六十条第一款规定的情形之一的，经人民法院组成合议庭审查核实，裁定撤销。

《民事诉讼法》第二百六十条（现第二百七十四条）第一款规定：

对中华人民共和国涉外仲裁机构作出的裁决，被申请人提出证据证明仲裁裁决有下列情形之一的，经人民法院组成合议庭审查核实，裁定不予执行：

（一）当事人在合同中没有订有仲裁条款或者事后没有达成书面仲裁协议的；

（二）被申请人没有得到指定仲裁员或者进行仲裁程序的通知，或者由于其他不属于被申请人负责的原因未能陈述意见的；

（三）仲裁庭的组成或者仲裁的程序与仲裁规则不符的；

（四）裁决的事项不属于仲裁协议的范围或者仲裁机构无权仲裁的。

人民法院认定执行该裁决违背社会公共利益的，裁定不予执行。

基于上述对涉外仲裁裁决监督的规定，与对国内仲裁裁决的监督相比较，很显然，法院对仲裁裁决的监督实行的是“双轨制”。“双轨制”的具体表现为：人民法院对涉外仲裁裁决或国际商事仲裁裁决的监督审查，仅限于程序方面，而对国内仲裁裁决的监督审查，既包括对程序方面的审查，也包括对某些实体方面的审查，审查范围更加宽泛、条件更为严格，这和国际上主要的仲裁实践是相矛盾的。

三、申请撤销仲裁裁决的程序

（一）提起撤销仲裁裁决之诉

1. 提起撤销仲裁裁决之诉的条件

按照我国《仲裁法》第五十八、第五十九、第七十条的规定，提起撤销仲裁裁决之诉必须符合下列条件：

（1）提出撤销仲裁裁决申请的主体必须是仲裁当事人。

由于仲裁当事人与仲裁裁决的结果有直接的利害关系，仲裁裁决也决定着当事人的合法权益是否得到了保护或者受到了侵害。所以，法律规定提出撤销仲裁裁决申请的主体是当事人，包括仲裁申请人和被申请人。

与仲裁裁决有利害关系的第三人能否提起撤销仲裁裁决之诉，理论和实务上尚有争论。一般认为，有利害关系的第三人既不能申请撤销涉外仲裁裁决，也不能申请撤销国内仲裁裁决，因为我国《仲裁法》和《民事诉讼法》规定只有当事人有权申请撤销，而第三人不是仲裁案件的任何一方当事人。反对意见认为，利害关系人可以申请撤销我国国内仲裁裁决。理由是：上述法律规定当事人有权申请撤销仲裁裁决，但并未否定有利害关系的第三人可以申请撤销仲裁裁决。法律未明确禁止的就是允许的。在仲裁案件中，若出现当事人规避法律规定，损害国家、集体或第三人利益的，如果不允许有利害关系的第三人行使撤销仲裁裁决权，可能会导致不公平。例如，《希腊民事诉讼法》第八百九十九条规定：仲裁协议的当事人和任何有法律上利害关系的人均有权请求撤销仲裁裁决。

2001年9月28日，最高人民法院在《关于对崇正国际联盟集团有限公司申请撤销仲裁裁决人民法院应否受理的复函》〔2001〕民立他字第36号中对此问题进行了明确的答复：《仲裁法》第七十条规定的“当事人”是指仲裁案件的申请人或被申请人，崇正国际联盟集团有限公司并非V19990351号仲裁案件的申请人或被申请人，该公司不具备申请撤销该仲裁裁决的主体资格，故对该申请人民法院不予受理。

在上述复函中最高人民法院的态度是：利害关系人不能申请撤销我国涉外仲裁裁决。按照体系解释方法，该复函的精神对我国国内仲裁裁决的撤销也可参照适用。最高人民法院之所以排除案外第三人提起撤销仲裁裁决之诉，除了我国《仲裁法》和《民事诉讼法》定有明文外，更重要的原因在于坚持司法监督仲裁的谦抑原则，防止司法权过多干预仲裁。毕竟法院受理第三人撤销仲裁裁决的申请后，原裁决要中止执行，因此对赋予第三人申请撤销仲裁裁决权表现出慎重的态度，否则易产生审判权过多干预仲裁权的现象，不利于仲裁裁决的稳定性与仲裁事业的发展。

本书认为，对仲裁裁决的司法监督持审慎、克制的态度固然是可取的，但一概排除第三人的诉权并不符合民事诉讼法和仲裁法原理。仲裁程序的保密性、不公开性、迅速及时性，使得仲裁程序比审判程序更有可能出现当事人双方串通，损害国家、集体或第三人利益的情形。仲裁实践中已经出现了不少类似的案例，即仲裁当事人持仲裁裁决书请求法院强制执行或申请参与分配，但法院查明或其他债权人证明该仲裁裁决书系双方恶意串通所致。此际，即便发现这种状况，除了法院可以依职权对违反社会公共利益的情形裁定撤销或不予执行外，对于仲裁裁决书损害第三人合法权益的情形却无能为力。如果不赋予有利害关系的第三人提起撤销仲裁裁决之诉的权利，第三人根本无法获得有效的救济。考虑到《合同法》第五十二条第二项关于“恶意串通，损害……第三人利益”的合同无效，第三人可以向法院提起宣告他人之间的合同无效之诉的规定，在仲裁程序中，如果仲裁当事人有恶意串通、取得损害第三人利益的仲裁裁决书的情况，那么，赋予利害关系第三人提起撤销仲裁裁决之诉的权利，就是合乎逻辑的必然选择。

（2）必须在法定的期限内提出撤销仲裁裁决的申请。

我国《仲裁法》第五十九条规定，当事人申请撤销仲裁裁决的，应当自收到裁决书之日起6个月内提出。该6个月的期间，性质上属于除斥期间，如果当事人在规定的期限内没有提出撤销仲裁裁决的申请，则表明他放弃了此项权利，双方当事人都应自觉履行裁决书中规定的各自的义务，否则，权利人可以向法院申请执行仲裁裁决。

在提起撤销仲裁裁决之诉中，当事人行使的撤销权是具有破坏性的形成权，法律关系因之而发生变动。在该权利行使前，当事人间的权利义务关系处于不确定状态，为了尽快确定当事人间的法律关系，应当对当事人行使撤销权的期间予以限制，当事人如不按期提起，则是权利的“睡眠者”，法律也无保护的必要。采纳撤销仲裁裁决制度的，对当事人提起撤销之诉的时间均有限制。如《联合国国际商事仲裁示范法》第三十四条规定，当事人应自收到裁决之日起3个月内提出撤销仲裁裁决的申请。《美国联邦仲裁法》规定为3个月，《法国民事诉讼法》规定为1个月，德国和希腊民事诉讼法规定为3个月。

（3）必须有证据证明仲裁裁决有法律规定的应予撤销的情形。

仲裁当事人提起撤销仲裁裁决之诉时必须有证据对该仲裁裁决具有法律规定

的应予撤销的情形加以证明。没有证据，人民法院不予受理；当事人所提供的证据能否证明，则需要人民法院审查认定。

2. 撤销仲裁裁决之诉的管辖

撤销仲裁裁决之诉，必须向有管辖权的人民法院提出。按照《仲裁法》第五十八条的规定，有权管辖此诉的人民法院是仲裁委员会所在地的中级人民法院。该管辖规定非常类似于专属管辖。除了仲裁委员会所在地的中级人民法院外，其他人民法院均不具有管辖权。

3. 提起撤销仲裁裁决之诉的形式

《仲裁法》未对当事人、利害关系人提起撤销仲裁裁决之诉的形式予以限定，因此，形式上可以参照民事诉讼法关于起诉的一般规定，既可以采用书面的申请书形式，也可以口头起诉或口头申请。

申请书应当记明下列事项：（1）当事人的姓名、性别、年龄、民族、职业、工作单位和住所，法人或者其他组织的名称、住所和法定代表人或者主要负责人的姓名、职务；（2）仲裁请求和所根据的事实与理由；（3）证据和证据来源，证人姓名和住所。

需要注意的是，提起撤销仲裁裁决之诉中的当事人，不称为原告、被告，而是申请人和被申请人。按照 1998 年 6 月 11 日最高人民法院《关于审理当事人申请撤销仲裁裁决案件几个具体问题的批复》的规定，一方当事人向人民法院申请撤销仲裁裁决的，人民法院在审理时，应当列对方当事人为被申请人。

4. 提起撤销仲裁裁决之诉的效力

提起撤销仲裁裁决之诉除了具有起诉的一般效力外，还有中止执行的特殊效力。根据《仲裁法》第六十四条的规定，一方当事人申请执行裁决，另一方当事人申请撤销裁决的，法院应当裁定中止执行。

（二）人民法院对撤销裁决请求的审查处理程序

1. 审判组织与开庭形式

（1）合议庭审理。

人民法院审理民事案件，审判组织形式有合议制与独任制之分。独任制目前只能在基层人民法院及其派出法庭处理简单民事案件时适用，中级人民法院不得采用独任制。根据《仲裁法》的规定，中级人民法院受理撤销仲裁裁决申请后，应当组成合议庭审查撤销裁决请求是否成立，以示司法监督仲裁的慎重。

（2）询问当事人。

合议庭可以开庭审理，也可以不开庭审理，如果不开庭审理应当询问当事人

(《仲裁法解释》第二十四条)。

对仲裁裁决的司法审查可能导致裁决被撤销。不论是基于程序性理由还是实体性理由，撤销裁决是对一项已决案件的否定，对当事人利益至关重要。所以对申请撤销仲裁裁决案件可以开庭审理。通过法庭调查和法庭辩论，审查核实证据，查明案件事实，在此基础上，通过合议庭评议，形成裁定，以确定当事人之间的权利义务关系。在开庭审理中，被申请人可以充分行使程序参与权，理解申请撤销的理由、对申请人提交的证据质证、可以向合议庭陈述意见和提出反驳对方的证据等，由此可以合理平衡双方当事人的程序利益，也有利于人民法院裁定的客观与公正。

合议庭审查申请人的申请材料后，如果认为案件事实清楚，法律关系明确，就可以不开庭审理，但应询问当事人，如果没有发现新的情况，合议庭可以直接合议后作出裁定。询问当事人时，应制作询问记录，并留卷备查。根据审理撤销仲裁裁决案件的实际需要，人民法院可以要求仲裁机构做出说明或者向相关仲裁机构调阅案卷，在此基础上作出是否撤销仲裁裁决的裁定。

2. 申请人的举证责任

(1)起诉时提供初步证据的义务。

按照《仲裁法》第五十八条的规定，申请人在提起撤销仲裁裁决之诉时，应当提供证据证明裁决具有法定撤销的情形之一，法院才会受理该申请。因此，申请人除了提交撤销仲裁裁决申请书外，还需向人民法院提交初步证明其申请书中所列撤销事由的证据或证据材料，法院才能受理其撤销申请。

(2)法院审查阶段申请人的举证责任。

按照民事举证责任分配的理论和立法，在法院审理程序中，申请人对于其撤销请求所赖以成立的撤销事由之存在，负有客观举证责任。申请人应当提供证据证明撤销事由的存在，如果所提供的证据不足以证明其主张的撤销事由成立，或者提供的证据所证明的事实并非撤销事由，那么申请人将承担举证不能的败诉风险。

关于申请人负举证责任的法律依据，可以参考《民诉法》第六十四条、《民事诉讼证据规定》第二条、《仲裁法》第五十八条。从国外立法看，有关撤销仲裁裁决之诉中的举证责任一般适用民事诉讼法的规定，也有少数国家的民事诉讼法或仲裁法对此作专门规定，如《韩国仲裁法》第三十六条。

需要说明的是，申请人负举证责任的规定仅适用于申请人主张的事实（撤销事由），至于涉及公共秩序、善良风俗以及争议的可仲裁性等事实（撤销事由），则不适用举证责任的规定。原因在于，后一类事实属于法律的强制性规定，仲裁程序不得违反，因此，即便申请人没有主张这类事实（撤销事由）或者虽然主张但证据不足甚至没有证据证明，也不影响法院依职权调查、依职权探知，法院应当主动审查这类事实是否存在，主动调查收集相关的证据。

四、申请撤销仲裁裁决的法律后果

人民法院在受理当事人提出的撤销仲裁裁决的申请后，必须组成合议庭对当事人的申请及仲裁裁决进行审查。经审查，人民法院可以根据不同的情况作出不同的处理。

（一）撤销仲裁裁决

人民法院受理当事人提出撤销仲裁裁决的申请后，经组成合议庭审查核实，并询问当事人，认定当事人提出的申请符合撤销仲裁裁决的条件和理由，即应当在受理撤销裁决申请之日起 2 个月内裁定撤销该仲裁裁决。

1. 撤销仲裁裁决的具体情形

（1）撤销全部仲裁裁决。撤销全部仲裁裁决是指将仲裁裁决作为一个整体予以撤销，仲裁裁决无效。

（2）撤销部分仲裁裁决。撤销部分仲裁裁决是指仅将仲裁裁决的一部分予以撤销，其他部分仍然有效。根据最高人民法院《关于我国仲裁机构作出的仲裁裁决能否部分撤销问题的批复》，我国仲裁机构作出的仲裁裁决，如果裁决事项超出当事人仲裁协议约定的范围，或者不属于当事人申请仲裁的事项，并且上述事项与仲裁机构作出裁决的事项是可分的，人民法院可基于当事人的申请，在查清事实后裁定撤销该超裁部分。最高人民法院在《仲裁法解释》第十九条进一步明确规定：当事人以仲裁裁决事项超出仲裁协议范围为由申请撤销仲裁裁决，经审查属实的，人民法院应当撤销仲裁裁决中的超裁部分。

根据上述规定，撤销部分仲裁裁决的前提条件是：第一，部分裁决具有被撤销的事由；第二，具有被撤销事由部分的仲裁裁决与其他部分可以分开。

2. 撤销仲裁裁决的效力

（1）对于人民法院依法作出的撤销仲裁裁决的裁定，当事人不能上诉，不得申请再审，检察院不能通过抗诉启动再审程序。

（2）仲裁裁决被人民法院依法撤销后，当事人可以重新寻求解决纠纷的方法。

我国《仲裁法》第九条规定，裁决被人民法院依法撤销的，当事人就该纠纷可以根据双方重新达成的仲裁协议申请仲裁，也可以向人民法院起诉。

（二）驳回撤销仲裁裁决的申请

1. 驳回撤销仲裁裁决的申请的含义

当事人向人民法院提出撤销仲裁裁决的申请后，人民法院经过审查未发现仲裁裁决具有法定可被撤销的理由的，应在受理撤销仲裁裁决申请之日起 2 个月内作出驳回申请的裁定。

2. 裁定驳回撤销仲裁裁决申请的效力

（1）对人民法院依法作出的驳回当事人申请的裁定，当事人无权上诉，不能申请再审，检察院不得抗诉。

《仲裁司法审查规定》：

第六条　申请人向人民法院申请执行或者撤销我国内地仲裁机构的仲裁裁决、申请承认和执行外国仲裁裁决的，应当提交申请书及裁决书正本或者经证明无误的副本。

当事人提交的外文申请书、裁决书及其他文件，应当附有中文译本。

第七条　申请人提交的文件不符合第五条、第六条的规定，经人民法院释明后提交的文件仍然不符合规定的，裁定不予受理。

申请人向对案件不具有管辖权的人民法院提出申请，人民法院应当告知其向有管辖权的人民法院提出申请，申请人仍不变更申请的，裁定不予受理。

申请人对不予受理的裁定不服的，可以提起上诉。

第八条　人民法院立案后发现不符合受理条件的，裁定驳回申请。

前款规定的裁定驳回申请的案件，申请人再次申请并符合受理条件的，人民法院应予受理。

当事人对驳回申请的裁定不服的，可以提起上诉。

对《仲裁司法审查规定》的下列（尤其是第八条）规定应正确理解。该规定第八条的意思应当结合该规定的第六条、第七条来理解。

申请人向人民法院申请执行或撤销我国内地仲裁机构的仲裁裁决、申请承认和执行外国仲裁裁决，立案后（这些事项必须先立案才能执行或撤销）发现不符合受理条件的，裁定驳回申请。此时，当事人对驳回申请的裁定不服的，可以上诉。也就是说，可以上诉的情形，抛开申请人向人民法院申请执行我国内地仲裁机构的仲裁裁决、申请承认和执行外国仲裁裁决，限于当事人申请撤销我国内地仲裁机构的仲裁裁决被立案后才发现不符合受理条件，也就是不应立案而立案的，应当裁定驳回申请。对这个裁定不服的，可以上诉。此裁定纠正的是立案错误，而不是仲裁的程序错误或是实体错误。所以，不能得出结论：当事人向法院申请撤销仲裁裁决被裁定驳回，当事人对该裁定不服的，可以上诉。

（2）撤销仲裁裁决的申请被驳回后，双方当事人必须按照仲裁裁决所确定的权利义务自动履行。如果不自动履行仲裁裁决，权利方当事人可以向人民法院申请强制执行。

（三）通知仲裁庭重新仲裁

我国《仲裁法》第六十一条规定："人民法院受理撤销裁决的申请后，认为可以由仲裁庭重新仲裁的，通知仲裁庭在一定期限内重新仲裁，并裁定中止撤销程序。仲裁庭拒绝重新仲裁的，人民法院应当裁定恢复撤销程序。"这是重新仲裁在《仲裁法》上的依据。

1. 重新仲裁的含义及特征

重新仲裁是法院监督的一种方式，它是指人民法院受理了仲裁当事人撤销仲裁裁决的申请后，认为仲裁裁决虽具有法律规定的撤销情形，但可以由仲裁庭重新进行仲裁加以纠正的，则裁定中止撤销程序，并通知仲裁庭在一定期限内重新进行仲裁的制度。

重新仲裁具有如下特征：

（1）重新仲裁是法院监督仲裁的一种特殊方式。

由于重新仲裁属于当事人申请撤销仲裁裁决的法律后果的一种，因此，重新仲裁是法院监督仲裁的一种特殊方式。通过重新仲裁，由仲裁庭对有瑕疵的仲裁程序进行有效救济，弥补仲裁程序的缺陷和不足，从而减少法院对撤销仲裁裁决的使用，维护仲裁的独立性，保护当事人的合法权益，满足当事人选择仲裁解决纠纷的初衷。

（2）重新仲裁适用撤销仲裁裁决的相关事由。

由于重新仲裁是当事人申请撤销仲裁裁决的法律后果之一，是法院受理了当事人提出的撤销仲裁裁决的申请后，认为仲裁裁决符合可撤销的情形时的选择，因此，对当事人申请撤销的仲裁裁决通过重新仲裁来弥补必须是该裁决具有撤销仲裁裁决的事由。超出法定撤销仲裁裁决事由的，不适用重新仲裁。

（3）重新仲裁的范围具有特定性。

从法律所规定的重新仲裁的宗旨来看，重新仲裁是为了消除仲裁过程中产生的不公正因素，消除仲裁裁决的瑕疵。因此，重新仲裁只应围绕所产生的不公正因素和瑕疵来进行，而不应该对所有请求和事项重新审理，当事人也不能提出新的请求，要求仲裁庭进行裁决。如果当事人协议将新的请求作为审理的标的，实际上是形成了一个新的仲裁案件。

（4）重新仲裁在法院认为可以由仲裁庭重新仲裁的范围内重新进行。

重新仲裁的内容不基于当事人的申请而确定，因为当事人只能依法申请撤销仲裁裁决，申请重新仲裁则没有法律上的依据；重新仲裁也不是由仲裁庭来确定，因为仲裁庭在作出仲裁裁决后，实际上已不存在，无权再行使任何权力。重新仲裁是法院在受理了当事人撤销仲裁裁决的申请后，认为可以通过仲裁庭的重新仲裁来弥补仲裁裁决中的瑕疵，而确定的重新仲裁的范围。仲裁庭必须在法院所确定的范围内重新仲裁。

2. 重新仲裁的意义

重新仲裁在世界许多国家的仲裁立法和国际商事仲裁立法中均有规定。例如联合国《国际商事仲裁示范法》第三十四条第四款规定："法院被请求撤销裁决时，如果适当而且当事人一方也要求暂时停止进行撤销程序，则可以在法院确定的一段期间内暂时停止进行，以便给予仲裁庭一个机会重新进行仲裁程序或采取仲裁庭认为能够消除请求撤销裁决的理由的其他行动。"有关重新仲裁制度的规定与我国《仲裁法》关于重新仲裁的立法精神基本一致，体现了重新仲裁的意义。

（1）重新仲裁给仲裁庭提供了一个更正仲裁裁决瑕疵的机会，减少了仲裁裁决最终被法院撤销的可能性，以保证仲裁的独立性和公正性。

（2）重新仲裁是对程序缺陷的补救，而不是对实体问题的重新审理。即重新仲裁针对的是不直接涉及实体问题的程序瑕疵进行的，只有可以补救的仲裁程序问题才能适用重新仲裁。对于非因程序错误引起的实体上的错误，不能通过重新仲裁的方式予以纠正。但是，如果由于程序上的瑕疵导致了可能出现的实体上的错误，重新仲裁依然具有意义。例如，仲裁庭审理案件时没有给一方当事人进行辩论的机会，这属于程序上的瑕疵，不论仲裁裁决的结果是否正确，也不论重新仲裁后是否会改变原先作出的仲裁裁决的内容，这种程序瑕疵都可以也应当通过重新仲裁来弥补；但如果仲裁程序上没有错误，仲裁裁决的结果因仲裁庭的判断错误而产生实体错误，则不能通过重新仲裁进行更正。

3. 重新仲裁制度的具体运用

对于重新仲裁，我国《仲裁法》仅有第六十一条予以了规定，且规定非常原则，许多具体的程序问题的运用没有明确，在实践中造成了一定的困惑。2006 年最高人民法院发布的关于《仲裁法解释》和其他一些司法解释对《仲裁法》的规定进行了细化，对重新仲裁制度的适用起到了一定的指引作用。

（1）重新仲裁的主体。

根据《仲裁法》有关规定的精神，重新仲裁的主体是原仲裁庭，而无须另行组成仲裁庭。因为仲裁庭的组成方式和仲裁员本身就是由当事人直接选定或委托指定的，体现了当事人的自由意志。由原仲裁庭重新仲裁，既尊重了当事人的意愿，也给了仲裁庭一个自我纠正错误的机会，从而有利于仲裁庭作出公正裁决。

（2）适用重新仲裁的情形。

《仲裁法》并没有明确规定在当事人申请撤销仲裁裁决的事由中，哪些事由可以由仲裁庭重新仲裁。《仲裁法解释》对此进行了明确，即第二十一条规定："当事人申请撤销国内仲裁裁决的案件，属于下列情形之一的，人民法院可以依照《仲裁法》第六十一条的规定通知仲裁庭在一定期限内重新仲裁：（一）仲裁裁决所根据的证据是伪造的；（二）对方当事人隐瞒了足以影响公正裁决的证据的。人民法院应当在通知中说明要求重新仲裁的具体理由。"

（3）重新仲裁的程序。

人民法院认为当事人申请撤销仲裁裁决的案件，可以通知仲裁庭重新仲裁的，即发出通知，通知仲裁庭在一定期限内重新仲裁。对重新仲裁的通知是否采纳，由仲裁庭决定。仲裁庭既可以决定重新仲裁，也可以拒绝重新仲裁。仲裁庭在人民法院指定的期限内开始重新仲裁的，人民法院应当裁定终结撤销程序；未开始重新仲裁的，人民法院应当裁定恢复撤销程序，进而决定是否撤销仲裁裁决。当事人对重新仲裁裁决不服的，可以在新的仲裁裁决书送达之日起6个月内依据仲裁法第五十八条的规定向人民法院申请撤销。

（四）对撤销仲裁裁决或驳回申请裁定的救济

1. 撤销裁决和驳回裁定的终局性

法院作出的撤销仲裁裁决和驳回申请的裁定具有终局性的特点。

（1）对裁定不能上诉。

不论是法院裁定撤销仲裁裁决，还是驳回撤销仲裁裁决的申请，当事人均无权上诉。

（2）不能申请再审。

不论当事人对人民法院撤销仲裁裁决的裁定不服申请再审，还是对法院驳回其申请撤销仲裁裁决的裁定不服而申请再审，人民法院均不予受理。

（3）检察院不能提起抗诉。

不论人民检察院针对撤销仲裁裁决的裁定，还是驳回申请（即不予撤销仲裁裁决）的裁定提出的抗诉，人民法院均不予受理。

2. 对裁定撤销仲裁裁决的救济

仲裁裁决被撤销后，法院对裁决的执行程序就失去了执行依据，因此法院应解除已经实施的执行措施，并裁定终结仲裁裁决的执行程序。

仲裁裁决因超裁被人民法院予以部分撤销后，撤销部分则不具有法律效力，裁决的其他部分效力（包括强制执行力）不受影响。法院部分撤销仲裁裁决的，当事人据以申请执行的执行依据包括两部分：一是仲裁裁决书，二是法院的裁定书。仲裁裁决书的部分内容被法院裁定撤销，剩余部分仍然有效，可以作为强制执行的依据；当然仲裁裁决书中被法院裁定撤销的部分已经归于无效，不得作为执行的内容。当事人向法院申请执行时，应当同时提交仲裁裁决书和法院撤销部分仲裁裁决的裁定书。

仲裁裁决被人民法院依法撤销后，当事人之间的纠纷并未解决，当事人可以重新寻求《仲裁法》第九条规定的解决纠纷的方法：重新达成仲裁协议申请仲裁或者向人民法院起诉。

（五）对驳回申请的救济

撤销仲裁裁决的申请被驳回后，双方当事人必须按照仲裁裁决所确定的权利义务自动履行。如果不自动履行仲裁裁决，权利方当事人可以向法院申请恢复执行，人民法院也可依职权恢复执行程序。

第二节　有关申请撤销仲裁裁决之典型案例

案例 18　案外人汉中市汉台区东大街街道办事处莲湖社区居民委员会申请撤销仲裁调解书案

【基本案情】

申请人：汉中市汉台区东大街街道办事处莲湖社区居民委员会（以下简称莲湖社区）。

被申请人：汉中市鸿泰房地产开发有限公司（以下简称鸿泰公司）。

申请人申请撤销仲裁调解书的事实和理由：

2015 年 3 月 27 日，鸿泰公司与莲湖社区签订《关于商品房置换借款的协议》，约定鸿泰公司用自己开发的 3 套商品房置换其向莲湖社区的借款 130 万元。2016 年 3 月 31 日，莲湖社区得知该 3 套商品房被鸿泰公司卖给了第三人杨秋连，并到汉中市房地产交易中心办理了网签。后莲湖社区以鸿泰公司和杨秋连为被告向汉台区人民法院提起诉讼，要求确认物权。汉台区人民法院作出〔2016〕陕0702民初1613号民事判决书驳回了莲湖社区的诉讼请求。在该诉讼中莲湖社区得知2016年5月10日汉水建司因与鸿泰公司建设工程施工合同纠纷向汉中仲裁委员会申请仲裁。该案仲裁过程中，两公司达成和解协议并经汉仲调字〔2016〕15号仲裁调解书确认。该调解书载明"……鸿泰公司以14套房屋和3间储藏室向汉水建司抵债4072630元……"。莲湖社区认为该仲裁调解书涉嫌恶意串通侵害莲湖社区合法权益，莲湖社区有权依照《陕西省高级人民法院关于审理涉及国内民商事仲裁案件若干问题的规定》（试行）第二十三条之规定，申请撤销。莲湖社区认为：（一）物权确认纠纷一案〔2016〕陕0702民初1613号的立案时间为2016年5月25日，开庭时间为2016年7月28日，而汉水建司与鸿泰公司达成《和解协议书》的时间是2017年7月7日，做出仲裁调解书的时间为2016年7月11日。杨秋连的丈夫李智明作为汉水建司的委托代理人在该案一审中正好提交《调解书》作为本案一审的证据，证明涉争房屋的所有权为汉水建司。（二）〔2016〕陕0702民初1613号房屋所有权确认纠纷的第三人杨秋连的丈夫李明智系汉水建司的项目经理，也是莲湖社区搬迁居民商品住宅楼的施工单位（汉水建司）的项目负责人，其肯定在2016年6月初就会收到莲湖社区的起诉状副本，其为了获得涉诉的三套房屋，就与鸿泰房地产公司达成了仲裁协议，向汉中仲裁委员会申请仲裁，且在仲裁案件中，李智明是汉水建司的代理人。（三）鸿泰公司与汉水建司之间2016年7月7日签订《和解协议书》时，双方肯定知晓涉诉的三套房屋已经通过以房抵债的方式卖给了莲湖社区，因为汉水建司的项目经理李智明的妻子就是〔2016〕陕0702民初1613号房屋所有权确认纠纷一审的第三人，且2017年7月7日签订的《和解协议书》汉水建司代表人签字是李智明。（四）莲湖社区与鸿泰公司达成的以房抵债协议，三套房屋的价值为130万元，而汉水建司与鸿泰房地产公司达成的《和解协议书》，14套房屋加上3间储藏室共计抵债407.263万元，由此看出，鸿泰公司与汉水建司是以明显的低价处分财产。（五）汉水建司与鸿泰公司均知晓涉诉房屋已经通过以房抵债的形式卖给了莲湖社区，但是其双方仍然签订《和解协议书》，通过仲裁调解的方式取得涉诉的三套房屋的行为是恶意串通的行为。汉中仲裁委员会的调解书的来源是双方于2016年7月7日签订的《和解协议书》，根据《合同法》第五十二条的规定，双方存在恶意串通侵害第三人的行为，其签订的《和解协议书》是无效的，那么依据《和解协议书》所作出的《调解书》的效力也是值得商榷的。

被申请人的答辩意见：

被申请人汉水建司答辩称：（一）莲湖社区不具有申请撤销《仲裁调解书》的主体资格。汉中仲裁委汉仲调字〔2016〕15号《调解书》是建立在双方当事人《和解协议书》基础上的法律文书，而莲湖社区不是《仲裁调解书》的当事人。不具有主体资格的第三人帮助鸿泰公司申请撤销《仲裁调解书》的目的是帮助鸿泰公司逃脱债务，然而鸿泰公司尚欠汉水建司工程款9172630元，如果莲湖社区愿意为鸿泰公司还清债务，付清所欠工程款9172630元，汉水建司会酌情考虑撤销之事，否则不予答应。（二）本案另一被申请人鸿泰公司关于申请撤销《仲裁调解书》的诉求已被汉中市中级人民法院驳回。2016年9月23日，鸿泰公司向汉中市中级人民法院递交了“关于申请撤销汉仲调字〔2016〕15号《仲裁调解书》诉求”，已于2017年3月15日开庭，经法院判决已被驳回。（三）莲湖社区不具有涉争房产的所有权，申请人莲湖社区从未对涉争房产进行所有权登记，因此无权提起所有权确认之诉，更不是撤销《仲裁调解书》的适格申请人。（四）本案涉争房屋的所有权归汉水建司所有。因鸿泰公司欠汉水建司工程款9172630元，鸿泰公司将14套房屋、3间储藏室作价407万元，抵偿给汉水建司。2016年4月23日，上述房屋（申请人所诉的3间）在内的14套房屋和3间储藏室，以汉水建司公司员工杨秋连的名义与鸿泰公司签订商品房买卖合同，并在汉中市房产交易平台办理网络登记备案，完成了商品房买卖交易行为，并经汉中仲裁委员会汉仲调字〔2016〕15号《调解书》确认。汉仲调字〔2016〕15号《调解书》作为生效的法律文书，对涉争房产所有权具有确权的法律效力；汉水建司的全部行为，均符合法律规定，根据《中华人民共和国不动产登记管理条例》第五条规定，所有不动产的确立是依登记备案为准，规范了商品房买卖的交易行为，由于预售商品房登记备案具有排他性的权利，申请人莲湖社区无权向房产交易中心提出异议，更无权向汉中市中级人民法院提出撤销《仲裁调解书》之诉求。（五）申请人莲湖社区于2016年7月28日以所有权纠纷为由向汉台区人民法院提起诉讼开庭，当时汉水建司员工杨秋连作为第二被告出庭应诉答辩，〔2016〕汉台区人民法院陕0702民初1613号民事判决书，依法驳回了申请人的诉讼请求，随后申请人不服判决向汉中市中级人民法院提起上诉，于2017年3月15日开庭，因申请人以需补充证据为由，至今未能下达判决书，本案中申请人就是为了推翻《仲裁调解书》，其目的就是争取对涉争房屋的所有权。（六）申请人莲湖社区借款给鸿泰公司本身存在极大的资金风险，为收取高额利息而放贷给鸿泰公司，应当为其行为承担责任，双方之间存在债权、债务关系；双方签订的《关于商品房置换借款的协议》由于没有相应的物权登记，不产生物权的效力；因本案涉争的房屋所有权已经生效，法律文书确权给了汉水建司，并进行了商品房预售登记备案，商品房买卖合同成立，完成了交易行为。莲湖社区已经无权取得该房屋的所有权。故莲湖社区只能向鸿泰公司主张归还借款。

陕西省汉中市中级人民法院意见：

法院查明：

2015 年 3 月 27 日，鸿泰公司与莲湖社区签订《关于商品房置换借款的协议》，约定鸿泰公司用自己开发的 3 套商品房置换其向莲湖社区的借款 130 万元，并且鸿泰公司将房屋钥匙交给了莲湖社区。2016 年 3 月 31 日，莲湖社区得知该 3 套商品房被鸿泰公司卖给了第三人杨秋连，该合同到汉中市房地产交易中心办理了网签，并且涉案 3 套房屋的钥匙已被换掉。得知上述情况，莲湖社区立即向房管部门提出异议登记申请，在该异议登记申请受理后，莲湖社区以鸿泰公司和杨秋连为被告向汉台区人民法院提起诉讼，要求确认诉争的 3 套商品房归其所有。该案于 2016 年 6 月 12 日立案，2016 年 7 月 28 日开庭，汉台区人民法院于 2016 年 8 月 16 日作出〔2016〕陕 0702 民初 1613 号民事判决书驳回了莲湖社区的诉讼请求，后莲湖社区不服判决提出上诉至本院，现该案正在二审审理中。在该案诉讼中莲湖社区得知涉案房屋已经被生效仲裁调解书抵给汉水建司，故向本院提出申请，请求撤销汉中仲裁委汉仲调字〔2016〕15 号仲裁调解书。

另查明，2011 年 11 月 20 日，被申请人鸿泰公司与汉水建司签订建设工程施工合同，约定工程合同价款 2663.29 万元。2014 年 3 月 26 日，该工程竣工验收合格。2016 年 1 月 28 日，经双方结算，工程总造价 29196068.84 元，鸿泰公司已付工程款 21832425 元，尚欠款 7363643.84 元。2016 年 5 月 11 日，汉水建司就建设工程合同纠纷向汉中市仲裁委员会申请仲裁，要求裁决鸿泰公司支付工程款本息合计 616.283494 万元，并同时申请财产保全。2016 年 5 月 16 日，汉中市汉台区人民法院作出〔2016〕陕 0702 财保 7 号民事裁定书，裁定冻结被申请人汉中市鸿泰房地产开发有限公司开户银行存款 620 万元或查封、扣押其房产。2016 年 6 月 6 日，汉中市汉台区人民法院依法查封鸿泰公司房屋 12 套及储藏室 7 套（不含本案诉争 3 套）。2016 年 7 月 7 日，被申请人鸿泰公司与汉水建司达成和解协议书，双方约定：本案工程建安工程总造价为 29196068.84 元，已支付工程款 21832425 元，尚欠工程款 7363643.84 元；2016 年 5 月 6 日双方协商以 14 套房屋和 3 间储藏室抵债 4072630 元后，尚欠工程款为 3291013.84 万元。2016 年 7 月 11 日，汉中市仲裁委员会作出汉仲调字〔2016〕15 号调解书，调解书对鸿泰公司与汉水建司签订的和解协议予以确认。

法院意见：

本案争议焦点主要是：（一）汉中仲裁委员会汉仲调字〔2016〕15号仲裁调解书是否损害了申请人的合法权益；（二）申请人主张撤销仲裁调解书的事由能否成立。

关于仲裁调解书是否损害了申请人的合法权益的问题，本案中申请人莲湖社区的权益体现为与被申请人鸿泰公司于2015年3月27日达成的《关于商品房置换借款的协议》，该协议虽不是制式的商品房买卖合同，但是合法有效。后鸿泰公司将涉案房屋钥匙交给莲湖社区的行为具有交付的性质。汉水建司与鸿泰公司于2016年7月7日签订和解协议并申请仲裁时，申请人莲湖社区起诉鸿泰公司与杨秋连物权确认纠纷一案已经起诉，可见签订和解协议时汉水建司和鸿泰公司对莲湖社区对争议房产享有权益是知情的，这一点从仲裁笔录上也能体现出来。汉水建司与鸿泰公司明知争议的3套房屋莲湖社区享有权益，仍达成和解协议抵偿工程款并申请仲裁，明显具有恶意，鸿泰公司更是有一房二卖的故意。因此仲裁调解书明显损害了莲湖社区的合法权益，其目的就是想通过仲裁调解书合法取得涉案房屋的所有权，损害了申请人的合法权益。

关于申请人主张撤销仲裁调解书的事由能否成立的问题。《合同法》第五十二条第（二）项规定，合同符合“恶意串通，损害国家、集体或者第三人利益”的，合同无效。汉水建司与鸿泰公司在明知申请人享有合同权益的情况下，达成和解协议将本案争议的房产抵给汉水建司抵偿工程款，损害了申请人的合法权益，故和解协议中以房抵偿鸿泰公司债务的部分无效。《仲裁法》第五十八条第（五）项规定，对方当事人隐瞒了足以影响公正裁决的证据的；……人民法院经组成合议庭审查核实裁决有前款规定情形之一的，应当裁定撤销。因汉水建司和鸿泰公司故意向仲裁庭隐瞒争议的房屋已经和申请人签订《关于商品房置换借款的协议》的真实情况，导致仲裁委作出错误调解书，且仲裁调解书和仲裁裁决书具有同等的法律效力，因此，该仲裁调解书无效的部分应当予以撤销。

本案经本院审判委员会讨论决定，依照《中华人民共和国合同法》第五十二条第（二）项、《中华人民共和国仲裁法》第五十八条第（五）项、《中华人民共和国民事诉讼法》第一百五十四第一款（九）项之规定，裁定如下：撤销汉中仲裁委员会汉仲调字〔2016〕15号仲裁调解书确认的被申请人汉中市鸿泰房地产开发有限公司、汉中市汉水建设工程有限公司达成和解协议第一项中以莲湖茗居1401#、1503#、1704#号房屋抵债的部分。

【案例评析】

《仲裁法》第五十八条以及《仲裁法》第七十条、《民事诉讼法》第二百七十四条分别规定了纯国内裁决以及涉外裁决的撤销，但是并未明确该等规定是否适用于调解书的撤销。最高人民法院针对仲裁出台的多个司法解释也没有涉及调解书的撤销事宜。由于法律规定的缺失或者不明确，各地法院关于调解书是否能够撤销存在不同的观点，例如，在〔2016〕皖06民特13号案中，安徽省淮北市中级人民法院认为："当事人申请撤销仲裁调解书之诉没有法律依据。就减少对当事人意思自治的职权干预，坚持仲裁司法监督有限原则而言，人民法院亦不应受理仲裁当事人提起的申请撤销仲裁调解书之诉。仲裁调解是以当事人自愿为原则，是双方平等协商形成合意的结果，当事人签字确认调解协议、签收调解书是其处分自己的私权力，司法权作为国家公权力不宜过多干预。"而在〔2017〕粤01民特792号案件中，广州市中级人民法院则认为："根据《中华人民共和国仲裁法》第五十八条第一款的规定，当事人可以向人民法院申请撤销仲裁裁决。该法第五十八条第二款又规定，仲裁调解书与仲裁裁决书具有同等法律效力。同时根据《中国广州仲裁委员会仲裁规则》第四十六条，调解达成协议的，仲裁庭应当制作调解书或者根据双方当事人的协议制作裁决书，调解书和裁决书具有同等法律效力。因此，裁决与调解均是仲裁庭审查案件、处理纠纷的方式，仲裁庭出具的裁决书与调解书均具有法律约束力，在司法审查问题上应遵循相同的程序和制度。"

在最高人民法院层面，最高人民法院内部也存在不同的观点。具体而言，在《关于人民法院应否受理撤销仲裁调解书申请的复函》中，最高人民法院民四庭认为："根据《中华人民共和国仲裁法》第五十八条第一款的规定，当事人可以向人民法院申请撤销仲裁裁决，该法第五十一条第二款又规定，仲裁调解书与仲裁裁决书具有同等法律效力，这就意味着，仲裁调解书也应纳入司法审查的范围。因此，当事人依照我国仲裁法第五十八条的规定向人民法院申请撤销仲裁调解书的，人民法院应予受理。"但是，在《最高人民法院研究室关于人民法院应否受理当事人提起的申请撤销仲裁调解书之诉问题的研究意见》中，最高人民法院研究室则认为，除违反公共利益这一情形外，法院不应受理当事人撤销仲裁调解书的申请，否则法院的司法权将会更多地渗透到仲裁领域，削弱仲裁的优势及权威性。

调解书撤销的事由。司法实践中，在支持当事人有权申请撤销仲裁调解书的案件中，法院基本上都是参照适用撤销仲裁裁决的规定和事由来审理撤销调解书案件的。但是，这种适用实际上并不当然正确。由于调解书具备其自身的特殊性，

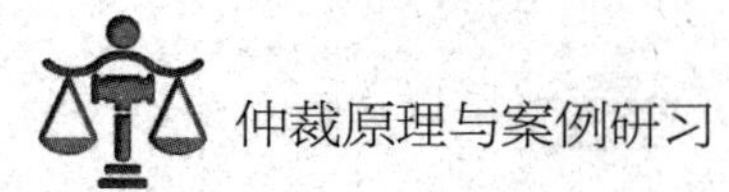

尤其是调解书系双方自愿达成，并非基于仲裁庭对案件、证据进行审理所作出，因此，在尊重当事人意思自治原则的前提下，撤销调解书的事由应当被严格限制。例如，伪造证据、隐瞒证据，在调解书的撤销中似乎并没有太大的适用空间。而违反法定程序这一事由，也存在同样的问题。撤销调解书的事由应与撤销裁决书有所不同，但是，由于法律规定的缺失，各地法院除参照适用仲裁裁决撤销规定外，似乎并无其他更好的解决办法。

案外人是否有权申请撤销调解书。关于该问题，法律以及司法解释甚至最高人民法院针对个案所作的答复、复函都没有涉及。在实践中，至目前为止，该类案件出现的频率并不算高，但是极具代表意义。因为仲裁调解书的基础是当事人达成的和解协议，而和解协议却存在被当事人恶意利用损害第三人利益的可能性。普通的和解协议通过仲裁庭的参与，具备了强制执行力。在此情况下，如何保障第三人的合法权益？对此，《最高人民法院关于人民法院办理仲裁裁决执行案件若干问题的规定》第九条规定了案外人不予执行调解书制度："案外人向人民法院申请不予执行仲裁裁决或者仲裁调解书的，应当提交申请书以及证明其请求成立的证据材料，并符合下列条件：（一）有证据证明仲裁案件当事人恶意申请仲裁或者虚假仲裁，损害其合法权益；（二）案外人主张的合法权益所涉及的执行标的尚未执行终结；（三）自知道或者应当知道人民法院对该标的采取执行措施之日起三十日内提出。"而《陕西省高级人民法院关于审理涉及国内民商事仲裁案件若干问题的规定（试行）》赋予了案外人申请撤销调解书的权利。根据该规定第二十三条："案外人对仲裁裁决书、调解书确定的执行标的物主张权利，可以在知道或者应当知道仲裁裁决作出之日起3个月内，向仲裁机构所在地的中级人民法院申请撤销。"但是，对于撤销调解书的事由，该规定也未涉及。本案中，汉中市中级人民法院认为，调解书损害了案外人的合法权益，调解书所涉当事人共同向仲裁庭隐瞒了调解书可能损害案外人合法权益的事实，属于"对方当事人隐瞒了足以影响公正裁决的证据"，并依据《仲裁法》第五十八条的规定撤销了调解书中涉及案外人利益的部分。但是，在〔2018〕陕民终628号案件中，陕西省高级人民法院却持与本案截然相反的观点。该院认为："《仲裁法》仅对仲裁案件当事人不服仲裁裁决申请撤销的情形作出了规定，并未对案外人撤销仲裁调解书作出规定，故其申请撤销仲裁调解书无法律依据。案外人如果认为仲裁调解书错误，损害了其民事权益的，可以依据最高人民法院《关于人民法院办理仲裁裁决执行案件若干问题的规定》向人民法院申请不予执行仲裁调解书。"

案例 19　中国石化集团国际石油勘探开发有限公司申请撤销仲裁裁决案

【基本案情】

申请人：中国石化集团国际石油勘探开发有限公司（以下简称“国勘公司”）。

被申请人：UNI-TOP AsiaInvestmentLimite（以下简称“UNI-TOP 公司”）。

申请人申请撤销仲裁裁决的理由：

（1）贸仲没有依法向国勘公司有效送达本案仲裁通知等部分程序性文件，导致国勘公司没有得到指定仲裁员和进行第一次开庭程序的通知，本案仲裁庭的组成以及仲裁程序均与《中国国际经济贸易仲裁委员会仲裁规则（2015 版）》（以下简称《仲裁规则》）不符。《裁决书》声称，贸仲依据 UNI-TOP 公司在仲裁申请书中提供的地址向国勘公司送达了本案仲裁通知、组庭通知和第一次开庭通知（以以下简称仲裁通知），已按照《仲裁规则》第八条的规定有效送达。然而，贸仲在向国勘公司寄送上述仲裁通知时，仅凭 UNI-TOP 公司故意提供的错误信息，将第一收件人错误地列为“张耀仓”，而张耀仓早在 2014 年就已经不再担任国勘公司的法定代表人，且已于 2015 年 10 月被纪检监察机关采取在规定时间和地点接受调查的措施（以以下简称双规），其信件受到特殊限制。张耀仓在本案仲裁时并非国勘公司的法定代表人或工作人员。上述情形导致仲裁庭所寄送的仲裁通知被视为张耀仓个人邮件，故未能有效送达给国勘公司。

（2）贸仲对 UNI-TOP 公司就同一纠纷提出的仲裁申请予以受理，仲裁庭就 UNI-TOP 公司提出的相同请求重复裁决，违反了“一裁终局”的法律规定以及《仲裁规则》，根据《仲裁法》第七十条和《民事诉讼法》第二百七十四条第（三）项的规定，《裁决书》应予撤销。UNI-TOP 公司曾于 2012 年 8 月 30 日基于本案所涉《代理协议》向贸仲申请仲裁，要求国勘公司支付代理酬金，并赔偿预期利益等损失，仲裁庭于 2013 年 12 月 30 日作出（2013）中国贸仲京裁字第 0907 号仲裁裁决书（以以下简称前案裁决），驳回了 UNI-TOP 公司全部仲裁请求（以以下简称前案，与本案所涉仲裁合称为两案）。在前案裁决作出后，贸仲对于 UNI-TOP 公司就同一纠纷提出的仲裁请求予以受理，仲裁庭对于 UNI-TOP 公司提出的相同请求重复裁决，明显违反了前述法律和《仲裁规则》确定的“一裁终局”的程序性规定。《裁决书》认为，UNI-TOP 公司在本案中提出的仲裁请求是基于前案裁决作出以后发生的新的事实，即国勘公司怠于向中石油集团方面主张哈萨克斯坦

Petro Khazakstan 公司（以下简称 PK 公司）的股权或其他相关权益以及相应证据，应当属于《最高人民法院关于适用〈中华人民共和国民事诉讼法〉的解释》（以下简称《民诉法解释》）第二百四十八条规定的可以再次提起诉讼的“新事实”。因此，UNI-TOP 公司在本案中提起的仲裁请求不属于“一裁终局”的适用范围。该等主张明显不能成立。

（3）《裁决书》的内容与前案裁决互相冲突，完全推翻了前案裁决结果，违反了《仲裁法》第七条规定的公平合理原则以及《仲裁规则》中第九条规定的诚实信用原则，不符合法律及《仲裁规则》中对仲裁程序的要求，根据《仲裁法》第七十条和《民事诉讼法》第二百七十四条第（三）项的规定，《裁决书》应予撤销。

被申请人的答辩理由：

国勘公司的主张和请求既不符合事实，也无法律依据，完全不能成立，本案仲裁裁决不具备任何法定撤销事由。国勘公司的撤裁申请纯属恶意拖延仲裁裁决的执行，UNI-TOP 公司恳请贵院立即驳回国勘公司的申请，及时维护 UNI-TOP 公司的合法权益。具体理由如下：

（1）本案项下仲裁程序文件显示，仲裁文件均已合法送达国勘公司。贸仲仲裁文件送达程序完全符合法律规定和仲裁规则，国勘公司未在规定的期限内行使选任仲裁员等程序性权利，应自行承担不利后果。国勘公司在仲裁过程中明确向仲裁庭表示就仲裁庭组成不持异议。第一，关于文件送达及仲裁员指定问题，国勘公司曾在仲裁过程中提出相同的主张，因其主张完全不能成立，被贸仲全部驳回。第二，根据贸仲《仲裁规则》及我国法律规定，本案仲裁文件均已合法送达国勘公司，且国勘公司亦承认收到了这些文件。第三，尽管国勘公司承认贸仲向其发送的前述仲裁文件已全部妥投，但却以原法定代表人张耀仓被有关部门调查、信件受到特殊限制为由，主张其客观上未收到仲裁通知等文件，纯属歪曲事实、混淆视听，不能成立。第四，本案仲裁中，国勘公司获得了充分的陈述意见的机会，更不存在国勘公司选定仲裁员权利被剥夺的情况。国勘公司在第二次开庭时表示其对仲裁庭的组成并无异议。国勘公司在收到仲裁通知等程序文件后，未在规定的期限内答辩、未参加开庭等，这是其对自身仲裁程序权利的处分和放弃，应自行承担不利后果。贸仲驳回其所谓的程序异议，合理合法。并且，尽管国勘公司的主张完全不能成立，贸仲及仲裁庭仍安排了第二次开庭，给予国勘公司充分的陈述案件的机会。国勘公司在第二次庭审时亦表示对仲裁庭的组成无异议，其在裁决作出后又以未能指定仲裁员为由申请撤裁，显然纯属借口。

（2）本案仲裁庭基于前案裁决作出后的“新的事实”作出裁决，并不违反

“一裁终局”，并且是否违反“一裁终局”属于仲裁庭实体审理范围，并不是撤裁的法定事由。第一，根据《仲裁法》第九条的规定，“仲裁实行一裁终局的制度。裁决作出后，当事人就同一纠纷再申请仲裁或者向人民法院起诉的，仲裁委员会或者人民法院不予受理”。是否违反一裁终局，需对是否构成“同一纠纷”进行判断。而判断是否为“同一纠纷”，需要仲裁庭综合考虑仲裁请求、案件事实、证据、庭审情况等各项因素后方可认定，这明显属于仲裁庭对于案件的实体审理范围。第二，本案仲裁庭亦认定，UNI-TOP 公司基于前案裁决作出以后发生的新事实提起仲裁，不属于重复仲裁，不违反“一裁终局”的规定。仲裁庭的这一认定是完全正确的。第三，尽管本案仲裁庭已认定，UNI-TOP 公司系基于前案裁决作出后发生的事实提出本案仲裁请求，不违反“一裁终局”的规定，但国勘公司在《撤裁申请书》中仍认为前案裁决作出后，没有发生任何新的事实。国勘公司这一主张是完全错误的。对比本案与前案仲裁可发现，前案裁决作出后显然发生了新事实。

（3）本案《裁决书》与前案裁决是否冲突，属于仲裁庭基于事实和法律，对案件实体进行审理的问题，不构成对公平合理和诚实信用原则的违反，不构成撤销仲裁裁决的事由，更何况两案裁决之间根本就不存在国勘公司所声称的冲突。第一，两案仲裁庭理应基于案件事实，对案件进行实体审理，并正确适用法律，做出裁决，不存在任何违反仲裁程序和《仲裁规则》的情形，两案裁决也不存在任何冲突。第二，两案裁决是否冲突，属于裁决实体内容的问题，与《民事诉讼法》第二百七十四条第（三）款规定的仲裁程序与《仲裁规则》不符的情形风马牛不相及。第三，不论两案裁决的内容是否冲突，本案仲裁庭均不存在违反公平合理和诚实信用原则的情形。第四，本案中并不存在国勘公司所声称的两案裁决相冲突的问题。

北京市第四中级人民法院意见：

UNI-TOP 公司系在中华人民共和国领域外注册的企业，涉案仲裁裁决系贸仲按涉外仲裁程序作出的涉外裁决。《北京市高级人民法院关于北京市第四中级人民法院案件管辖的规定》（2018 年修订）第一条第（三）款规定：“北京市第四中级人民法院（北京铁路运输中级人民法院）管辖下列案件：……（三）应由本市人民法院管辖的申请确认仲裁协议效力案件、申请撤销仲裁裁决案件（不含申请撤销劳动争议仲裁裁决案件）……”故本院对本案享有管辖权。关于涉外仲裁裁决，《中华人民共和国仲裁法》第七十条规定：“当事人提出证据证明涉外仲裁裁决有民事诉讼法第二百六十条（该法 2012 年修正后的第二百七十四条）第一款规定的情形之一的，经人民法院组成合议庭审查核实，裁定撤销。"《中华人民共和国民事诉讼法》（2012 年修正）第二百七十四条第一款规定："对中华人民共和国涉外仲裁机构作出的裁决，被申请人提出证据证明仲裁裁决有下列情形之一的，经人民法院组成合议庭审查核实，裁定不予执行：（一）当事人在合同中没有订有仲裁条款或者事后没有达成书面仲裁协议的；（二）被申请人没有得到指定仲裁员或者进行仲裁程序的通知，或者由于其他不属于被申请人负责的原因未能陈述意见的；（三）仲裁庭的组成或者仲裁的程序与仲裁规则不符的；（四）裁决的事项不属于仲裁协议的范围或者仲裁机构无权仲裁的。"上述规定是人民法院撤销涉外仲裁裁决的法定事由。

对于本案所涉撤销情形，焦点问题有两个：一是本案送达程序是否违反了《仲裁规则》的规定，即被申请人国勘公司没有得到指定仲裁员或者进行仲裁程序的通知，或者由于其他不属于被申请人国勘公司负责的原因未能陈述意见的情形；二是本案仲裁是否违反了《仲裁法》第九条关于"一裁终局"的规定，即裁决的事项不属于仲裁协议的范围或者仲裁机构无权仲裁的情形。

（1）关于送达问题。《仲裁规则》规定，仲裁文件发送至收件人的营业地、注册地、住所地、惯常居住地或通信地址，即视为有效送达。贸仲在 2016 年 8 月之前以 EMS 形式向国勘公司的住所地发送的仲裁文件，国勘公司收发室均予以签章，回单显示妥投。虽然此时张耀仓不是国勘公司的法定代表人和其他负责人，但按照《仲裁规则》规定，上述文件投递到国勘公司的住所地或营业地，即视为有效送达。因此，国勘公司是否将上述文件当作张耀仓的私人信件予以处理，是否实际查阅了文件内容，均不影响贸仲有效送达的法律效果。因此，本案仲裁送达程序符合《仲裁规则》的规定。

（2）关于本案裁决是否违反了"一裁终局"的问题。《仲裁法》第九条规定："仲裁实行一裁终局的制度。裁决作出后，当事人就同一纠纷再申请仲裁或者向人民法院起诉的，仲裁委员会或者人民法院不予受理。裁决被人民法院依法裁定撤销或者不予执行的，当事人就该纠纷可以根据双方重新达成的仲裁协议申请仲裁，也可以向人民法院起诉。"依据该条规定，仲裁施行"一裁终局"制度，即对于"同一纠纷"，仲裁审理并作出裁决后，不再受理当事人基于该纠纷的仲裁申请，其核心是对"同一纠纷"的判断。对此，可以参照《最高人民法院关于适用〈中华人民共和国民事诉讼法〉的解释》第二百四十七条关于"一事不再理"原则及判断标准的规定，从当事人、诉讼标的、仲裁请求三个方面予以分析认定。

首先，就两案是否属于"同一纠纷"分析如下：第一，关于当事人，前案裁决与本案裁决的当事人相同，均为UNI-TOP公司和国勘公司。第二，关于争议标的，两案的争议标的相同。在两个仲裁案件中，UNI-TOP公司的请求所依据的均是其与国勘公司于2005年3月4日签订的《代理协议》以及后来签订的《延期协议》《补充协议》，均属于委托合同关系。第三，关于仲裁请求，两案的仲裁请求基本一致。UNI-TOP公司在前后两案的仲裁请求中，核心内容均是要求国勘公司支付《代理协议》项下的酬金2154万美元、相应的利息及预期利益损失。

其次，UNI-TOP公司所称的国勘公司怠于追索相关权益的情况是否属于“新的事实”。是否属于“新事实”，按照民事诉讼法的相应标准，主要看该“新事实”是否具有在当事人之间产生“权利义务”的法律效果，并且基于该“新事实”所产生的权利义务不受前案判决效力的约束。参照上述标准来看，本案中，依照《代理协议》的约定，酬金支付条件就是合同的履行条件，该条件是“在国勘公司确定的心理价位范围内完成交易”。关于“完成交易”的客观标准，生效的前案裁决已确认：国勘公司“实际取得”了PK公司股权或其他权益。由于本案中不存在附条件的法律行为，所以不涉及条件成就问题，也就不存在条件成就与不成就的“拟制情形”。国勘公司至今并未“实际取得”PK公司的股权或相关其他权益，前案裁决后，UNI-TOP公司与国勘公司之间的“权利义务”并无新的变化。所以前案裁决后并无“新的事实”。此外，两案是否属于《仲裁法》中规定的“同一纠纷”，根据案件当事人、争议标的、仲裁请求等进行程序性审查即可作出判断，并不属于案件实体审理范围。综上，两案应属于“同一纠纷”，但贸仲分别于2013年12月30日和2017年6月30日作出了两次裁决，该情形明显违反了《仲裁法》第九条规定的“一裁终局”制度，应当予以撤销。按照《最高人民法院关于仲裁司法审查案件报核问题的有关规定》，本院就本案裁决拟撤销的意见向北京市高级人民法院进行了报核，北京市高级人民法院按照规定向最高人民法院进行了报核。最高人民法院审核后作出《关于中国石化集团国际石油勘探开发有限公司申请撤销中国国际经济贸易仲裁委员会仲裁裁决一案请示的复函》，答复如下：首先，根据请示报告所述事实，2012年8月30日，UNI-TOP公司向贸仲申请仲裁，请求裁决国勘公司支付代理酬金、逾期利息损失以及逾期利益损失；国勘公司继续履行《代理协议》；由UNI-TOP公司享有PK公司在中国以外地区销售原油的代理权。贸仲于2013年12月30日作出裁决，驳回了UNI-TOP公司的全部仲裁请求。2015年9月30日，UNI-TOP公司再次向贸仲提起仲裁，贸仲予以受理，并作出本案裁决。贸仲前后两次仲裁裁决所涉当事人相同、争议标的相同、仲裁请求相同，属于同一纠纷。《仲裁法》第九条规定：“仲裁实行一裁终局的制度。裁决作出后，当事人就同一纠纷再申请仲裁或者向人民法院起诉的，仲裁委员会或者人民法院不予受理。”贸仲对同一纠纷进行了两次裁决的行为，违反了“一裁终局”的法律制度。其次，国勘公司未取得 PK 公司股权这一客观状态的延续并未使任何一方的权利义务产生新的变化，故 UNI-TOP 公司所称的国勘公司怠于追索相关权益的情况并不属于“新的事实”。《最高人民法院关于适用〈中华人民共和国民事诉讼法〉的解释》第二百四十八条关于“裁判发生法律效力后，发生新的事实，当事人再次提起诉讼的，人民法院应当依法受理”的规定针对的是民事诉讼程序，不适用于仲裁程序。《仲裁法》并未规定仲裁机构有权在发生“新的事实”后再次仲裁。综上，依据《仲裁法》第九条、第七十条和《民事诉讼法》第二百七十四条第一款第（四）项的规定，本案仲裁裁决应予撤销。

综上，贸仲作出的〔2017〕中国贸仲京裁字第 0836 号裁决违反了《仲裁法》第九条规定的“一裁终局”制度，符合《民事诉讼法》第二百七十四条第一款第（四）项规定的“裁决的事项不属于仲裁协议的范围或者仲裁机构无权仲裁的”情形。被申请人 UNI-TOP 公司所称裁决是否违反“一裁终局”不属于法院审查撤销仲裁裁决案件范围的抗辩意见不能成立。申请人国勘公司的申请合法有据，本院依法予以支持。依据《中华人民共和国仲裁法》第九条、第七十条和《中华人民共和国民事诉讼法》第二百七十四条第一款第（四）项之规定，裁定如下：撤销中国国际经济贸易仲裁委员会〔2017〕中国贸仲京裁字第 0836 号裁决。

【案例评析】

（1）“一裁终局”是否属于撤销仲裁裁决时法院的审理范围。与诉讼中的重复诉讼相对应，仲裁实践中也存在“重复仲裁”这一概念。“重复仲裁”实质是对“一裁终局”这一仲裁原则的违反。《仲裁法》第九条规定：“仲裁实行一裁终局的制度。裁决作出后，当事人就同一纠纷再申请仲裁或者向人民法院起诉的，仲裁委员会或者人民法院不予受理。裁决被人民法院依法裁定撤销或者不予执行的，当事人就该纠纷可以根据双方重新达成的仲裁协议申请仲裁，也可以向人民法院起诉。”此处存在的问题是，如果一项裁决涉嫌违反该条规定的“一裁终局”，即存在重复仲裁的情形，那么，该情形是否属于法院对裁决进行司法审查时的审理范围？换言之，违反“一裁终局”其实质是实体事项还是程序事项？

对此，现行法律没有明文规定，而法院的观点也难以统一。在〔2019〕京 04 民特 105 号案中，北京市第四中级人民法院通过对当事人、诉讼标的、诉讼请求三要件的对比，认为涉案裁决违反一裁终局并拟定撤销该裁决。但是，在报请北京市高级人民法院审查后，北京市高级人民法院认为："天津事业会社申请撤销0913号仲裁裁决的理由涉及案件的实体认定，仲裁庭作出0913号仲裁裁决的程序合法，本案不存在《中华人民共和国仲裁法》第七十条和《中华人民共和国民事诉讼法》第二百七十四条对涉外案件仲裁裁决撤销的情形。"由此，就北京市第四中级人民法院而言，其倾向于认为是否违反一裁终局属于法院审查范围。这一观点，在北京市第四中级人民法院审理的〔2018〕京04民特120号案以及〔2019〕京04民特159号案中均有体现。但是，北京市高级人民法院则倾向于认为，是否构成重复仲裁、是否违反一裁终局属于实体问题。与北京市高级人民法院一致，北京市第三中级人民法院也倾向于赞成该种观点。在〔2016〕京03民特302号案中，北京市第三中级人民法院认为："对于当事人仲裁请求的性质认定以及是否违反'一裁终局'制度的认定均属于仲裁庭对于案件的实体审理范围，不属于人民法院审查撤仲案件的范围。"具体到北京四中院的意见，由于层报制度的存在，尽管其与北京高院存在不同认识，但是，在作最终的裁定时，北京四中院仍然采纳了北京市高院的意见。例如，在〔2019〕京04民特105号案中，北京四中院拟以违反一裁终局为由撤销裁决，经层报北京高院后，最终作出了驳回撤裁申请的裁定。然而，在本案中，北京四中院同样以违反一裁终局为由拟撤销裁决，却最终被北京高院核准，其背后逻辑和考量因素是什么，令人匪夷所思。2019年11月8日发布的《全国法院民商事审判工作会议》明确要求"注意树立请求权基础思维、逻辑和价值相一致思维、同案同判思维，通过检索类案、参考指导案例等方式统一裁判尺度，有效防止滥用自由裁量权"。北京四中院和北京高院在本案的处理上，明显存在滥用自由裁量权、类案不同判的情形，不仅有损仲裁制度的公信力，也有损人民法院的形象和公信力。

（2）事实上，在司法实践中，判断是否为"同一纠纷"，往往需要综合考虑仲裁请求、案件事实、证据、庭审情况等各项因素后方可认定；尤其是，关于重复仲裁的例外情形，即"新事实"的认定，不可避免地涉及对案件实体的认定。具体到本案，对于第一次仲裁裁决后国勘公司拒不履约、怠于向中石油方面主张PK公司的股权或其他相关权益的事实是否存在，该等事实是否属于《最高人民法院关于适用〈中华人民共和国民事诉讼法〉的解释》第二百四十八条规定的"新事实"，显然都是事实认定和法律适用的问题，属于仲裁庭对于案件的实体审理范围。例如，法院在其"本院认为"部分，不仅结合案件对"新事实"进行了限缩性解释，否定了裁决中仲裁庭对于新事实的认定，且对于仲裁庭在裁决中就实体争议所认定的“附条件法律行为”进行了直接的否认。这些行为显然大量触及了案件的实体，有违涉外仲裁司法审查只审程序不审实体的法律规定。事实上，本案裁定中，无论是北京市第四中级人民法院还是最高人民法院复函，均有意或者无意“忽略”了一个重要的事实，即两项仲裁裁决之间的内在关系：前案仲裁庭虽然驳回了UNI-TOP的仲裁请求，但是，在裁决中却明确地给UNI-TOP保留了维护自身合法权益的路径。裁决明确认定，“国勘公司实际取得因本案涉及的PK公司的股权收购所应得的权益或与此相关的其他权益补偿后，申请人有权就代理酬金进行索取，被申请人也有义务向申请人支付代理协议约定的酬金”（见前案裁决第72页第3段、本案裁定书第31页第2段）。本案仲裁庭正是基于前案裁决的前述认定以及后续发生的“新的事实”作出了本案仲裁裁决。然而，在本案裁定中“法院认为”部分，北京四中院对如此重要的内容（可以说是最重要的）却避而不谈，径行否定本案仲裁庭关于新事实以及附条件的法律行为条件已经成就这一结果的认定，恣意撤销了仲裁裁决，其逻辑和水准的大幅暴跌，完全不符合公众对北京四中院的期待以及北京四中院以往所体现的较高专业水准。

（3）仲裁中“重复仲裁”的判断标准。由于《仲裁法》及其司法解释均未对重复仲裁的判断标准进行规定，因此，在实践中，无论是审理仲裁案件的仲裁员还是进行司法审查的法院，均参照《民事诉讼法》及《最高人民法院关于适用〈中华人民共和国民事诉讼法〉的解释》中关于诉讼中一事不再理的相关规定来进行认定。例如，在〔2018〕京04民特298号案中，北京市第四中级人民法院认为：“在《最高人民法院关于适用〈中华人民共和国民事诉讼法〉的解释》第二百四十七条第一款以及第二百四十八条就重复起诉的构成条件作出规定，相应规定可以参照作为判断重复仲裁的标准。”在裁定中，北京市第四中级人民法院直接参照《最高人民法院关于适用〈中华人民共和国民事诉讼法〉的解释》第二百四十八条关于新事实的判断标准，认定在第一次仲裁裁决生效后发生了新的事实，北京仲裁委员会受理涉案仲裁案件不违反一裁终局。在〔2019〕京04民特159号案中，北京市第四中级人民法院认为：“仲裁庭参照《最高人民法院关于适用〈中华人民共和国民事诉讼法〉的解释》第二百四十七条民事诉讼何以‘构成重复起诉’的标准，对仲裁双方的争议进行分析、判断。而上述解释第二百四十七条是民事诉讼中一事不再理原则及判断标准的规定，与‘一裁终局’原则均实质上否定争议双方当事人就同一纠纷可以重复诉讼或仲裁的情况，故仲裁庭的参照并无不当。第0089号裁决基于第1498号裁决发生法律效力后新的事实进行的裁决并未违反‘一裁终局’原则。”据此，在仲裁中，对重复仲裁的认定参照《民事诉讼法》及司法解释关于重复诉讼的相关认定标准，已经得到了司法实践的认可。在仲裁法没有相关规定的情况下，考虑到仲裁与诉讼的密切联系，并注意到，在该种做法并没有损害仲裁作为一种有别于诉讼的独立的争议解决方式的特质的情况下，在理论上，该种做法也具备合理性。另外，《仲裁法》第七十三条也规定了"涉外仲裁规则可以由中国国际商会依照本法和《民事诉讼法》的有关规定制定"。需注意的是，《最高人民法院关于适用〈中华人民共和国民事诉讼法〉的解释》第二百四十七以及第二百四十八条均系关于《民事诉讼法》中关于一事不再理的补充性规定，两个条款不应当割裂适用。具体而言，第二百四十七条系关于重复起诉的认定标准；而第二百四十八条系关于重复诉讼例外的规定，即"裁判发生法律效力后，发生新的事实，当事人再次提起诉讼的，人民法院应当依法受理"。

具体到本案中，北京市第四中级人民法院在认定和判断何为重复仲裁时明确表明"可以参照《最高人民法院关于适用〈中华人民共和国民事诉讼法〉的解释》第二百四十七条关于'一事不再理'原则及判断标准的规定，从当事人、诉讼标的、仲裁请求三个方面予以分析认定。"然而，本案中，双方当事人所争议的焦点系是否存在新的事实，即是否存在重复仲裁的例外情况。而对这一情况的认定，显然需适用《最高人民法院关于适用〈中华人民共和国民事诉讼法〉的解释》第二百四十八条来认定。然而，针对这一关键问题，北京市第四中级人民法院却采纳最高人民法院复函中的观点，转而认为"第二百四十八条关于裁判发生法律效力后，发生新的事实，当事人再次提起诉讼的，人民法院应当依法受理的规定针对的是民事诉讼程序，不适用于仲裁程序。《仲裁法》并未规定仲裁机构有权在发生'新的事实'后再次仲裁。"如此割裂适用法律的做法着实令人惊讶。另外，仲裁是一项兼具司法性和契约性的争议解决方式，契约性是其最本质特性，这就意味着，应当尽可能尊重当事人的意思自治，包括当事人关于仲裁机构 / 仲裁庭解决其争议所作的授权。司法对于仲裁的干涉应尽可能地减少。而在实践中，这一理念也一直被贯彻，包括仲裁员名册制的突破、临时措施制度的引入、紧急仲裁员制度的引入、有限临时仲裁的确立等，均体现了仲裁制度的灵活性和特殊性。然而，最高人民法院却一反仲裁的本质特征以及仲裁制度的现代化趋势，转而认为"《仲裁法》并未规定仲裁机构有权在发生'新的事实'后再次仲裁"。这一做法是否意味着，凡仲裁法未明文规定的，仲裁机构、仲裁庭、仲裁规则均无权涉及？我们认为，如是这种理解，将极大桎梏我国仲裁制度的发展，与我国大力推进仲裁制度建设、增强仲裁制度公信力的顶层设计背道而驰。

（4）“一裁终局”构成何种撤裁事由。如果裁决违反“一裁终局”属于法院审查范围，那么，其符合何种撤裁事由？本案中，法院认为符合《民事诉讼法》第二百七十四条第一款第（四）项规定的“裁决的事项不属于仲裁协议的范围或者仲裁机构无权仲裁的”情形。何为“裁决的事项不属于仲裁协议的范围或者仲裁机构无权仲裁的”？根据《最高人民法院关于人民法院办理仲裁裁决执行案件若干问题的规定》第十三条的规定，指的是：“（一）裁决的事项超出仲裁协议约定的范围；（二）裁决的事项属于依照法律规定或者当事人选择的仲裁规则规定的不可仲裁事项；（三）裁决内容超出当事人仲裁请求的范围；（四）作出裁决的仲裁机构非仲裁协议所约定。”由于法院认定裁决违反“一裁终局”，而根据《仲裁法》第九条规定，该等案件仲裁机构不应受理，因此，似乎可以认为，本案中法院认定的撤裁事由是“裁决的事项属于依照法律规定或者当事人选择的仲裁规则规定的不可仲裁事项”。当然，实践中，也有法院认为属于“程序违法”。所谓程序违法，撤裁申请人所指的是违反《仲裁法》第四条“当事人采用仲裁方式解决纠纷，应当双方自愿，达成仲裁协议。没有仲裁协议，一方申请仲裁的，仲裁委员会不予受理”，以及《仲裁法》第九条一裁终局的规定。在〔2018〕晋05民特72号案中，山西省晋城市人民法院系以仲裁程序违反法定程序为由撤销了仲裁裁决。

自《最高人民法院关于人民法院撤销涉外仲裁裁决有关事项的通知》实施以来，最高人民法院通过集中涉外仲裁裁决撤销决定权的方式，在很大程度上避免了大量的涉外仲裁裁决因地方保护主义、法官适用法律不当等原因被撤销，为统一我国商事仲裁司法审查标准、维护我国仲裁制度的公信力作出了突出的贡献。但是，也应当注意到这种层报的方式所带来的弊端。最为明显的弊端是，层报制度严重拖延案件的审理期限，使得仲裁裁决的效力长期处于不稳定的状态，损害了当事人的合法权益。例如，本案中，申请人于2017年7月24日申请撤销裁决，而法院经层报直至2020年4月27日才作出决定，期间跨度近三年，远远超出法律规定的审查时限。仲裁的保密、快捷等为大众所知晓的优势，在如此冗长的司法审查制度下荡然无存！

在我国从顶层设计到民间实施均在大力推进商事仲裁现代化、国际化的今天，部分法院在进行仲裁司法审查时却仍然存在大量的干涉仲裁实体的情形，该等情形严重违反了“最大程度支持仲裁、最小限度干预仲裁”这一国际通行的仲裁理念，其后果必将严重损害我国仲裁制度的公信力，影响我国仲裁制度的国际化进程。本案中，无论是北京四中院还是最高人民法院，均存在大量可视为否定仲裁庭就实体问题作出的认定、判断，干涉案件实体审理的情况，这一现象令人担忧。

（5）当事人在仲裁中所遭受的巨大损失也应引起重视。以本案为例，UNI-TOP公司作为当事人，其提起的仲裁案件被中国国际经济贸易仲裁委员会（以下简称贸仲）受理，这表明，仲裁机构以及其后的仲裁庭认为，本案并不构成包括“重复诉讼”在内的不应当受理的情况。正是基于对仲裁机构以及仲裁庭的信任，UNI-TOP公司支付了近600万元人民币的仲裁费，并以诚信态度积极参加和推进仲裁程序。然而，近三年的撤裁审理期间导致仲裁裁决效力处于不稳定的状态，已经给UNI-TOP公司造成了巨大的损失，而裁决被法院以违反“一裁终局”为由撤销，更是导致UNI-TOP公司陷入极大的困境，于UNI-TOP公司而言可谓是赔了夫人又折兵、竹篮打水一场空。法院的裁定，严重损害了UNI-TOP公司等境外公司对中国仲裁制度的信任和认可，影响了中国仲裁制度的公信力。对于仲裁机构以及仲裁庭而言，UNI-TOP公司因对机构的信任，支付了巨额仲裁费以及律师费，积极跨境参与到贸仲的仲裁程序中来，而最高人民法院关于“贸仲对同一纠纷进行了两次裁决的行为，违反了‘一裁终局’的法律制度”的认定以及北京四中院的裁定，将当事人的不满和失望转移给了贸仲，将使得贸仲甚至仲裁庭与当事人之间的关系处于紧张的状态。这一现象的存在并不是个例，亦需要引起足够的重视。面临这种不确定和冗长的司法审查行为，当事人还会选择仲裁吗？

第六章　不予执行仲裁裁决

第一节　不予执行仲裁裁决之法律原理

一、不予执行仲裁裁决的概念及意义

（一）不予执行仲裁裁决的概念及特征

不予执行仲裁裁决，是指一方当事人向人民法院申请执行有效的仲裁裁决后，经对方当事人申请并经人民法院审查核实，认定该仲裁裁决具有法定情形而裁定不执行该仲裁裁决的制度。

不予执行仲裁裁决作为一种法律制度，具有以下特征：

（1）不予执行仲裁裁决，是法院监督仲裁的特定形式。与执行仲裁裁决制度不同，不予执行仲裁裁决不是法院支持仲裁的反映，而是监督仲裁的特定形式。

（2）不予执行仲裁裁决必须基于当事人的申请而开始，人民法院不得依职权审查和裁定对仲裁裁决的不予执行。

（3）申请对仲裁裁决不予执行的主体是被申请执行人，即仲裁裁决所确定的债务人。

（4）申请不予执行的客体必须是仲裁庭经过审理作出的仲裁裁决。

（5）不予执行仲裁裁决必须是在执行仲裁裁决程序中。即在人民法院受理了债权人请求执行仲裁裁决的申请后，在执行完毕之前。

（6）不予执行仲裁裁决必须以仲裁裁决具有法定不予执行的情形为前提。

（二）不予执行仲裁裁决的意义

不予执行仲裁裁决是人民法院监督仲裁的重要形式，对仲裁制度的发展与完善具有积极意义。

1. 不予执行仲裁裁决制度有利于完善司法对仲裁的监督机制

撤销仲裁裁决尽管是司法监督仲裁的方式，但按照法律的规定，当事人申请撤销仲裁裁决只能在收到裁决书之日起 6 个月内提出，如果超过此期限，则无法再申请撤销仲裁裁决。因此，设立在执行程序中的不予执行仲裁裁决制度，可以

在一定程度上弥补撤销仲裁裁决制度的单一的监督模式，有利于丰富和完善司法对仲裁的监督机制。

2. 不予执行仲裁裁决制度，有利于维护被申请执行人的合法权益

当事人地位平等，应当平等地保护双方当事人的合法权益，公平合理地对待双方当事人，并给他们提供平等的受法律保护的机会。执行程序基于仲裁裁决书中所确定的债权人的申请而开始，即法律赋予了债权人请求人民法院按照仲裁裁决书的内容强制债务人履行债务的权利。对于被申请执行人来说，不予执行仲裁裁决制度，可以使其获得与申请执行人平等的地位和对等的权利，通过对仲裁裁决不予执行的申请，使人民法院有机会行使司法对仲裁的监督权，审查仲裁庭所作出仲裁裁决程序的合法性和公正性，防止因法院的强制执行而遭受不应有的损害，充分、有效地维护自己的合法权益。

3. 不予执行仲裁裁决制度有利于保障仲裁裁决的公正性

不予执行仲裁裁决是司法对仲裁进行监督的最后一道防线。执行是最终实现债权人权利的程序，债务被人民法院强制执行后，仲裁裁决所规定的内容就获得了实现，不论仲裁裁决是否公正都无法再挽回。而在执行程序中设立不予执行仲裁裁决制度，可以在实现仲裁裁决的程序中再次审查作出仲裁裁决程序的公正性，在最终保障仲裁裁决公正性方面，不予执行仲裁裁决制度起着无可替代的作用。

二、不予执行仲裁裁决的条件

（一）申请不予执行仲裁裁决的主体

申请不予执行仲裁裁决的主体只能是仲裁裁决的败诉方或者在裁决中负有义务的当事人，即被执行人。申请不予执行是对申请执行权的一种抗辩，也是对被执行人权利的救济，具有很强的针对性。

（二）申请不予执行仲裁裁决的期间

申请不予执行仲裁裁决必须在执行程序过程中提出。《最高人民法院关于人民法院办理仲裁裁决执行案件的规定》（2018 年 3 月 1 日起实施，以下简称《仲裁裁决执行规定》）第八条进一步规定：被执行人向人民法院申请不予执行仲裁裁决的，应当在执行通知书送达之日起 15 日内提出书面申请；有《民事诉讼法》第二百三十七条第二款第（四）（六）项规定情形（第四项：裁决所根据的证据是伪造的；第六项：仲裁员在仲裁该案时有贪污受贿、徇私舞弊、枉法裁决行为的）且执行程序尚未终结的，应当自知道或者应当知道有关事实或案件之日起 15 日内提出书面申请。前款规定期限届满前，被执行人已向有管辖权的人民法院申请撤销仲裁裁决且已被受理的，自人民法院驳回撤销仲裁裁决申请的裁判文书生效之日起重新计算。

（三）申请不予执行仲裁裁决的管辖法院

申请不予执行仲裁裁决必须向已受理执行申请的法院提出。由于申请不予执行仲裁裁决是对执行仲裁裁决的抗辩，而根据我国《仲裁法》《民事诉讼法》以及《最高人民法院关于适用〈中华人民共和国仲裁法〉若干问题的解释》第二十九条的规定，当事人申请执行仲裁裁决的案件，由被执行人住所地或被执行财产所在地的中级人民法院管辖，即可能有多个人民法院同时对仲裁裁决有执行管辖权，由哪个法院具体行使执行管辖权取决于当事人的选择，因此，不予执行仲裁裁决的申请只能向已经受理执行申请的法院提出。

（四）被执行人必须有证据证明仲裁裁决具有不予执行的法定情形

申请不予执行仲裁裁决是被执行人启动仲裁裁决司法监督的权利，因为不予执行仲裁裁决是法院对仲裁进行司法监督的法律后果之一，是对仲裁裁决执行效力的否定。而仲裁裁决的效力问题涉及仲裁的根本制度，因此有关法律和国际条约均明确规定了不予执行仲裁裁决的事由，一方面防止当事人滥用不予执行的申请权，造成执行程序迟延；另一方面防止法院滥用职权，对仲裁裁决进行过度干预。只有将监督事由明确限定在一定范围内，才能够既保障仲裁的公正性，又尊重仲裁的独立性，从而有利于仲裁制度的良性发展。

三、不予执行仲裁裁决的法定情形

（一）不予执行国内仲裁裁决的法定情形

1. 被申请执行人申请不予执行仲裁裁决的法定情形

根据我国《仲裁法》和《民事诉讼法》第二百三十七条第二款、第三款的相关规定，不予执行仲裁裁决的情形包括：

（1）当事人在合同中没有订有仲裁条款或者事后没有达成书面仲裁协议的；

（2）裁决的事项不属于仲裁协议的范围或者仲裁机构无权仲裁的；

（3）仲裁庭的组成或者仲裁的程序违反法定程序的。

《最高人民法院关于仲裁机构“先予仲裁”裁决或者调解书立案、执行等法律适用问题的批复》（2018 年 5 月 28 日最高人民法院审判委员会第 1740 次会议通过，自 2018 年 6 月 12 日起施行）规定：

当事人申请人民法院执行仲裁机构根据仲裁法作出的仲裁裁决或者调解书，人民法院经审查，符合《民事诉讼法》《仲裁法》相关规定的，应当依法及时受理，立案执行。但是，根据《仲裁法》第二条的规定，仲裁机构可以仲裁的是当事人间已经发生的合同纠纷和其他财产权益纠纷。因此，网络借贷合同当事人申请执行仲裁机构在纠纷发生前作出的仲裁裁决或者调解书的，人民法院应当裁定不予受理；已经受理的，裁定驳回执行申请。

（4）裁决所根据的证据是伪造的（修改前为“认定事实的主要的证据不足的”）。

（5）对方当事人向仲裁机构隐瞒了足以影响公正裁决的证据的（修改前为“适用法律确有错误的”）。

（6）仲裁员在仲裁该案时有索贿受贿、徇私舞弊、枉法裁决行为的。

如果人民法院认定执行该裁决违背社会公共利益的，应当裁定不予执行。

不予执行仲裁裁决和撤销仲裁裁决的后果是一致的，其审查标准也应一致。但按照2012年修改前的《民事诉讼法》规定，人民法院对不予执行仲裁裁决申请的审查比撤销仲裁裁决申请的审查范围更为宽泛，条件更为严格，规定不尽合理，二者审查标准应当统一。2012年《民事诉讼法》的修改，将不予执行仲裁裁决的审查范围基本限定为撤销仲裁裁决的审查范围（不予执行仲裁裁决的六项理由与撤销仲裁裁决的六项理由大致相同，仅有第一项有文字表述上的差异，但意思一致），实现了撤销仲裁裁决和不予执行仲裁裁决审查标准的一致，有利于保障监督的公正性与统一性。

2. 案外人申请不予执行仲裁裁决的法定条件

案外人申请不予执行仲裁裁决或者仲裁调解书，符合下列条件的，人民法院应当支持：（一）案外人系权利或者利益的主体；（二）案外人主张的权利或者利益合法、真实；（三）仲裁案件当事人之间存在虚构法律关系，捏造案件事实的情形；（四）仲裁裁决主文或者仲裁调解书处理当事人民事权利义务的结果部分或者全部错误，损害案外人合法权益（《仲裁执行规定》第九条）。

（二）不予执行涉外仲裁裁决的法定情形

《仲裁法》第七十一条规定：被申请人提出证据证明涉外仲裁裁决有民事诉讼法第二百六十条第一款规定的情形之一的，经人民法院组成合议庭审查核实，裁定不予执行。

《民事诉讼法》第二百六十条（现第二百七十四条）第一款规定：

对中华人民共和国涉外仲裁机构作出的裁决，被申请人提出证据证明仲裁裁决有下列情形之一的，经人民法院组成合议庭审查核实，裁定不予执行：

（一）当事人在合同中没有订有仲裁条款或者事后没有达成书面仲裁协议的；

（二）被申请人没有得到指定仲裁员或者进行仲裁程序的通知，或者由于其他不属于被申请人负责的原因未能陈述意见的；

（三）仲裁庭的组成或者仲裁的程序与仲裁规则不符的；

（四）裁决的事项不属于仲裁协议的范围或者仲裁机构无权仲裁的。

基于上述对涉外仲裁裁决监督的规定，与对国内仲裁裁决的监督相比较，很显然，法院对仲裁裁决的监督实行的是“双轨制”。“双轨制”的具体表现为：人民法院对不予执行涉外仲裁裁决或国际商事仲裁裁决的审查，仅限于程序方面，而对不予执行国内仲裁决的审查，既包括对程序方面的审查，也包括对某些实体方面的审查，审查范围更加宽泛、条件更为严格，这和国际上主要的仲裁实践是相矛盾的。

四、不予执行仲裁裁决的程序

不予执行仲裁裁决是较严厉的司法监督形式，其直接导致有效的仲裁裁决失去作为执行根据的效力。因此，必须经过法定程序，才能作出不予执行仲裁裁决的裁定。

（一）被申请执行人向执行法院提出申请

被申请执行人，即仲裁裁决确定的债务人，在执行程序开始后、执行完毕前，如果认为作为执行根据的仲裁裁决具有法律规定的不予执行仲裁裁决的事由时，应当向执行该仲裁裁决的人民法院提出书面申请，请求人民法院不予执行仲裁裁决。

被申请执行人的申请是启动不予执行仲裁裁决的基础和前提条件，没有被申请执行人的申请，人民法院不得依职权开始不予执行仲裁裁决的程序。

（二）人民法院裁定中止执行，并组成合议庭进行审查

按照法律的规定，被申请执行人向执行仲裁裁决的人民法院提出不予执行仲裁裁决的申请后，执行仲裁裁决的人民法院应当首先中止正在进行的执行程序，并组成合议庭对被申请执行人的申请和仲裁裁决是否具有法律规定的不予执行仲裁裁决的事由等进行审查。

审查是不予执行仲裁裁决程序的关键，直接决定着正在被执行的仲裁裁决是否能够作为执行根据，以及仲裁裁决所确定的内容能否得到实现。因此，组成合议庭进行审查，有利于不予执行仲裁裁决程序的严肃性和谨慎性。

（三）人民法院作出审查结果

人民法院经过审查，认为仲裁裁决不符合法律规定的不予执行仲裁裁决的情形，应当裁定驳回被申请执行人不予执行仲裁裁决的申请，执行程序继续恢复进行；如果认为仲裁裁决的确具有法律规定的不予执行仲裁裁决的情形，应当作出裁定，不予执行该仲裁裁决，将不予执行仲裁裁决的裁定书送达双方当事人和仲裁委员会，并终止仲裁裁决的执行程序。

在这里特别应当注意以下方面：

(1）当事人以仲裁协议无效为由申请不予执行仲裁裁决的，应当审查当事人是否在仲裁程序中对仲裁协议的效力提出过异议。当事人在仲裁程序中未对仲裁协议的效力提出异议，在仲裁裁决作出后以仲裁协议无效为由提出不予执行抗辩的，人民法院不予支持。如果当事人在仲裁程序中对仲裁协议的效力提出异议，在仲裁裁决作出后又以此为由提出不予执行抗辩，经审查符合《民事诉讼法》第二百三十七条规定的，人民法院应予支持（《仲裁法解释》第二十七条）。

(2)《仲裁执行规定》第十七条规定："被执行人申请不予执行仲裁调解书或者根据当事人之间的和解协议、调解协议作出的仲裁裁决，人民法院不予支持，但该仲裁调解书或者仲裁裁决违背社会公共利益的除外。"

但案外人可以申请不予执行仲裁调解书或者根据当事人之间的和解协议、调解协议作出的仲裁裁决。

《仲裁执行规定》第九条规定：

案外人向人民法院申请不予执行仲裁裁决或者仲裁调解书的，应当提交申请书以及证明其请求成立的证据材料，并符合下列条件：

（一）有证据证明仲裁案件当事人恶意申请仲裁或者虚假仲裁，损害其合法权益；

（二）案外人主张的合法权益所涉及的执行标的尚未执行终结；

（三）自知道或者应当知道人民法院对该标的采取执行措施之日起三十日内提出。

(3）调解书和根据当事人之间的和解协议作出的仲裁裁决书不能被申请不予执行。

《仲裁法解释》第二十八条规定："当事人请求不予执行仲裁调解书或者根据当事人之间的和解协议作出的仲裁裁决书的，人民法院不予支持。"

《仲裁执行规定》第十七条规定："被执行人申请不予执行仲裁调解书或者根据当事人之间的和解协议、调解协议作出的仲裁裁决，人民法院不予支持，但该仲裁调解书或者仲裁裁决违背社会公共利益的除外。”

但根据《仲裁执行规定》第九条、第十八条，案外人可以申请不予执行仲裁调解书或者根据当事人之间的和解协议、调解协议作出的仲裁裁决。

《最高人民法院关于仲裁机构“先予仲裁”裁决或者调解书立案、执行等法律适用问题的批复》（2018 年 5 月 28 日最高人民法院审判委员会第 1740 次会议通过，自 2018 年 6 月 12 日起施行）规定：

下列情形，应当认定为《民事诉讼法》第二百三十七条第二款第三项规定的“仲裁庭的组成或者仲裁的程序违反法定程序”的情形：

仲裁机构未依照仲裁法规定的程序审理纠纷或者主持调解，径行根据网络借贷合同当事人在纠纷发生前签订的和解或者调解协议作出仲裁裁决、仲裁调解书的；仲裁机构在仲裁过程中未保障当事人申请仲裁员回避、提供证据、答辩等仲裁法规定的基本程序权利的。

前款规定情形中，网络借贷合同当事人以约定弃权条款为由，主张仲裁程序未违反法定程序的，人民法院不予支持。

对比《仲裁执行规定》（2018 年 1 月 5 日最高人民法院审判委员会第 1730 次会议通过，自 2018 年 3 月 1 日起施行）第十七条和《最高人民法院关于仲裁机构“先予仲裁”裁决或者调解书立案、执行等法律适用问题的批复》（2018 年 5 月 28 日最高人民法院审判委员会第 1740 次会议通过，自 2018 年 6 月 12 日起施行）的上述规定，可以发现二者相互矛盾，除非将“仲裁机构未依照仲裁法规定的程序审理纠纷或者主持调解，径行根据网络借贷合同当事人在纠纷发生前签订的和解或者调解协议作出仲裁裁决、仲裁调解书的；仲裁机构在仲裁过程中未保障当事人申请仲裁员回避、提供证据、答辩等仲裁法规定的基本程序权利的”理解成属于“违背社会公共利益”。

（4）仲裁机构裁决的事项，部分有《民事诉讼法》第二百三十七条第二款、第三款规定不予执行情形的，人民法院应当裁定对该部分不予执行。应当不予执行部分与其他部分不可分的，人民法院应当裁定不予执行仲裁裁决（《民诉法解释》第四百七十七条）。

（5）人民法院裁定不予执行仲裁裁决后，当事人对该裁定提出执行异议或者复议的，人民法院不予受理。当事人可以就该民事纠纷重新达成书面仲裁协议申请仲裁，也可以向人民法院起诉（《民事诉讼法》第二百三十七条第二款、第三款）。

五、不予执行仲裁裁决的法律后果

根据我国法律的规定和仲裁实践，人民法院作出不予执行仲裁裁决的裁定，会产生如下法律后果。

（一）执行仲裁裁决的程序终结

当人民法院裁定对仲裁裁决不予执行后，已经开始的对仲裁裁决的执行程序即失去了有效的执行根据，任何依据该仲裁裁决的执行活动都是违法的，对仲裁裁决的执行程序应当终结。

（二）不予执行的裁定为终局不得申请再审的裁定

人民法院作出的不予执行仲裁裁决的裁定为终局裁定，当事人必须服从。任何一方执行当事人无权对该裁定提出上诉，也无权申请再审。

（三）当事人重新选择纠纷解决方式

就该纠纷双方当事人可以重新达成仲裁协议，并依据该仲裁协议申请仲裁，也可以向人民法院提起诉讼。

（四）当事人对不予执行的裁定不得提出执行异议或者申请复议（后增）

《仲裁执行规定》第二十二条规定，人民法院裁定不予执行仲裁裁决、驳回或者不予受理不予执行仲裁裁决申请后，当事人对该裁定提出执行异议或者申请复议的，人民法院不予受理。

人民法院基于案外人申请裁定不予执行仲裁裁决或者仲裁调解书，当事人不服的，可以自裁定送达之日起十日内向上一级人民法院申请复议；人民法院裁定驳回或者不予受理案外人提出的不予执行仲裁裁决、仲裁调解书申请，案外人不服的，可以自裁定送达之日起十日内向上一级人民法院申请复议。

六、不予执行仲裁裁决和撤销仲裁裁决的关系

不予执行仲裁裁决和撤销仲裁裁决是司法对仲裁监督的两种机制，在两者之间存在着密切的关系，既有相同的一面，也有相异的一面。

（一）不予执行仲裁裁决和撤销仲裁裁决的共同点

1. 法律属性相同

不予执行仲裁裁决和撤销仲裁裁决，都是法律所确定的人民法院对仲裁庭作出的仲裁裁决行使司法监督权的体现，都是司法对仲裁监督的表现形式。

2. 行使权力的主体相同

不论是不予执行仲裁裁决，还是撤销仲裁裁决，对仲裁裁决进行审查并作出最终裁定的都是人民法院，任何其他机构无权行使该项权力。

3. 客体相同

不论是不予执行仲裁裁决，还是撤销仲裁裁决，两者所针对的都是仲裁庭所作出的有效的仲裁裁决，对其他法律文书不得适用撤销和不予执行程序。

4. 法定事由相同

《仲裁法》和《民事诉讼法》对撤销裁决和不予执行裁决规定有相同的法定事由，法定事由相同表明监督标准的一致性。

5. 适用的法律程序相同

首先，不予执行仲裁裁决和撤销仲裁裁决的程序都是基于当事人的申请而开始，即当事人必须向法律规定的有管辖权的人民法院提出书面申请，并以证据证明仲裁裁决存在法定不予执行或者撤销的事由，人民法院不得依职权启动不予执行或者撤销程序；其次，不论是当事人提出的不予执行仲裁裁决的申请，还是撤销仲裁裁决的申请，人民法院都应当组成合议庭进行审查，审查申请不予执行或者撤销仲裁裁决的当事人是否符合申请条件，以及是否具有法定不予执行或者撤销的事由；最后，经过审查，不论是否不予执行或者撤销仲裁裁决，人民法院都应当用裁定加以确定。

6. 法律后果相同

不予执行仲裁裁决和撤销仲裁裁决的结果都是对仲裁裁决内容的否定，裁定作出后，由于当事人之间的纠纷并没有最终解决，因此，法律在两种情形下都赋予了双方当事人重新选择纠纷解决方式的权利，当事人可以重新达成仲裁协议申请仲裁，也可以直接向有管辖权的人民法院提起诉讼。

（二）不予执行仲裁裁决和撤销仲裁裁决的区别

不予执行仲裁裁决和撤销仲裁裁决的共同点，并不能否定两者作为不同监督方式所存在的区别。两者的区别具体体现在以下几个方面。

1. 提出请求的当事人不同

有权提出撤销仲裁裁决申请的当事人，可以是仲裁案件中的任何一方当事人，包括仲裁裁决确定的债权人（申请人）和债务人（被申请人）；而有权提出不予执行仲裁裁决的当事人只能是被申请执行仲裁裁决的一方当事人，即仲裁裁决所确定的债务人（被申请执行人）。

2. 提出请求的期限不同

当事人请求撤销仲裁裁决，应当自收到仲裁裁决书之日起6个月内向人民法院提出；而当事人申请不予执行仲裁裁决，则是在对方当事人申请执行仲裁裁决之后，法院对仲裁裁决的执行程序执行完毕之前。

3. 管辖法院不同

按照法律的规定，当事人申请撤销仲裁裁决，应当向仲裁委员会所在地的中级人民法院提出；而当事人申请不予执行仲裁裁决只能向受理执行仲裁裁决案件的人民法院提出，即由被执行人住所地或者被执行财产所在地的中级人民法院管辖。

4. 对当事人申请的处理结果不同

当事人申请撤销仲裁裁决，人民法院经过法定审查程序，可以产生三种处理结果，即裁定驳回当事人的申请；法院认为可以由仲裁庭重新仲裁的，通知仲裁庭在一定期限内重新仲裁；裁定撤销仲裁裁决。而当事人申请不予执行仲裁裁决的，人民法院经过审查，或者裁定驳回不予执行的申请，或者裁定不予执行，人民法院不可以要求仲裁庭重新仲裁。

（三）不予执行仲裁裁决和撤销仲裁裁决在适用中的关系

不予执行仲裁裁决和撤销仲裁裁决作为两种司法监督仲裁的方式，既有相同之处，又有鲜明的区别，导致在仲裁实务中的适用常常会产生冲突。为了有效解决实践中存在的问题，最高人民法院在《仲裁法解释》中作出了明确规定，使得对撤销仲裁裁决和不予执行仲裁裁决的适用更加科学和合理。

（1）《仲裁法解释》第二十五条规定："人民法院受理当事人撤销仲裁裁决的申请后，另一方当事人申请执行同一仲裁裁决的，受理执行申请的人民法院应当在受理后裁定中止执行。"

（2）《仲裁法解释》第二十六条规定："当事人向人民法院申请撤销仲裁裁决被驳回后，又在执行程序中以相同理由提出不予执行抗辩的，人民法院不予支持。"

《仲裁执行规定》第二十条进一步规定："当事人向人民法院申请撤销仲裁裁决被驳回后，又在执行程序中以相同事由提出不予执行申请的，人民法院不予支持；当事人向人民法院申请不予执行被驳回后，又以相同事由申请撤销仲裁裁决的，人民法院不予支持。"

在不予执行仲裁裁决案件审查期间，当事人向有管辖权的人民法院提出撤销仲裁裁决申请并被受理的，人民法院应当裁定中止对不予执行申请的审查；仲裁裁决被撤销或者决定重新仲裁的，人民法院应当裁定终结执行，并终结对不予执行申请的审查；撤销仲裁裁决申请被驳回或者申请执行人撤回撤销仲裁裁决申请的，人民法院应当恢复对不予执行申请的审查；被执行人撤回撤销仲裁裁决申请的，人民法院应当裁定终结对不予执行申请的审查，但案外人申请不予执行仲裁裁决的除外。

第二节　有关不予执行仲裁裁决之典型案例

案例 20　某食品有限公司申请不予执行仲裁裁决案

【基本案情】

某建筑工程公司与某食品有限公司建筑工程合同纠纷一案，2007 年 6 月 8 日，经某仲裁委员会作出裁决，由于被执行人某食品有限公司不予履行，申请执行人某建筑工程公司于 2007 年 6 月 16 日向某市中级人民法院申请强制执行。

在法院执行过程中，被执行人向法院提出了不予执行的申请，其理由：（1）本案仲裁庭的组成违反法定程序，申请人选定的仲裁员余某与申请人的代理人魏某系同学关系，仲裁委未按规定披露仲裁员的资料，为此对仲裁结果的公正性产生怀疑；（2）本案认定的事实主要证据不足，缺少工程变价变更报告等；（3）本案裁决中没有引用相关法律条文，且对部分实体权利的处分适用了《仲裁法》，明显属于适用法律错误，同时被执行人向本院提出仲裁员余某与申请人的代理人魏某系某市某大学法学院同学，并提供了法院在审理之中的同学生日聚会照片、某市某大学法学院档案馆提供的毕业生花名册以及同学通讯录等证据予以证明。法院为了查明案件事实，依法组成合议庭，通知双方当事人及某仲裁委员会到庭对本案进行了执行听证。在执行听证中，因双方当事人对认定的事实未能向本院提供新的证据，合议庭主要针对仲裁庭的组成是否违法和适用法律是否确有错误进行审查。在听证中，申请执行人对被执行人提供的证据未予否认。

法院经审查认为，本案中某仲裁委员会未向当事人尽到告知和披露的义务，仲裁庭的组成违反了法定程序，导致被执行人对裁决的公正性产生合理的怀疑，且在对当事人权利义务的认定和处分上明显缺乏法律依据，对申请人要求支付违约金的请求其适用《仲裁法》第四十三条第一款的规定进行裁决，属于适用法律确有错误，依据《中华人民共和国民事诉讼法》第二百一十七条第二款第三项、第五项的规定，裁定如下：

申请执行人某建筑工程公司申请强制执行的某仲裁委员会作出的裁定，本院不予执行。

申请执行费 3642 元由申请执行人某建筑工程公司交纳。

本裁定为终审裁定。

【案例评析】

本案是一起建筑工程合同纠纷案。由于被执行人不予履行仲裁庭作出的仲裁裁决，于是申请执行人向某市中级人民法院申请强制执行。而在法院执行过程中，被执行人却向该法院提出了不予执行的申请。该法院经过审查，作出了不予执行仲裁裁决的决定。那么，该法院所作出的裁定是否正确呢？笔者拟结合有关仲裁裁决不予执行的理论和法律规定以及本案具体情况，作如下分析。

1. 申请主体合格

根据 1991 年《民事诉讼法》第二百一十七条第二款的规定，不予执行申请的主体只能是仲裁裁决执行案件的被执行人。本案中，申请执行人某建筑工程公司向法院申请强制执行后，在法院执行过程中，被执行人某食品有限公司向法院提出了不予执行的申请。可见，本案申请主体合格。

2. 申请对象合格

根据《仲裁法解释》第二十九条的规定，被执行人只能向执行法院提出不予执行仲裁裁决的申请，具体是被执行人住所地或者被执行财产所在地的中级人民法院。本案中，被执行人某食品有限公司正是向执行法院提出的不予执行仲裁裁决的申请。所以，本案申请对象合格。

3. 申请期限合格

虽然《仲裁法》对被执行人提起不予执行仲裁裁决申请的期限没有作明确规定，但是一般认为应是仲裁裁决已被申请执行之后、执行法院采取执行行动之前。本案中，被执行人某食品有限公司是在法院执行过程中，即仲裁裁决已被申请执行之后、执行法院采取执行行动之前，向法院提出了不予执行的申请。因此，本案申请期限合格。

4. 申请条件合格

根据 1991 年《民事诉讼法》第二百一十七条第二款的规定，被执行人申请不予执行的条件应是提出证据证明裁决有《民事诉讼法》第二百一十七条第二款规定的 6 种情形，即当事人在合同中没有订有仲裁条款或者事后没有达成书面仲裁协议；裁决的事项不属于仲裁协议的范围或者仲裁机构无权仲裁；仲裁庭的组成或者仲裁的程序违反法定程序；认定事实的主要证据不足；适用法律确有错误；仲裁员在仲裁该案时有贪污受贿、徇私舞弊、枉法裁决行为中至少有一种情形是确实存在的。本案中，被执行人向本院提出了不予执行的申请，其理由是：（1）本案仲裁庭的组成违反法定程序；（2）本案认定的事实主要证据不足，缺少工程变价变更报告等；（3）本案裁决中没有引用相关法律条文，且对部分实体权利的处分适用了《仲裁法》，明显属于适用法律错误。后来，法院经审查认为，本案仲裁裁决具有《民事诉讼法》第二百一十七条第二款规定的两种情形，即第三项“仲裁庭的组成或者仲裁的程序违反法定程序”和第五项“适用法律确有错误”，并依此裁定不予执行仲裁裁决。可见，本案申请条件合格。

5. 法院审查合格

前已述及，人民法院对被执行人不予执行仲裁裁决申请的审查包括：（1）审查的组织形式是合议庭；（2）审查形式分为程序上的审查和实体上的审查两种形式；（3）审查内容主要是人民法院通过对被执行人所提供的证据进行审查核实。本案中，执行法院组成合议庭对仲裁裁决进行了程序上的审查和实体上的审查，主要是对被执行人所提供的证据进行审查核实。最后经审查认为，本案中某仲裁委员会未向当事人尽到告知和披露的义务，仲裁庭的组成违反了法定程序，导致被执行人对裁决的公正性产生合理的怀疑，且在对当事人权利义务的认定和处分上明显缺乏法律依据，对申请人要求支付违约金的请求其适用《仲裁法》第四十三条第一款的规定进行裁决，属于适用法律确有错误。依据《中华人民共和国民事诉讼法》第二百一十七条第二款第三项、第五项的规定，裁定：申请执行人某建筑工程公司申请强制执行的某仲裁委员会作出的裁定，本院不予执行。所以，本案法院审查合格。

综上所述，笔者认为本案法院作出的不予执行仲裁裁决的裁定是正确的。

必须指出的是，2012 年《民事诉讼法》第二百三十七条第二款第四项、第五项分别规定为“裁决所根据的证据是伪造的”“对方当事人向仲裁机构隐瞒了足以影响公正裁决的证据的”，取代了 1991 年《民事诉讼法》第二百一十七条第二款第四项、第五项和 2007 年《民事诉讼法》第二百一十三条第二款第四项、第五项的规定，即“认定事实的主要证据不足的”“适用法律确有错误的”。这一修改意味着，2012 年《民事诉讼法》第二百三十七条关于无涉外因素的国内仲裁裁决不予执行的条件，与 1994 年《仲裁法》第五十八条关于无涉外因素的国内仲裁裁决撤销的条件相同，从而改变了撤销与不予执行的“双轨制”；虽然法院在前述执行仲裁裁决时还涉及实体审查，但审查的范围已大大缩小。毫无疑问，这一修改将在理论与实践上产生深远的影响。[1]

案例 21 修德伦申请不予执行仲裁裁决案

【基本案情】

申请人：DORON SHORR（中文名：修德伦）。

被申请人：MEI FANG（中文名：梅放）。

本案件的事实：

申请人修德伦为美利坚合众国国籍；被申请人梅放为新加坡共和国国籍。2012 年 4 月 17 日，梅放与修德伦签订《房屋租赁合同》约定，梅放作为承租方，修德伦作为出租方，租赁北京市顺义区天竺镇榆阳路 8 号欧陆苑别墅区 10 号别墅；该房屋租赁期自 2012 年 6 月 20 日至 2013 年 6 月 19 日，月租金为人民币 32300 元，押金为 64600 元。合同中还约定凡因执行本租约而发生的或与本租约有关的一切争议，双方应通过友好协商解决，如果协商不能解决，任何一方均可向中国国际经济贸易仲裁委员会申请仲裁，并适用其仲裁规则，该仲裁裁决应为终局；所有要求送达的通知，在下面情况下应视为已有效送达：通知送至承租方在租赁住房的地址，或通知通过预付邮费以邮寄方式寄往承租方在租赁住房的地址，或承租方在中国登记的合法地址，或最后知道的在中国的地址后三个工作日；如果寄给出租方的通知送至出租方在租赁房屋的办公室，或通过预付邮费以邮寄方式寄往出租方在中国登记的合法地址，或最后知道的在中国的地址后三个工作日，应视为已有效送达。

后双方在履行合同过程中产生争议，并提前解除租赁合同，梅放于 2012 年 12 月 10 日向仲裁委提起仲裁，要求修德伦返还房屋租赁押金、违约金并支付其他损失。2013 年 1 月 7 日，仲裁委秘书局按照梅放提供的地址，即租赁房屋欧陆苑 10 号，以特快专递的方式向修德伦寄送仲裁申请书、仲裁通知、仲裁规则、仲裁员名册及其他证据材料，被邮局以“家长期无人”为由退回，仲裁委秘书局将此情况通知梅放要求其确认修德伦的送达地址。2013 年 3 月 7 日，梅放书面确认欧陆苑 10 号为其所知的修德伦最后一个惯常居住地和通信地址。仲裁委秘书局于 2013 年 3

[1] 宋连斌，彭丽明 . 中国商事仲裁年度观察（2013）[J]. 北京仲裁，2013（83）: 1-28.

月 8 日委托北京市环球律师事务所重新向修德伦寄送了上述仲裁文件。北京市环球律师事务所回函显示，其已于 2013 年 3 月 11 日向修德伦寄送了该文件。之后，修德伦未到庭，仲裁委根据仲裁规则成立仲裁庭并于 2013 年 5 月 6 日对该案进行了缺席审理，后于 2013 年 6 月 13 日作出仲裁裁决，裁决：（一）自本裁决作出之日起 10 日内修德伦一次性向梅放返还房屋租赁押金人民币 64600 元；（二）自本裁决作出之日起 10 日内，修德伦一次性向梅放支付违约金人民币 32300 元；（三）自本裁决作出之日起 10 日内，修德伦一次性向梅放支付人民币 20000 元，以补偿梅放提起本仲裁所支付的律师费 64600 元；（四）驳回梅放的其他请求；（五）本案仲裁费共计人民币 20000 元，由修德伦承担。该笔费用已由梅放向仲裁委员会全额预缴。因此，修德伦应自本裁决作出之日起 10 日内，向梅放支付人民币 20000 元，以补偿梅放代其垫付的仲裁费。裁决生效后，梅放于 2013 年 9 月 5 日依据中国国际经济贸易仲裁委员会〔2013〕中国贸仲京裁字第 0396 号裁决向北京市第三中级人民法院申请执行。在执行过程中，被执行人修德伦以自己未得到指定仲裁员和进行仲裁程序的通知、仲裁委未穷尽送达手段（未通过电话、电子邮件送达案件相关材料）为由向执行法院提出申请，请求裁定不予执行〔2013〕中国贸仲京裁字第 0396 号裁决。

北京市第三中级人民法院意见：

北京市第三中级人民法院于 2013 年 12 月 17 日作出〔2013〕三中执异字第 00073 号执行裁定，驳回修德伦不予执行中国国际经济贸易仲裁委员〔2013〕中国贸仲京裁字第 0396 号裁决的申请。裁定送达后，修德伦申请复议。北京市高级人民法院于 2014 年 4 月 8 日作出〔2014〕高执复字第 00009 号执行裁定，驳回修德伦的复议申请，维持原裁定。

法院生效裁判认为，《中国国际经济贸易仲裁委员会仲裁规则》规定：“向一方当事人及其仲裁代理人发送的任何书面通讯，如经当面递交收讯人或投递至收讯人的营业地、注册地、住所地、惯常居住地或通信地址，或者经对方当事人合理查询不能找到上述任一地点，仲裁委员会秘书局或其分会秘书处以挂号信或能提供投递记录的其他任何手段投递给收讯人最后一个为人所知的营业地点、注册地、住所地、惯常居住地或通信地址，即应视为已经送达。”本案中，仲裁委秘书局按照梅放提供的通信地址向修德伦寄送相关材料虽然均被退回，但由于该通信地址系修德伦与梅放在《房屋租赁合同》中约定的通信地址，而且修德伦没有向梅放提供其他的联系地址，故该地址属于最后一个为人所知的通信地址，仲裁委秘书局向此地址投送相关文件符合该委员会的仲裁规则。仲裁规则规定的送达方式中并无电话、发电子邮件的送达方式，故仲裁委秘书局未予采用。因此，仲裁委对修德伦的送达方式和送达地点并无不当。修德伦未能参见仲裁审理及陈述意见不属于《中华人民共和国民事诉讼法》第二百七十四条第一款第（二）项所规定的情形，故驳回修德伦不予执行中国国际经济贸易仲裁委员会〔2013〕中国贸仲京裁字第 0396 号裁决的申请。

【案例评析】

涉外商事仲裁中的送达是指仲裁委员会或者仲裁庭将有关仲裁文件以适当的方式通知仲裁当事人及其他仲裁参与人，以便当事人及其他仲裁参与人及时了解仲裁信息并参加仲裁活动的行为。

仲裁文件的送达是顺利进行仲裁程序的基础，关系着其他仲裁程序的启动，对仲裁庭和当事人具有重要意义，并产生相应的法律效果。《民事诉讼法》第二百七十四条第一款第二项规定，中华人民共和国涉外仲裁机构在“被申请人没有得到指定仲裁员或者进行仲裁程序的通知，或者由于其他不属于被申请人负责的原因未能陈述意见的”情况下作出的涉外仲裁裁决，法院审查核实，裁定不予执行。

但是，在涉外商事仲裁不予执行审查中，对《民事诉讼法》第二百七十四条第一款第（二）项“被申请人没有得到指定仲裁员或者进行仲裁程序的通知，或者由于其他不属于被申请人负责的原因未能陈述意见的”中“得到”的理解有两种意见。

第一种意见认为“被申请人没有得到指定仲裁员或者进行仲裁程序的通知”中的“得到”应为实际得到，对仲裁委的送达程序坚持严格审查标准，被申请人需要确实收到仲裁委送达的相关文件。理由是对于当事人而言，“得到指定仲裁员或者进行仲裁程序的通知”意味着知晓仲裁程序的开始，并有足够的时间来准备主张权利。当事人只有收到仲裁文书并获悉其内容，才能够确定自己如何行使权利，如选择仲裁员、提出回避申请、及时收集证据等。因此，以实际得到作为“得到”的审查标准是对当事人仲裁程序性权利的基本保障。

第二种意见认为上述法律条文中的“得到”应为推定得到，即仲裁委按照相应《仲裁规则》完成送达，视为被申请人“得到”。主要理由为首先基于当事人意思自治原则，当事人双方自主选择仲裁机构和仲裁规则，根据当事人的约定，仲裁委按照仲裁规则来进行送达行为，因此在仲裁法没有相关规定的情况下，仲裁规则中有关送达的规定是判定仲裁文件是否被适当送达的最重要的标准；其次，涉外商事仲裁与涉外民事诉讼相比，具有民间性、自治性、保密性、专业性等优点，在送达制度上，涉外商事仲裁送达方式应区别于民事诉讼送达的严格程序性，凸显其在程序上的快捷、经济、灵活优势，提高仲裁解决争议的效益；再次，从诚信原则出发，申请人与被申请人之间存在基础的商事合同，若被申请人地址变更，基于双方合作的商事合同，为了商事交易活动的顺利进行，被申请人也应该附有友好告知的义务。若不及时告知申请人，被申请人应就争议产生之后收不到仲裁相关的文件而自己承担责任。

审查法院和复议法院均采纳了第二种观点。首先，在本案中，双方当事人自主、自愿选择了中国国际经济贸易仲裁委员会及其仲裁规则，应对仲裁规则规定的送达方式带来的相应法律后果有所预期，并接受仲裁规则的约束；其次，双方在合同中约定了相应的通信地址，仲裁委选择的送达地址与此通信地址一致；再次，修德伦并未向梅放提供其他的联系地址，梅放也履行了申请人的“合理查询”义务，故该地址属于最后一个为人所知的通信地址，仲裁委按照仲裁规则进行了送达，应推定修德伦“得到”指定仲裁员或者进行仲裁程序的通知。

综上，审查法院和复议法院驳回修德伦申请的做法是正确的。

第七章 涉外仲裁

第一节 涉外仲裁之法律原理

一、涉外仲裁概述

（一）涉外仲裁的概念

涉外仲裁即为国际商事仲裁，是指当事人依据仲裁协议将涉外经济贸易、运输和海事中发生的纠纷提交仲裁机构进行审理并作出裁决的制度。

涉外仲裁与国内仲裁的根本区别在于它是解决涉外经济贸易、运输和海事中发生的纠纷的一种方式。这种纠纷的特点是具有涉外因素，因而这类纠纷案件属于涉外纠纷案件。

我国《仲裁法》对何为涉外仲裁未作明确规定，只是在该法第七章涉外仲裁的特别规定中明确了“涉外经济贸易、运输和海事中发生的纠纷的仲裁，适用本章规定”。最高人民法院《关于贯彻执行〈民法通则〉若干问题的意见》第一百七十八条规定，凡民事关系的一方或者双方当事人是外国人、无国籍人、外国法人的；民事关系的标的物在外国领域内的；产生、变更或者消灭民事权利义务关系的法律事实发生在外国的，均为涉外民事关系。2015 年最高人民法院根据 2012 年第二次修订的《民诉法》颁布的《关于适用〈民事诉讼法〉的解释》第五百二十二条规定：“有下列情形之一，人民法院可以认定为涉外民事案件：当事人一方或者双方是外国人、无国籍人、外国企业或者组织的；当事人一方或者双方的经常居所地在中华人民共和国领域外的；标的物在中华人民共和国领域外的；产生、变更或者消灭民事关系的法律事实发生在中华人民共和国领域外的；可以认定为涉外民事案件的其他情形。”上述规定，是对涉外因素的诠释，同样适用于涉外仲裁。用仲裁方式解决具有涉外因素的纠纷案件即为涉外仲裁。

在仲裁实践中，我国内地仲裁机构对涉及我国香港、澳门或台湾地区的企业、组织或自然人之间，或者其同外国企业、组织或自然人之间产生于契约性或非契约性的经济贸易等争议中的仲裁案件，比照涉外仲裁案件处理。

（二）涉外仲裁的特点

涉外仲裁，是民商事仲裁的一个具体种类，因此有关民商事仲裁通常具有的自愿性、专业性、灵活性、保密性、快捷性、经济性、独立性、终局性等特点，它都应该具备。不过当涉外因素融入民商事仲裁后，与之相关的以下三个特点显得格外醒目。

1. 涉外仲裁的程序制度有特殊安排

涉外仲裁含有涉外因素，这是它与国内仲裁的主要区别。有涉外因素，且有的当事人在仲裁审理地国可能没有住所，为方便他们进行仲裁活动或行使权利，在某些具体程序制度上，如期间、送达、取证、保全等方面，法律或者机构规则作出了不同于国内仲裁的特别规定。

2. 涉外仲裁承载更充分的意思自治

涉外仲裁是以当事人的自愿和协议为基础的，于其中，可以更为充分地发挥有着国际化视野和思维的当事人的意思自治，他们可以自由选择仲裁事项、仲裁地、仲裁组织形式、仲裁员、仲裁程序、仲裁语言和仲裁所适用的实体法。仲裁庭处理仲裁案件的权力也来自当事人的同意。这些可以由当事人控制的因素，成为人们对涉外仲裁感兴趣的重要原因。

3. 涉外仲裁通常存在法律适用问题

国内仲裁，一般只适用一国或本地的法律。而涉外仲裁，由于各种涉外因素都可能把对仲裁协议、程序问题、实体问题的法律适用引向不同国家的法律制度，再有当事人意志的加入，使得法律适用问题与之相伴而生，一个案件的审理和裁决，既可能适用内国法，也有可能适用外国法或国际条约等。涉外仲裁裁决内容应当得到实现，在当事人不能配合履行的情况下，可能需要寻找外国法院依据国际公约及执行地法律的支持，以获得承认和强制执行。

（三）中国的常设涉外仲裁机构

常设仲裁机构，是一种相对于临时仲裁庭的仲裁组织形式，指的是依据国际条约或一国法律设立，有固定名称、办公地址、工作人员、机构设置、组织章程、行政管理制度及程序规则的仲裁组织。现今，如果当事人愿意采用仲裁方式解决民商事争议，一般都选择常设仲裁机构并依其仲裁规则进行仲裁，尤其是遇到涉外的或国际性的法律争执时更是这样，总有一些国际性、行业性或一定地区范围内的常设仲裁机构可以作为协助他们解决纠纷的候选对象。常设仲裁机构如考虑其国别性、专业性色彩的淡浓程度，可相对分为国际性的或地区性的常设仲裁机构、行业性的常设仲裁机构以及国内的常设仲裁机构。

目前世界上，历史悠久、名声远扬的国际性、地区性、行业性的国际常设仲裁机构主要有国际商会仲裁院、斯德哥尔摩商会仲裁院、伦敦国际仲裁院、瑞士苏黎世商会仲裁院、解决投资争端国际中心、世界知识产权组织仲裁与调解中心、美国仲裁协会、香港国际仲裁中心、新加坡国际仲裁中心、中国国际经济贸易仲裁委员会、日本商事仲裁协会、英国海事仲裁员协会等，读者可以很方便地检索到它们的网站，登录了解其机构概况、仲裁规则以及有关国际商事仲裁的各种各样的信息。

1. 中国常设涉外仲裁机构的设立

《仲裁法》第六十六条规定，涉外仲裁委员会可以由中国国际商会组织设立。

涉外仲裁委员会由主任1人、副主任若干人和委员若干人组成。主任、副主任和委员可以由中国国际商会聘任。

涉外仲裁委员会设有秘书局，在仲裁委员会秘书长的领导下负责处理仲裁委员会的日常事务。

涉外仲裁委员会设立仲裁员名册，仲裁员由涉外仲裁委员会从在法律、经济贸易、科学技术等方面具有专门知识和实际经验的中外人士中聘任。

2. 我国受理涉外仲裁案件的常设仲裁机构

中国国际经济贸易仲裁委员会和海事仲裁委员会是我国传统的常设涉外仲裁机构，也是受理涉外仲裁案件具有典型性、代表性的仲裁机构。目前，我国除了中国国际经济贸易仲裁委员会和海事仲裁委员会受理涉外仲裁案件外，依据仲裁法设立或重新组建的仲裁机构也有权受理涉外仲裁案件。

（1）中国国际经济贸易仲裁委员会。

中国国际经济贸易仲裁委员会最初名为“中国国际贸易促进委员会对外贸易仲裁委员会”，是根据1954年5月6日前中央人民政府政务院《关于在中国国际贸易促进委员会内设立对外贸易仲裁委员会的决定》，于1956年4月2日正式成立的。1980年2月26日改名为“对外经济贸易仲裁委员会”。1988年6月21日，更名为“中国国际经济贸易仲裁委员会”，其受案范围扩至国际经济贸易中发生的一切争议。1994年8月26日，国务院证券委员会发布证委发〔1994〕20号《关于指定中国国际经济贸易仲裁委员会为证券争议仲裁机构的通知》，中国国际经济贸易仲裁委员会也可以受理证券争议。自2000年10月1日起，中国国际经济贸易仲裁委员会同时启用“中国国际商会仲裁院”的名称。

中国国际经济贸易仲裁委员会的总会设在北京，并在上海、深圳、重庆、天津和香港分别设有仲裁委员会上海分会、华南分会、西南分会、天津仲裁中心和香港仲裁中心。根据仲裁业务发展的需要，以及就近为当事人提供仲裁咨询和程序便利的需要，仲裁委员会还先后设立了 29 个地方和行业办事处。

中国国际贸易促进委员会曾在 1956 年 3 月 31 日通过了《中国国际贸易促进委员会对外贸易仲裁委员会仲裁程序暂行规则》。1988 年 9 月 12 日经修改，改为《中国国际经济贸易仲裁委员会仲裁规则》。以后，该规则又经过 7 次修订。现行的仲裁规则为 2014 年 11 月 4 日修订并于 2015 年 1 月 1 日起施行的。

中国国际经济贸易仲裁委员会是以仲裁的方式，独立、公正地解决契约性或非契约性的经济贸易等争议的常设仲裁机构。

中国国际经济贸易仲裁委员会在国内首家推出独具特色的专业争议解决服务，为不同行业的当事人提供适合其行业需要的仲裁法律服务。中国国际经济贸易仲裁委员会制定了《金融争议仲裁规则》，适用于当事人约定适用该规则的仲裁案件。中国国际经济贸易仲裁委员会与中国粮食行业协会及中国贸促会粮食行业分会合作设立了粮食行业争议仲裁中心。该中心为粮食行业的企业、公司和个人提供法律咨询以及争议解决等服务。中国国际经济贸易仲裁委员会与中国商业联合会及中国贸促会商业行业分会合作设立了商业专业委员会，为商业流通领域的企业、公司和个人提供法律咨询以及争议解决等服务。中国国际经济贸易仲裁委员会（以下简称“仲裁委员会”）还设有网上争议解决中心，其前身是仲裁委员会域名争议解决中心。仲裁委员会域名争议解决中心成立于 2000 年 12 月，于 2005 年 7 月同时启用“仲裁委员会网上争议解决中心”名称，并于 2007 年 8 月在保留“仲裁委员会域名争议解决中心”名称的同时正式以“仲裁委员会网上争议解决中心”名称对外开展工作。

1990 年以来，作为仲裁机构，中国国际经济贸易仲裁委员会的受案数量在世界各大国际商事仲裁机构中名列前茅，可以说中国国际经济贸易仲裁委员会已成为世界上主要的国际商事仲裁机构之一。

（2）中国海事仲裁委员会。

根据国务院 1958 年 11 月 21 日《关于在中国国际贸易促进委员会内设立海事仲裁委员会的决定》，中国海事仲裁委员会成立于 1959 年 1 月 22 日，当时名为“中国国际贸易促进委员会海事仲裁委员会”。1988 年 6 月 21 日改名为“中国海事仲裁委员会”。该仲裁委员会专门受理国内外的海事争议。2003 年 1 月在上海分会内设立了中国海事仲裁委员会渔业争议解决中心。2004 年 2 月 1 日在北京设立了物流争议解决中心。2006 年 8 月 22 日，中国海事仲裁委员会又设立了上海海事调解中心。

1959 年 1 月 8 日，中国国际贸易促进委员会通过了《中国国际贸易促进委员会海事仲裁委员会仲裁程序暂时规则》。1988 年 9 月 12 日，经修改，改称《中国海事仲裁委员会仲裁规则》。2004 年 7 月 5 日修订了仲裁规则。现行的仲裁规则于 2014 年 11 月 4 日由中国国际贸易促进委员会 / 中国国际商会修订并通过，自 2015 年 1 月 1 日起施行。

中国海事仲裁委员会是以仲裁方式，独立、公正立解决海事、海商、物流等争议的常设仲裁机构。中国海事仲裁委员会设有上海分会、西南分会（重庆）、天津仲裁中心、香港仲裁中心。

中国国际经济贸易仲裁委员会和中国海事仲裁委员会的分会 / 仲裁中心是仲裁委员会的派出机构，根据仲裁委员会的授权，接受仲裁申请，管理仲裁案件。分会 / 仲裁中心设仲裁院，在分会 / 仲裁中心仲裁院院长的领导下，履行仲裁规则规定由仲裁委员会仲裁院履行的职责。案件由分会 / 仲裁中心管理的，规则规定由仲裁委员会仲裁院院长履行的职责，由仲裁委员会仲裁院院长授权的分会 / 仲裁中心仲裁院院长履行。

当事人可以约定将争议提交仲裁委员会或仲裁委员会分会 / 仲裁中心进行仲裁；约定由仲裁委员会进行仲裁的，由仲裁委员会仲裁院接受仲裁申请并管理案件；约定由分会 / 仲裁中心仲裁的，由所约定的分会 / 仲裁中心仲裁院接受仲裁申请并管理案件，约定的分会 / 仲裁中心不存在、被终止授权或约定不明的，由仲裁委员会仲裁院接受仲裁申请并管理案件。如有争议，由仲裁委员会作出决定。

中国国际经济贸易仲裁委员会和中国海事仲裁委员会曾经长期由万里之子万季飞担任主任，现任主任为姜增伟（曾任商务部副部长、现兼任中国贸促会会长）。

（3）其他受理涉外仲裁案件的仲裁机构。

《仲裁法》颁布实施以来，依照《仲裁法》的规定在直辖市、省、自治区人民政府所在地的市和其他设区的市设立或重新组建的仲裁机构，能否受理涉外仲裁案件，《仲裁法》并没有明确规定。1996 年 6 月 8 日，国务院办公厅发布了《关于贯彻实施〈中华人民共和国仲裁法〉需要明确的几个问题的通知》，该通知规定：新组建的仲裁委员会的主要职责是受理国内仲裁案件；涉外仲裁案件的当事人自愿选择新组建的仲裁委员会仲裁的，新组建的仲裁委员会可以受理。据此，依照仲裁法设立或重新组建的仲裁机构，在涉外仲裁案件的当事人自愿选择其进行仲裁时，对该涉外仲裁案件具有管辖权。

二、涉外仲裁程序的特别规定

（一）涉外仲裁程序概述

涉外民商事纠纷的一方当事人根据与对方当事人在纠纷发生之前或者纠纷发生之后达成的仲裁协议，向约定的仲裁机构提交仲裁申请书，涉外仲裁程序自此开启，随后成立的仲裁庭将按照一定的方式、步骤和时限等要素构成的程序对案件进行审理，并作出裁决。一方面，涉外仲裁程序与国内仲裁程序在制度目的、价值目标、构成阶段、仲裁庭的组成、审理方式等方面有相同之处和趋同之势。但另一方面，适用于涉外民商事纠纷的仲裁程序，顾及涉外因素的存在，应具有不同于国内仲裁程序的特殊性。为此，从程序规范上，国家通过仲裁程序法、涉外仲裁机构通过仲裁规则作出特别规制，以满足涉外仲裁的需要。下面，将根据我国《仲裁法》第七章关于涉外仲裁的特别规定和《民诉法》第四编第二十六章关于涉外仲裁的规定，结合《北京仲裁委员会仲裁规则》（自 2015 年 4 月 1 日起施行，以下简称“北仲”规则）、《上海仲裁委员会仲裁规则》（自 2013 年 1 月 1 日起施行，以下简称“上仲”规则）、“贸仲”规则和《上海国际经济贸易仲裁委员会（上海国际仲裁中心）仲裁规则》（自 2015 年 1 月 1 日起施行，以下简称“国仲”规则）的有关内容，对涉外仲裁程序的规定和运行的特别之处作出归纳。

（二）涉外仲裁程序适用的案件范围

综合我国《仲裁法》和各家仲裁机构的仲裁规则的规定，涉外程序适用于国际或涉外争议案件，并参照适用于涉及香港特别行政区、澳门特别行政区及台湾地区的争议案件，是契约性还是非契约性的民商事关系所引起的在所不问。如果当事人对案件是否具有涉外性或国际因素有争议的，则由仲裁庭作出决定。

（三）仲裁庭可以由外籍仲裁员参与组成

涉外仲裁机构可以从具有法律、经济贸易、科学技术等专门知识的外籍人士中聘任仲裁员。仲裁庭由一名或三名仲裁员组成，一般由三名仲裁员组成。在涉外仲裁中，如果仲裁庭由三名仲裁员组成，双方当事人可以选择或者仲裁机构主任可以指定外籍仲裁员参与组成仲裁庭，具体做法是：双方当事人按照仲裁规则的规定分别选定或者委托主任为其指定一名仲裁员、共同选定或者共同委托主任指定首席仲裁员。当事人可以从仲裁机构提供的仲裁员名册中选择仲裁员，也可以从仲裁员名册外选择仲裁员。如果当事人从仲裁员名册外选定仲裁员，应当向仲裁机构提供候选人的简历和具体联系方式，经确认后可以担任仲裁员。

一般的，外籍仲裁员的报酬要比国内仲裁员的高。当事人愿意增加支付报酬而选择外籍仲裁员的话，应当在仲裁规则规定的期限内预交增加的报酬。未按期预交的，视为未选定仲裁员。仲裁机构的主任可以根据仲裁规则的规定代为指定仲裁员。

（四）保全、临时措施及紧急仲裁员程序

涉外仲裁的当事人依据我国法律申请采取财产保全、行为保全或证据保全的，涉外仲裁机构应当将当事人的申请，提交被申请人住所地、财产所在地或者证据所在地的中级人民法院裁定。人民法院可以进行审查，裁定是否进行保全。裁定保全的，应当责令申请人提供担保，申请人不提供担保的，裁定驳回申请。当事人申请证据保全，人民法院经审查认为无须提供担保的，申请人可以不提供担保。

我国仲裁界长期有一种观点，认为中国法律下决定临时措施的权利只在法院，仲裁庭无权决定任何临时措施，当事人申请临时措施，只能通过仲裁委员会转交法院，由法院决定并采取临时措施。这一观点的形成，显然是与《民事诉讼法》以及仲裁法中有关证据保全以及财产保全的相关规定有关。我国《民事诉讼法》和《仲裁法》都规定了，当事人申请证据保全和财产保全的，仲裁委员会将申请转交有管辖权的法院，由法院决定并采取临时措施。但其中有几个问题值得注意：第一，临时措施是不是仅仅包括证据保全和财产保全；第二，《民事诉讼法》和《仲裁法》规定了法院可以决定并采取某些临时措施，是不是就排除了仲裁庭无权决定临时措施的权利；第三，临时措施由仲裁庭决定，是目前普遍采用的国际惯例，不少国际仲裁机构在其规则中甚至把法院决定临时措施的权力限制在仲裁庭组成以前，或者是仲裁庭无法决定的事项；第四，仲裁庭作为仲裁案件的审判者，最了解案件的全部案情，最方便作出适当的有关临时措施的决定。

有些仲裁规则规定，当事人可以依据所适用的法律直接向具有管辖权的外国法院提出临时措施申请。“贸仲”规则和“北仲”规则规定，经一方当事人请求，仲裁庭依据所适用的法律或当事人的约定可以决定采取其认为必要或适当的临时措施，并有权决定由请求临时措施的一方当事人提供适当的担保。临时措施包括但不限于：仲裁庭要求当事人在争议解决之前暂停某些行为，比如要求合资争议各方在争议解决前不得分配利润，生产经营按现有方式保持不变，对某些不能长期保存的争议产品应当及时作出处理，要求将有质量争议的设备保持现状，要求对有质量争议的设备进行检验，对有争议的财务账目进行核对与审计，等等。

案件受理后至组成仲裁庭之前，当事人需要申请临时措施的，可以依据所适用的法律或当事人的约定，向仲裁机构提出指定紧急仲裁员的书面申请并附相关证据材料。是否同意，由仲裁机构决定。仲裁机构同意指定紧急仲裁员的，应在当事人按照仲裁规则规定的标准预交相应费用后较短时间（如1日或2日）内在仲裁员名册中指定一名紧急仲裁员，并将指定情况通知当事人。紧急仲裁员不代表任何一方当事人，应独立于各方当事人，平等地对待各方当事人。紧急仲裁员的信息披露、回避等事项，参照仲裁规则的相关规定办理。紧急仲裁员有权采取其认为适当的方式就当事人的临时措施申请进行审查，但应保证当事人有合理陈述的机会。紧急仲裁员可以要求申请紧急救济的当事人提供适当的担保作为实施救济的前提条件。紧急仲裁员应当于指定之日起合理时间（如15日）内作出相关决定、指令或裁决，并说明理由，该决定、指令或裁决由紧急仲裁员签字并加盖仲裁机构印章后发送当事人。当事人对紧急仲裁员作出的相关决定、指令或裁决有异议的，有权自收到相关决定、指令或裁决之日起及时（如3日内）向紧急仲裁员提出修改、中止或撤销相关决定、指令或裁决的申请，是否同意由紧急仲裁员决定。除非当事人另有约定，紧急仲裁员不再担任与临时措施申请有关的争议案件的仲裁员。紧急仲裁员在程序中作出的相关决定、指令或裁决，对双方当事人具有约束力，当事人可以依据执行地国家或地区有关法律规定向有管辖权的法院申请强制执行。但其对仲裁庭不具有约束力，仲裁庭可以修改、中止或撤销紧急仲裁员作出的相关决定、指令或裁决。

（五）涉外仲裁程序中的各种期限一般较长

由于涉外仲裁程序所处理的涉外或国际民商事纠纷的主体国籍、经常居住地或营业地、标的物所在地、法律事实发生地、主要义务履行地、与争议事项关系最密切的地点等位于域外甚至不同国家，所以人员出庭等往来需要办理出入境核准等手续，仲裁机构与当事人之间文件资料收发需要经历较长时间。为此，对于涉外仲裁程序中的各种期限，应当作出比国内仲裁中相应期限较长一些的安排，以保障仲裁活动的有效进行。根据现行法律和上述机构规则的规定，涉外仲裁程序中的各种期限如下。

1. 选定或委任指定仲裁员的期限

双方当事人选定或委任指定仲裁员的期限一般为自收到仲裁通知之日起20日内。

2. 答辩及反请求的期限

上述机构仲裁规则均规定，被申请人应当自收到答辩通知之日起45日内，提交答辩书和有关证明文件；被申请人如有仲裁反请求的，应当在仲裁通知书送达之日起45日内向仲裁机构提交仲裁反请求申请书。但对于被反请求人应当在仲裁反请求通知书送达之日起多少日内提交反请求答辩书的问题，“北仲”规则和“上仲”规则设定为45日，而“贸仲”规则和“国仲”规则设定为30日。被申请人或被反请求人未提交答辩书或反请求答辩书的，不影响仲裁程序的进行，但确有正当理由请求延长提交答辩期限的，由仲裁庭决定是否延长答辩期限；仲裁庭尚未组成的，由仲裁机构仲裁院作出决定。

3. 提前通知开庭的期限

涉外仲裁案件首次开庭，“北仲”规则和“上仲”规则规定应在开庭日的30日前将开庭通知书发送双方当事人；而“贸仲”规则和“国仲”规则规定应不晚于开庭前20日将开庭日期通知双方当事人。经商当事人同意，仲裁庭是可以提前开庭的。当事人有正当理由请求延期开庭的，“北仲”规则和“上仲”规则规定应当在开庭日的12日前向仲裁机构提交延期开庭的书面请求，而“贸仲”规则和“国仲”规则规定应于收到开庭通知后5日内提出书面延期申请。是否延期开庭，由仲裁庭决定。再次开庭以及延期后开庭日期的通知，则不受上述期限的限制。

4. 裁决期限

涉外仲裁裁决应在仲裁庭组成之日起6个月内作出。需要延长的，由仲裁庭报经仲裁机构主任批准。程序中止的期间不计入裁决期限。

另外，“贸仲”规则还规定，如果裁决书中有遗漏事项，仲裁庭可以在发出裁决书后的合理时间内自行作出补充裁决。任何一方当事人可以在收到裁决书后30日内以书面形式请求仲裁庭就裁决书中遗漏的事项作出补充裁决；如确有漏裁事项，仲裁庭应在收到上述书面申请后30日内作出补充裁决。

5. 举证期限

当事人应对其申请、答辩和反请求所依据的事实提供证据加以证明，对其主张、辩论及抗辩要点提供依据。仲裁庭可以规定当事人提交证据的期限，该期限一般也要长于国内仲裁的举证期限。逾期提交的，仲裁庭可以不予接受。当事人在举证期限内提交证据材料确有困难的，可以在期限届满前申请延长举证期限。是否延长，由仲裁庭决定。

（六）确定仲裁语言

涉外仲裁程序中，因当事人及其代理人一方或者双方以及其他仲裁参与人，可能来自域外甚至来自不同国家，或者当事人可能约定了仲裁程序中使用的语言，为了便于真实、顺畅地推进程序，尊重当事人的意愿，往往需要首先确定仲裁语言。如果当事人约定了涉外仲裁程序中使用的语言，则按照约定。如果当事人没有约定的，仲裁机构或者仲裁庭可以根据案件具体情况确定使用中文或者其他语言为仲裁程序的语言。当事人约定使用两种或者两种以上语言的，仲裁庭在征得当事人同意的情况下可以确定使用其中一种语言。如果当事人无法达成一致意见，仲裁程序可以以多种语言进行，由此增加的相关费用由当事人承担。仲裁机构或者仲裁庭可以根据案件具体情况确定仲裁程序中的书面材料是否需要附具中文译本或者其他语言译本。当事人或者其代理人、证人需要语言翻译，可以由仲裁机构提供译员，也可以由当事人自行提供译员。当事人承担翻译费用。[1]

三、对涉外仲裁裁决和外国仲裁裁决的执行

（一）对涉外仲裁裁决的执行

对涉外仲裁裁决的执行有两种情形，即涉外仲裁裁决在中国的执行和涉外仲裁裁决在外国的执行。

1. 涉外仲裁裁决在中国的执行

按照我国《民事诉讼法》和《仲裁法》的有关规定，对中国的涉外仲裁机构作出的仲裁裁决，一方当事人不履行的，对方当事人可以向被申请执行人住所地或者财产所在地的中级人民法院申请执行。申请人向人民法院申请执行我国涉外仲裁机构的仲裁裁决，须提出书面申请，并附裁决书正本。如果申请人为外国一方当事人，其申请书须用中文文本提出。

人民法院强制执行涉外仲裁机构的仲裁裁决时，被执行人以有《民事诉讼法》第二百七十四条第一款规定的情形为由提出抗辩的，人民法院应当对被执行人的抗辩进行审查，并根据审查结果裁定执行或者不予执行。

《民事诉讼法》第二百七十四条（原第二百六十条）第一款：

对中华人民共和国涉外仲裁机构作出的裁决，被申请人提出证据证明仲裁裁决有下列情形之一的，以人民法院组成合议庭审查核实，裁定不予执行：（一）当事人在合同中没有订有仲裁条款或者事后没有达成书面仲裁协议的；（二）被申请人没有得到指定仲裁员或者进行仲裁程序的通知，或者由于其他不属于被申请人负责的原因未能陈述意见的；（三）仲裁庭的组成或者仲裁的程序与仲裁规则不符的；（四）裁决的事项不属于仲裁协议的范围或者仲裁机构无权仲裁的。

2. 中国涉外仲裁裁决在外国的承认和执行

依照《民事诉讼法》第二百八十条第二款和《仲裁法》第七十二条的规定，中国涉外仲裁机构作出的发生法律效力的仲裁裁决，当事人请求执行的，如果被

[1] 江伟，肖建国 . 仲裁法 [M]. 北京：中国人民大学出版社，2016：322-325.

执行人或者其财产不在中国领域内，应当由当事人直接向有管辖权的外国法院申请承认和执行。由于中国已经加入《纽约公约》，当事人可以依照《纽约公约》的规定或者依照中国缔结或参加的其他国际条约的规定，直接向该外国法院申请承认和执行中国涉外仲裁机构作出的裁决。

（二）对外国仲裁裁决的承认与执行

1. 内国裁决和外国裁决的区分

一些国家或地区对内国裁决和外国裁决的执行机制没有作出区分或明显的区分。但不少国家对内国裁决和外国裁决的承认和执行规定了不同的机制。因此对申请承认和执行的仲裁裁决进行识别，确定其是内国裁决还是外国裁决，是一个很重要的先决问题。

（1）1958 年《纽约公约》的“领域标准”及“非内国裁决标准”。

依照 1958 年《纽约公约》的规定，可适用该公约的外国裁决分为两种：

一种外国裁决是指，在一个国家的领土内作成，而在另一个国家请求承认和执行，对后者而言该被承认和执行的裁决为外国裁决。由于此种判定是基于裁决是否是在被申请承认和执行地国以外的国家的领土内作出的，故被称为“领域标准”。按照“领域标准”，任何在本国领土之外作出的仲裁裁决均被视为外国仲裁裁决。

另一种外国裁决是指，如果被申请承认和执行国认为所申请承认和执行的裁决不是本国裁决，则该裁决是外国裁决。该标准被称为“非内国裁决标准”。按照“非内国裁决标准”，即便向本国法院申请承认和执行的裁决是在本国的领土以内作出的，但是如果裁决执行国法院认为该裁决并不是本国仲裁裁决，那么这个裁决也应当被视为“外国仲裁裁决”，并适用 1958 年《纽约公约》。

如果说“领域标准”是一个客观标准，那么“非内国裁决标准”则是一个主观标准，一项仲裁裁决是否被认定为“非内国裁决”完全依赖于裁决执行地所在国的认定。

1958 年《纽约公约》的上述“领域标准”是世界各国和地区在立法和司法实践中广为确认和采用的标准。在我国与一些国家签订的双边司法协助协定中，有关相互承认和执行仲裁裁决的条款中均采用了“领域标准”，即在另一缔结国领土内作出的仲裁裁决为该缔结国的裁决，应适用双边司法协助协定。

（2）我国国内立法中的“仲裁机构所在地标准”。

虽然我国加入的 1958 年《纽约公约》和我国与许多国家签订的涉及仲裁裁决承认和执行的双边司法协助协定中采用的都是“领域标准”，但我国 1991 年《民事诉讼法》以及经两次修订后的《民事诉讼法》中一直并没有采纳“领域标准”，而是采用“仲裁机构所在地标准”。也就是说，对于在中国承认及执行的仲裁裁决是否属于外国裁决，其认定的标准是该裁决是否是外国仲裁机构作出的。换言之，我国国内立法对外国仲裁裁决的识别采用的是“仲裁机构所在地”的标准，即所有外国仲裁机构作出的裁决均为外国裁决。“仲裁机构所在地标准”具体体现在我国 2012 年《民事诉讼法》第二百八十三条的规定中：“国外仲裁机构的裁决，需要中华人民共和国人民法院承认和执行的，应当由当事人直接向被执行人住所地或者其财产所在地的中级人民法院申请，人民法院应当依照中华人民共和国缔结或者参加的国际条约，或者按照互惠原则办理。”

（3）同时适用“领域标准”和“仲裁机构所在地标准”造成的困惑。

我国加入 1958 年《纽约公约》时作出了互惠保留声明，即“本国只对另一缔约国领土内所作成的仲裁裁决的承认和执行，适用本公约”。显然适用的是“领域标准”。我国与其他国家签订的双边司法协助协定中所含有的承认和执行外国仲裁裁决内容也是针对在对方缔约国境内作出的仲裁裁决而言的。也就是说，在确定是否适用 1958 年《纽约公约》和双边司法协助协定时，必须先行确定所涉仲裁裁决是否是在 1958 年《纽约公约》或司法协助协定的缔约国领土内作出的裁决，才能确定该裁决的承认和执行是否应适用 1958 年《纽约公约》或相应的司法协助协定。确定仲裁裁决是否是在 1958 年《纽约公约》、其他国际条约或双边司法协助协定的缔约国境内作出的，通常被称为仲裁裁决国籍的确定。在区际私法领域中，确定仲裁裁决是否是在其他法域所涉地区内作出的，则被称为仲裁裁决区籍的确定。

我国法律在识别外国仲裁裁决标准上同时存在“领域标准”和“仲裁机构所在地标准”的状况，将产生法律适用上的冲突，并在进一步识别仲裁裁决的国籍问题上，可能会得出两个完全不同的“答案”。例如，某仲裁机构位于我国领土之外的 A 国，根据我国国内法律的“仲裁机构所在地标准”，该仲裁机构作出的仲裁裁决应被识别为 A 国裁决。但是，如果该裁决虽然属于 A 国仲裁机构的裁决，裁决作出地国却不是 A 国，而是 B 国，那么依照 1958 年《纽约公约》或司法协助协定中通行的“领域标准”，该裁决应当是 B 国裁决，而非 A 国裁决。如果 A 国或 B 国中有一国家不是中国业已缔结的国际公约或司法协助协定的缔约国，而另一国家却是缔约国，就会出现令人困惑的问题：该国际公约或司法协助协定是否应当适用于该仲裁裁决的承认和执行？再如，某仲裁机构是位于我国领土之外的 A 国仲裁机构，但是，该仲裁机构的仲裁庭作出的某一裁决的作出地国却是中国。依照我国国内法的“仲裁机构所在地标准”，该裁决是外国裁决，即A国裁决，但依照1958年《纽约公约》或司法协助协定的“领域标准”，由于裁决是在中国作出的，裁决应为中国裁决。

“领域标准”与“仲裁机构所在地标准”在我国并存的状况，不仅让法院在识别“外国仲裁机构在内地作出的仲裁裁决”国籍及适用法律方面陷入困惑，还会带来中国仲裁机构在境外所作出的裁决应当如何认定其国籍及如何适用法律的困惑。[1]

（4）现有法律框架下的正确做法。

中国在1986年加入《纽约公约》时所提出的保留声明中指出：“中华人民共和国只在互惠的基础上对在另一缔约国领土内作出的仲裁裁决的承认与执行适用该公约。”可见，对于我国而言，决定外国仲裁裁决的标准，关键在于该仲裁裁决是否是在我国以外的领土内作出。据此，外国仲裁裁决包括两类：一是在《纽约公约》缔约国境内作出的仲裁裁决；二是在《纽约公约》以外的国家和地区内作出的仲裁裁决。在涉及对这些外国仲裁裁决的承认与执行上，前者适用《纽约公约》中的规定，后者适用我国《民事诉讼法》第二百八十三条的规定，即“国外仲裁机构的裁决，需要中华人民共和国人民法院承认和执行的，应当由当事人直接向被执行人住所地或者其财产所在地的中级人民法院申请，人民法院应当依照中华人民共和国缔结或者参加的国际条约，或者按照互惠原则办理。”

关于区际仲裁裁决的承认和认可中如何确定区际仲裁裁决的区籍问题，我国最高法院的观点有明显的变化。2004年，在伟贸国际（香港）有限公司申请执行国际商会仲裁院在香港分支机构作出的仲裁裁决案件中，山西省高级人民法院认为国际商会仲裁院在香港有登记注册的分支机构，国际商会仲裁院香港分支机构所作出的仲裁裁决根据“仲裁机构所在地”原则应当推定为香港的仲裁裁决，申请承认及执行该仲裁裁决应当适用最高人民法院《关于内地与香港特别行政区相互执行仲裁裁决的安排》。但是最高人民法院在其《关于不予执行国际商会仲裁院10334/AMW/BWD/TE最终裁决一案的请示的复函》〔2004〕民四他字第6号中认为，该案所涉裁决是国际商会仲裁院根据当事人之间达成的仲裁协议及申请作出的一份机构仲裁裁决，由于国际商会仲裁院系在法国设立的仲裁机构，而我国和法国均为1958年《纽约公约》的成员国，因而审查该仲裁裁决的承认和执行，应适用1958年《纽约公约》的规定，而不应适用最高人民法院《关于内地与香港特

[1] 韩健．商事仲裁律师基础实务[M]. 北京：中国人民大学出版社，2014：322-327.

别行政区相互承认和执行仲裁裁决的安排》的规定。不同的是，2009 年最高人民法院《关于香港仲裁裁决在内地执行的有关问题的通知》规定，当事人向人民法院申请执行在香港特别行政区作出的临时仲裁裁决、国际商会仲裁院等国外仲裁机构在香港特别行政区作出的仲裁裁决，人民法院应当按照《关于内地与香港特别行政区相互执行仲裁裁决的安排》的规定进行审查。该通知明确了临时仲裁和外国仲裁机构在香港地区所作裁决应适用内地与香港两地安排的规定，实际上认可了以香港地区作为裁决作出地的识别香港裁决的地域标准，部分解决了内地与香港地区相互执行仲裁裁决关于裁决区籍的识别问题。但是，对于中国内地仲裁机构以香港或者外国领域为裁决作出地的裁决如何认定其区籍或国籍，即上述裁决是内地裁决还是香港裁决尚无定论或相应的案例。

2. 外国仲裁裁决在中国的承认与执行

我国人民法院对外国仲裁裁决的承认与执行，依据的是我国《民事诉讼法》第二百八十三条的规定和我国缔结或参加的国际条约。

我国《民事诉讼法》第二百八十三条规定："国外仲裁机构的裁决，需要中华人民共和国人民法院承认和执行的，应当由当事人直接向被执行人住所地或者其财产所在地的中级人民法院申请，人民法院应当依照中华人民共和国缔结或者参加的国际条约，或者按照互惠原则办理。"我国加入的涉及对外国仲裁机构作出仲裁裁决的承认与执行的最重要的条约就是 1958 年《纽约公约》，为此，最高人民法院作出的《关于我国加入的〈承认及执行外国仲裁裁决公约〉的通知》同样成为对国外仲裁裁决承认与执行的法律依据。根据上述法律的规定，对外国仲裁裁决的承认与执行的具体内容包括如下方面。

（1）我国的保留条款。

我国在参加《纽约公约》时作出了两项保留条款，即互惠保留和商事保留条款。第一，根据我国加入该公约时所作的互惠保留声明，我国仅对在另一缔约国领土内作出的仲裁裁决的承认和执行适用公约的规定。第二，根据我国加入该公约时所作的商事保留声明，我国仅对按照我国法律属于契约性和非契约性商事法律关系所引起的争议适用该公约。所谓"契约性和非契约性商事法律关系"，具体是指由于合同、侵权或者根据有关法律规定而产生的经济上的权利义务关系，例如货物买卖、财产租赁、工程承包、加工承揽、技术转让、合资经营、合作经营、勘探开发自然资源、保险、信贷、劳务、代理、咨询服务、民用航空、铁路、公路的客货运输以及产品责任、环境污染、海上事故和所有权争议等，但不包括外国投资者与东道国政府之间的争端。

（2）对外国仲裁裁决，需要我国法院执行的，当事人应当先向人民法院申请承认。人民法院经审查，裁定承认后，再根据《民事诉讼法》的规定予以执行。如果当事人仅申请承认而未同时申请执行的，人民法院仅对应否承认进行审查并作出裁定。

（3）当事人申请承认和执行外国仲裁裁决的期间，适用《民事诉讼法》第二百三十九条的规定，申请执行的期间为二年。当事人仅申请承认而未同时申请执行的，申请执行的期间自人民法院对承认申请作出的裁定生效之日起重新计算。

（4）根据《民事诉讼法》第二百八十三条规定，国外仲裁机构的裁决，需要我国人民法院承认和执行的，应当由当事人直接向被执行人住所地或者其财产所在地的中级人民法院申请，人民法院应当依照我国缔结或者参加的国际条约，或者按照互惠原则办理。

（5）对临时仲裁庭在我国领域外作出的仲裁裁决，一方当事人向人民法院申请承认和执行的，人民法院应当依照《民事诉讼法》第二百八十三条的规定处理。

（6）承认和执行外国仲裁裁决的案件，人民法院应当组成合议庭进行审查。人民法院应当将申请书送达被申请人。被申请人可以陈述意见。人民法院经审查作出的裁定，一经送达即发生法律效力。

《纽约公约》第五条规定了拒绝承认和执行外国仲裁裁决的条件。该条第一款规定，凡外国仲裁裁决有下列情况之一者，被请求执行的国家的主管机关可依被执行人的请求，拒绝予以承认和执行：（一）签订仲裁协议的当事人，根据对他们适用的法律，存在某种无行为能力的情况，或者根据仲裁协议所选定的准据法（或未选定准据法而依据裁决地法），证明该仲裁协议无效；（二）被执行人未接到关于指派仲裁员或关于仲裁程序的适当通知，或者由于其他情况未能对案件进行申辩；（三）裁决所处理的事项，非为交付仲裁事项，或者不包括在仲裁协议规定之内，或者超出仲裁协议范围以外；（四）仲裁庭的组成或仲裁程序同当事人间的协议不符，或者当事人间没有这种协议时，同进行仲裁的国家的法律不符；（五）裁决对当事人还没有拘束力，或者裁决已经由作出裁决的国家或据其法律作出裁决的国家的主管机关撤销或停止执行。该条第二款规定，如果被请求承认和执行仲裁裁决地所在国家的主管机关查明有下列情况之一者，也可以拒绝承认和执行：（一）争执的事项，依照这个国家的法律，不可以仲裁方法解决者；（二）承认和执行该项裁决将与这个国家的公共秩序抵触者。

《民诉法解释》的相关规定：

第五百四十五条　对临时仲裁庭在中华人民共和国领域外作出的仲裁裁决，

一方当事人向人民法院申请承认和执行的，人民法院应当依照《民事诉讼法》第二百八十三条规定（国外仲裁机构的裁决）处理。

第五百四十八条　承认和执行外国法院作出的发生法律效力的判决、裁定或者外国仲裁裁决的案件，人民法院应当组成合议庭进行审查。

人民法院应当将申请书送达被申请人。被申请人可以陈述意见。

人民法院经审查作出的裁定，一经送达即发生法律效力。

《仲裁司法审查规定》第三条规定：

外国仲裁裁决与人民法院审理的案件存在关联，被申请人住所地、被申请人财产所在地均不在我国内地，申请人申请承认外国仲裁裁决的，由受理关联案件的人民法院管辖。受理关联案件的人民法院为基层人民法院的，申请承认外国仲裁裁决的案件应当由该基层人民法院的上一级人民法院管辖。受理关联案件的人民法院是高级人民法院或者最高人民法院的，由上述法院决定自行审查或者指定中级人民法院审查。

外国仲裁裁决与我国内地仲裁机构审理的案件存在关联，被申请人住所地、被申请人财产所在地均不在我国内地，申请人申请承认外国仲裁裁决的，由受理关联案件的仲裁机构所在地的中级人民法院管辖。

四、涉外仲裁的法律适用

涉外仲裁的法律适用包括仲裁协议的法律适用、仲裁中程序法的适用及实体法的适用三个方面的问题。涉外仲裁协议的法律冲突具有自己的特征。一方面，它不同于实体法的冲突。仲裁协议的内容在于确定当事人之间在争议解决程序方面的权利和义务，并不直接涉及当事人的实体权利和义务。另一方面，它也不同于程序法的冲突。因为尽管仲裁协议中需要约定仲裁程序，但其存在或有效性却只解决当事人是否有义务以仲裁方式解决争议的问题，至于当事人如何按照仲裁方式来解决争议，即具体的仲裁程序则是另外一个独立的问题。

1994 年《仲裁法》并未对涉外仲裁或国际商事仲裁的法律适用作出特别规定，仲裁实践中此类问题多求诸普通的国际私法规则。

（一）涉外仲裁协议的法律适用

涉外仲裁协议虽是关于解决争议的一种协议，但它本身也可能导致争议的产生。涉外仲裁协议由于其国际性，往往因为当事人可能具有不同国家的国籍，或者其住所或营业所位于不同的国家，或者仲裁协议缔结地在外国，或者仲裁地在外国等原因而与几个国家的法律发生联系，从而涉及不同国家的法律，但不同国家和地区的法律对有效的仲裁协议的要求各不相同，依不同的法律判断可能会出现不同甚至相反的结果，并因此而发生法律冲突。除非有国际统一规范可资适用，否则依不同国家的法律，对涉外仲裁协议的有效性就可能有不同的认定，因此涉外仲裁中首先必须解决的一个问题就是适用何国法律确定仲裁协议的有效性。因此，涉外仲裁协议的法律适用的首要问题便是解决仲裁协议的有效性问题。

如何确定仲裁协议的准据法，很多国家的法律没有明文规定或有关规定极为简单。在仲裁实践中，主要参照其他民商事合同准据法的确定方式。不仅我国1994年《仲裁法》如此，其他国家如1996年《英国仲裁法》亦规定仲裁协议的法律适用决定于普通法。这是因为，仲裁协议也是合同的一种，无须也不可能为它确立一套完全不同于其他合同的独特的法律适用准则。

关于认定仲裁协议效力的准据法，国际上有不同的理解和做法，确定仲裁协议准据法的方式归纳起来主要有如下几种。

1. 依当事人选择的法律

现代各国在处理涉外合同的法律适用问题时，都采用当事人意思自治原则，即当事人有权选择适用于合同的法律。国际商事仲裁中也采用了这一原则，仲裁协议既然是合同，当事人当然有权选择准据法。对这一做法，理论和实务中基本上没有什么分歧。实践中，当事人单独约定仲裁协议准据法的情况较为少见，单为仲裁条款约定准据法更是罕见。所以，当事人意思自治原则在这方面的作用主要是理论上的。

2. 依最密切联系原则确定的法律

最密切联系原则理论上亦可用于决定仲裁协议的准据法，但实践中一般都是直接适用仲裁地（或称裁决地）法，只有在仲裁地（或称裁决地）无法确定的情况下才依其他标准，如缔约地、争议标的所在地、当事人的住所、国籍、惯常居所、营业地等确定仲裁协议的准据法。

3. 依仲裁地（或称裁决地）的法律

当事人未明示选择仲裁协议的准据法时，国际上通行的做法是以仲裁地（或称裁决地）法作为仲裁协议的准据法。

4. 依其他方法适用的法律

如意大利、奥地利适用缔约地法，《瑞士联邦国际私法法规》依尽量使其有效的原则，我国《中华人民共和国涉外民事关系法律适用法》也采纳了这一原则。一些仲裁机构依超越于各国内法体系之上的跨国法律观念如一般法律原则、国际商事惯例等来确定仲裁协议的效力。

在认定涉外仲裁协议的效力时，我国1999年以前的司法实践主要适用法院地法，但此后已改为适用仲裁地法。按照最高人民法院《仲裁法解释》第十六条的规定，对涉外仲裁协议的效力审查，适用当事人约定的法律；当事人没有约定适用的法律但约定了仲裁地的，适用仲裁地法律；没有约定适用的法律也没有约定仲裁地或者仲裁地约定不明的，适用法院地法律。

注意：此条司法解释的部分内容已被《涉外民事关系法律适用法》第十八条和《仲裁司法审查规定》第十四条的规定所替代。

《涉外民事关系法律适用法》（2010年10月28日）第十八条规定：

当事人可以协议选择仲裁协议适用的法律。当事人没有选择的，适用仲裁机构所在地法律或者仲裁地法律。

《仲裁司法审查规定》进一步明确规定：

第十四条　人民法院根据《中华人民共和国涉外民事关系法律适用法》第十八条的规定，确定确认涉外仲裁协议效力适用的法律时，当事人没有选择适用的法律，适用仲裁机构所在地的法律与适用仲裁地的法律将对仲裁协议的效力作出不同认定的，人民法院应当适用确认仲裁协议有效的法律。

第十五条　仲裁协议未约定仲裁机构和仲裁地，但根据仲裁协议约定适用的仲裁规则可以确定仲裁机构或者仲裁地的，应当认定其为《中华人民共和国涉外民事关系法律适用法》第十八条中规定的仲裁机构或者仲裁地。

对涉外仲裁协议的效力审查适用的法律，应综合以上相关法律与司法解释，按如下操作：

对涉外仲裁协议的效力审查，当事人可以协议选择仲裁协议适用的法律。

当事人没有选择的，适用仲裁机构所在地法律或者仲裁地法律。

当事人没有选择适用的法律，适用仲裁机构所在地的法律与适用仲裁地的法律将对仲裁协议的效力作出不同认定的，人民法院应当适用确认仲裁协议有效的法律。

当事人没有选择适用的法律也没有约定仲裁地、仲裁机构所在地或者仲裁地、仲裁机构所在地约定不明的，适用法院地法律。

另外，应当注意：当事人协议选择确认涉外仲裁协议效力适用的法律，应当作出明确的意思表示，仅约定合同适用的法律，不能作为确认合同中仲裁条款效力适用的法律。

（二）涉外仲裁中实体法的适用

仲裁实体法是确定当事人权利与义务、判明是非曲直、解决争议的法律依据，实体法的适用无疑是国际商事仲裁法律适用的核心问题。国际商事仲裁中实体法的适用异常错综复杂，主要有以下几种情形。

1. 当事人依照意思自治原则选择实体法

几乎所有有关国际商事仲裁的国内立法与国际公约都将意思自治原则作为实体法适用的基本原则。1961 年《欧洲国际商事仲裁公约》第七条第一款规定："当事人有权通过协议自行选择确定仲裁员应适用于争议实体事项的法律。"1965 年《华盛顿公约》第四十二条第一款亦规定："法庭应依照双方当事人可能同意的法律规则判定一项争端。"在国际商事仲裁领域具有重大影响的 1976 年《联合国国际贸易法委员会仲裁规则》第三十三条第一款、1985 年《联合国国际商事仲裁示范法》第二十八条第一款、1988 年《国际商会仲裁规则》第十三条第三款都采纳了意思自治原则。

2. 依照冲突规范确定仲裁实体法

当事人未选择实体法时，在诉讼情形下，法院通常依照法院地的冲突规范选择准据法。而在仲裁情形下，仲裁庭选择法律的方法错综复杂，但依照冲突规范选择准据法是最常用的方法。仲裁庭可以在下列冲突规范中作出选择：（1）适用仲裁地的冲突规范，这是一种最普遍、最基本的方法，在国际商事仲裁中广泛采用。（2）适用与争议有最密切联系国家的冲突规范，如《瑞士联邦国际私法法规》第一百八十七条规定，在当事人未选择法律时，仲裁庭应适用与案件有最密切联系的法律规则判定争议。（3）适用仲裁员认为适当的冲突规范，如《联合国国际商事仲裁示范法》第二十八条第二款规定，如当事人各方没有选择实体法律的任何约定时，"仲裁庭应适用它认为可适用的冲突规范所确定的法律"。

3. 以公平善意作为仲裁的依据

在国际商事仲裁实践中，仲裁庭经双方当事人授权，在认为适用严格的法律规则会导致不公平结果的情形下，可依照公平善意原则作出对当事人双方有约束力的裁决。这种不依法律而依仲裁庭认为符合公平善意标准作出裁决的"友好仲裁"（amiable composition）方式，为许多国际公约、国内立法和国际常设仲裁规则所承认。也有一些国家规定，除非当事人明确反对仲裁庭进行友好仲裁，仲裁庭即可充任友好仲裁员。1994 年我国《仲裁法》对友好仲裁未作规定。

由此可见，涉外仲裁或国际商事仲裁所适用的实体法一般由当事人选择确定，如当事人未作选择，国际上较普遍的做法是适用仲裁庭认为适当的法律。按照中国的仲裁实践，如当事人未选择争议应适用的实体法，则适用仲裁地的冲突规范来确定应适用的法律，或者直接适用与争议有最密切联系的实体法。但涉及合同纠纷的仲裁，仲裁庭还应当依照有效的合同条款进行裁决，在所有情况下，均应参考国际惯例或相关的行业惯例，并考虑公平合理原则。以 2004 年《北京仲裁委员会仲裁规则》为例，该规则第五十八条明确规定：仲裁庭应当根据当事人选择适用的法律对争议作出裁决。除非当事人另有约定，选择适用的法律系指实体法，而非法律冲突法。当事人未选择的，仲裁庭应当适用与争议事项有最密切联系的法律。在任何情况下，仲裁庭均应当根据有效的合同条款并考虑有关商事惯例作出裁决。

（三）涉外仲裁中程序法的适用

在国际商事仲裁领域，仲裁程序法是指适用于仲裁的程序法律，也就是支配仲裁程序的法律的总称。国际立法实践中，仲裁程序法的内容繁简不一，但通常都包括了解决仲裁过程所涉及的下列主要问题：仲裁事项的范围，仲裁协议效力的认定，仲裁文书的送达，仲裁员的指定、回避与撤销，仲裁庭的权力和责任，仲裁程序中临时性保全措施的采取、证据的收集和使用，仲裁裁决作出的形式及对裁决异议的处理，仲裁裁决的承认与执行，等等。

关于仲裁程序法的确定，在国际上，原则上当事人也可以选择确定。这种双重当事人意思自治是现代国际商事仲裁的特色之一。实践中，对于国际商事仲裁程序法的确定，主要有以下两种情形：第一是根据仲裁地法理论来确定；第二是根据“非内国仲裁”理论确定。

1. 仲裁地法理论

从国际立法和实践看，仲裁地是确定适用仲裁法的最为重要的联结因素。以仲裁地作为联结因素，主要基于以下考虑：第一，尊重仲裁地国家的主权与尊严；第二，有利于当地法院的监督；第三，出于效率和便利的考量，符合当事人追求通过仲裁方式迅速解决纠纷的目的。

2. 非内国仲裁理论

这种起源于 20 世纪 60 年代的欧洲大陆的理论认为，国际商事仲裁可以不受仲裁地法的限制，仲裁裁决的法律效力也不必由仲裁地法赋予，裁决在申请强制执行之前不受任何国家法院的监督，任何国家的法院均不能行使撤销此项裁决的权力。按照这一理论，当事人可以在仲裁协议中约定，仲裁程序不遵循任何国家的程序法，而是依照当事人自行选择的程序规则。这一理论已在法国和瑞士等国家的仲裁立法中得到确认。

在涉外仲裁中程序法的适用方面，我国《仲裁法》并未规定当事人或仲裁庭可决定适用其他国家的仲裁程序法，或不适用任何仲裁法。我国内地的涉外仲裁实践中，尚无适用外法域仲裁法的实例。

至于涉外仲裁所适用的仲裁规则，即调整仲裁庭的内部运作关系，如仲裁的申请、答辩与反诉，仲裁员的指定与确认，请示仲裁员的回避与替代，仲裁地点的选择与决定，仲裁审理程序的终结，裁决作出的形式等方面，一般来说，当事人也可以自主选择。但是，多数情况下常设仲裁机构要求在当事人没有其他约定的情况下在其机构内仲裁的案件适用自己的程序规则，例如，2015 年《中国国际经济贸易仲裁委员会仲裁规则》第四条规定："……（二）当事人约定将争议提交仲裁委员会仲裁的，视为同意按照本规则进行仲裁。（三）当事人约定将争议提交仲裁委员会仲裁但对本规则有关内容进行变更或约定适用其他仲裁规则的，从其约定，但其约定无法实施或与仲裁程序适用法强制性规定相抵触者除外。当事人约定适用其他仲裁规则的，由仲裁委员会履行相应的管理职责。"这一做法在中国仲裁实践中得到普遍接受。

五、中国涉外仲裁中的报告（报核）制度

（一）报告（报核）制度缘起

为避免我国法院在处理有关仲裁事务时执法不严的情况，1995 年 8 月 29 日最高人民法院发布了《关于人民法院处理与涉外仲裁及外国仲裁事项有关问题的通知》，对仲裁协议的效力认定及仲裁裁决的承认与执行建立了报告制度。

《仲裁法》生效后，由于其新设了申请撤销仲裁裁决的程序，其所体现的仲裁监督力度不仅不亚于不予执行，甚至更为严厉，不适用报告制度似乎于理不通。况且，《仲裁法》生效后一段时间内，法院关于撤销仲裁裁决的实践较为混乱。为此，最高人民法院于 1998 年 4 月 23 日发出《关于人民法院撤销涉外仲裁裁决有关事项的通知》，对人民法院撤销涉外仲裁裁决建立报告制度。

2017 年 11 月 20 日最高人民法院审判委员会通过《仲裁司法审查报核规定》，自 2018 年 1 月 1 日起施行，该司法解释将"报告"制度改为"报核"制度，统一了以前报告制度的内容，改变了以前报告制度分别规定、不具系统性的弊端。

（二）报告（报核）制度的主要内容

1. 以前报告制度的主要内容

（1）关于涉外仲裁协议。

凡起诉到人民法院的涉外、涉港澳和涉台经济、海事海商纠纷案件，如果当事人在合同中订有仲裁条款或达成仲裁协议的，人民法院认为该仲裁条款或仲裁

协议无效、失效或内容不明确无法执行，在决定受理一方当事人的起诉之前，必须报请本辖区所属高级人民法院审查；如果高级人民法院同意受理，应将其审查意见报最高人民法院。在最高人民法院未作答复前，可暂不予受理。

（2）关于不予执行中国涉外仲裁裁决。

对中国仲裁机构作出的涉外仲裁裁决，凡一方当事人申请人民法院执行的，如果人民法院认为中国仲裁机构作出的涉外仲裁裁决具有《民事诉讼法》第二百六十条（现第二百七十四条）第一款情形之一，在裁定不予执行之前，必须报请本辖区高级人民法院审查；如果高级人民法院同意不予执行，应将其意见报最高人民法院。待最高人民法院答复后，方可裁定不予执行。

（3）关于撤销涉外仲裁裁决。

凡一方当事人按照仲裁法的规定向人民法院申请撤销中国涉外仲裁裁决，如果人民法院审查认为涉外仲裁裁决具有《民事诉讼法》第二百六十条（现第二百七十四条）第一款规定情形之一的，在裁定撤销裁决或通知仲裁庭重新仲裁之前，应在受理后30日内报请本辖区所属高级人民法院进行审查。如果高级人民法院同意撤销裁决或通知仲裁庭重新仲裁，应将其审查意见在15日内报最高人民法院。待最高人民法院答复后，方可裁定撤销裁决或通知仲裁庭重新仲裁。

（4）关于拒绝承认和执行外国仲裁裁决。

凡一方当事人向人民法院申请承认和执行外国仲裁裁决的，如果人民法院认为申请承认和执行的外国仲裁裁决不符合中国参加的国际条约的规定或者不符合互惠原则的，在裁定拒绝承认和执行之前，必须报请本辖区所属高级人民法院审查；如果高级人民法院同意拒绝承认和执行，应将其意见报最高人民法院答复后，方可裁定拒绝承认和执行。前述报告，须自受理申请之日起2个月内上报最高人民法院。

2. 现行报核制度的主要内容

《仲裁司法审查报核规定》规定：

各中级人民法院或者专门人民法院办理涉外涉港澳台仲裁司法审查案件，经审查拟认定仲裁协议无效，不予执行或者撤销我国内地仲裁机构的仲裁裁决，不予认可和执行香港特别行政区、澳门特别行政区、台湾地区仲裁裁决，不予承认和执行外国仲裁裁决，应当向本辖区所属高级人民法院报核；高级人民法院经审查拟同意的，应当向最高人民法院报核。待最高人民法院审核后，方可依最高人民法院的审核意见作出裁定。

下级人民法院报请上级人民法院审核的案件，应当将书面报告和案件卷宗材料一并上报。书面报告应当写明审查意见及具体理由。

上级人民法院收到下级人民法院的报核申请后，认为案件相关事实不清的，可以询问当事人或者退回下级人民法院补充查明事实后再报。

上级人民法院应当以复函的形式将审核意见答复下级人民法院。

在民事诉讼案件中，对于人民法院因涉及仲裁协议效力而作出的不予受理、驳回起诉、管辖权异议的裁定，当事人不服提起上诉，第二审人民法院经审查拟认定仲裁协议不成立、无效、失效、内容不明确无法执行的，须按照本规定第二条的规定逐级报核，待上级人民法院审核后，方可依上级人民法院的审核意见作出裁定。

（三）对报告制度的评价

报告制度是最高人民法院为遏制涉外仲裁监督方面不严肃执法的现象，通过司法解释创设的法院系统内部监控措施。其本质是最高人民法院将中级人民法院认定涉外仲裁协议的效力、不予执行或撤销涉外仲裁裁决、拒绝承认及执行外国仲裁裁决的权力收归已有。从其实施的客观效果上看，体现了对涉外仲裁的大力支持。

但是，报告制度缺乏透明度，即使下级法院没有履行报告制度而作出了对申请人或原告不利的裁定，当事人也没有合理的救济渠道。而且，在法律规定上，中国已确立了法院对仲裁的适度监督，和国际上先进的仲裁立法差异不大。如果各级人民法院提高了执法水准，报告制度就没有存在的必要。一言以蔽之，报告制度是最高人民法院处理司法与仲裁关系的现实选择，却未必是最佳选择。

值得一提的是，《仲裁司法审查报核规定》不仅规定了对涉外、涉港澳台仲裁案件司法审查的报核，而且增设了对国内仲裁案件司法审查的报核，改变了过去仲裁案件司法审查报告制度内外有别的弊端，是一个司法解释的进步。《仲裁司法审查报核规定》不仅规定了对申请确认涉外仲裁协议效力案件，申请认可和执行香港特别行政区、澳门特别行政区、台湾地区仲裁裁决案件，申请承认和执行外国仲裁裁决案件进行司法审查报核，而且规定了对申请确认国内仲裁协议效力案件、申请撤销我国内地仲裁机构的仲裁裁决案件、申请执行我国内地仲裁机构的仲裁裁决案件进行司法审查报核，且报核的程序基本相同，只不过对国内仲裁案件报核的最终机构为所在辖区的高级人民法院。

第二节　有关涉外仲裁之典型案例

案例 22　泛华建设集团有限公司不服仲裁管辖权异议裁定上诉案

【基本案情】

上诉人（一审被申请人）：泛华建设集团有限公司（以下简称“泛华建设公司”）。

被上诉人（一审申请人）：北京克运物流有限公司（以下简称“克运物流公司”）。

2018 年 1 月 11 日，克运物流公司向天津海事法院申请撤销中国国际经济贸易仲裁委员会（以下简称贸仲）作出的仲裁裁决。2018 年 1 月 30 日，泛华建设公司对天津海事法院的管辖权提出异议。泛华建设公司认为，本案属于申请撤销我国仲裁机构作出的涉外仲裁裁决案件，应由仲裁委员会所在地有管辖权的中级人民法院管辖，因此请求将本案移送至北京市第四中级人民法院管辖。

天津海事法院认为，根据《最高人民法院关于海事法院受理案件范围的规定》第八十七条的规定，申请撤销国内海事仲裁裁决的案件由海事法院专属管辖。涉案仲裁裁决所涉纠纷属于海事纠纷，由贸仲于北京作出，因此，海事天津法院对本案具有管辖权。因此，天津海事法院作出〔2018〕津 72 民特 1 号民事裁定书，裁定驳回泛华建设公司的管辖权异议。

泛华建设公司不服该裁定，向天津市高级人民法院提出上诉。泛华建设公司称，《海事法院案件范围规定》第八十七条规定，申请执行或者撤销国内海事仲裁裁决的案件由海事法院专属管辖。该规定限定海事法院管辖的是“国内”海事仲裁裁决，而不包括“涉外”海事仲裁裁决，同时，该规定中的“海事仲裁裁决”应指海事仲裁委员会作出的仲裁裁决。本案中泛华建设公司与克运物流公司之间的争议属于涉外仲裁案件，克运物流公司所申请撤销的仲裁裁决系贸仲按照涉外仲裁案件受理并作出的，本案属于当事人申请撤销我国仲裁机构作出的涉外仲裁裁决案件，依照《中华人民共和国仲裁法》第五十八条、第六十五条的规定，应由仲裁委员会所在地有管辖权的中级人民法院管辖，故一审法院不具有管辖权，应将本案移送至北京市第四中级人民法院管辖。

天津高院认为，《海事法院案件范围规定》第八十七条规定，根据该规定中

“外国海事仲裁裁决”与“国内海事仲裁裁决”的文字对应，“国内海事仲裁裁决”中“国内”系指国内仲裁机构作出的裁决，而“海事仲裁裁决”则限定了裁决所涉纠纷为海事纠纷。本案克运物流公司所申请撤销的仲裁裁决系贸仲于北京作出的海事仲裁裁决，故符合该规定应由海事法院专属管辖的情形。一审法院作为该仲裁机构所在区域的海事法院，对本案具有管辖权。因此，天津高院作出〔2018〕津民辖终46号民事裁定书，裁定驳回泛华建设公司的上诉。

【案例评析】

本案的核心争议点在于何为“国内仲裁裁决”。根据《海事法院案件范围规定》第八十七条的规定，海事法院受案范围包括：“申请承认、执行外国海事仲裁裁决，申请认可、执行香港特别行政区、澳门特别行政区、台湾地区海事仲裁裁决，申请执行或者撤销国内海事仲裁裁决的案件。”在这个条款中，关于“国内仲裁裁决”的定义，泛华建设公司与天津海事法院、天津高院持不同观点。

具体而言，泛华建设公司认为，“国内仲裁裁决”是一个与“涉外仲裁裁决”相对应的概念，是指国内仲裁机构就不含有涉外因素的纯国内纠纷所作出的仲裁裁决。而在本案中，泛华建设公司与克运物流公司之间的争议属于涉外仲裁案件，贸仲就该案件作出的仲裁裁决为涉外仲裁裁决，因此，不属于《海事法院案件范围规定》第八十七条中的“申请撤销国内仲裁裁决”的情形。相反，天津海事法院、天津高院则认为，从《海事法院案件范围规定》第八十七条整个条文的内容来看，“国内海事仲裁裁决”与“外国海事仲裁裁决”相对应，而“外国海事仲裁裁决”中的“外国”是指外国仲裁机构作出的裁决，因此相应地，“国内海事仲裁裁决”中的“国内”是指国内仲裁机构作出的裁决，而不论案件本身是否存在涉外因素。

不难发现，问题的核心在于——“国内仲裁裁决”是否包括国内仲裁机构就具有涉外因素的纠纷作出的仲裁裁决。目前，我国对于这一问题尚未明晰，导致实践中容易出现混淆的情形。但对于“涉外仲裁裁决”的含义，2018年1月1日生效的《最高人民法院关于审理仲裁司法审查案件若干问题的规定》已经予以明确。具体而言，《仲裁司法审查规定》第十二条规定，仲裁裁决具有《最高人民法院关于适用〈中华人民共和国民事关系法律适用法〉若干问题的解释（一）》第一条规定情形的，为涉外仲裁裁决。结合《最高人民法院关于适用〈中华人民共和国民事关系法律适用法〉若干问题的解释（一）》第一条的规定，如具有下列情形之一的，则该仲裁裁决为“涉外仲裁裁决”：（一）当事人一方或双方是外国公民、外国法人或者其他组织、无国籍人；（二）当事人一方或双方的经常居所地在中国领域外；（三）标的物在中国领域外；（四）产生、变更或者消灭民事关系的法律事实发生在中国领域外；（五）可以认定为涉外仲裁裁决的其他情形。

虽然“国内仲裁裁决”不似“涉外仲裁裁决”已被明确界定，但从最高人民法院在一些案件的复函中可以找到最高院在这一问题上所持的态度。譬如，在《最高人民法院关于是否裁定不予执行中国国际经济贸易仲裁委员会仲裁裁决的复函》〔2005〕民四他字第45号中，最高院认为国内仲裁机构就具有涉外因素的纠纷所作出的裁决属于“涉外仲裁裁决”，而非“国内仲裁裁决”。

在该案中，当事人包括香港合升国际有限公司、美国Wildcat Mfg. Co. Inc.。贸仲依据涉案合同中的仲裁条款作出〔2003〕贸仲裁字第0138号仲裁裁决。后申请执行人深圳宝升竞高环保发展有限公司向合肥市中级人民法院申请执行该仲裁裁决，被执行人合肥市进出口有限公司申请不予执行该裁决。其中一个原因在于被执行人认为涉案仲裁裁决属于“国内仲裁裁决”，而仲裁裁决的主要证据《咨询报告》未经当事人质证便作为证据使用，违反了我国《仲裁法》第四十四条、第四十五条，以及《民事诉讼法》第六十八条的规定。申请执行人认为，该案件属于涉外仲裁案件，因此关于质证的相关规定不适用于该案件。合肥中院倾向于裁定不予执行，向安徽省高级人民法院请示。安徽高院的合议庭和院审判委员会的多数人认为该案涉案裁决属于“涉外仲裁裁决”，院审判委员会的少数人认为属于“国内仲裁裁决”。因存在不同意见，安徽高院向最高院请示。最高院在该《复函》中明确，因涉案合同存在涉外和涉港因素，贸仲就该纠纷所作出的裁决属于我国涉外仲裁裁决，因此法院无权就该案具体适用法律和有关事实认定进行审查。因此，从《复函》中可以看出，最高院对“国内仲裁裁决”是否包括国内仲裁机构就具有涉外因素的纠纷作出的仲裁裁决这一问题持否定态度。

然而，本案具有一定特殊性。从《海事法院案件范围规定》第八十七条的规定来看，“国内海事仲裁裁决”与“香港特别行政区、澳门特别行政区、台湾地区海事仲裁裁决”“外国海事仲裁裁决”相对应。从对该条款的理解来看，在这一条款中，“国内”与“香港特别行政区”“澳门特别行政区”“台湾地区”，以及“外国”一样，都是以仲裁机构所在地为标准。因此，在这种情况下，“国内仲裁裁决”应被理解为包括国内仲裁机构就具有涉外因素的纠纷作出的仲裁裁决。

从本文述及的不同法院或当事人、律师就“国内仲裁裁决”是否包括国内仲裁机构就具有涉外因素的纠纷作出的仲裁裁决这一问题的不同观点可以看出，对于这一问题尚未有统一的做法，亟须立法或司法机关予以明晰。同时，厘清“国内仲裁裁决”的含义对于申请执行、撤销，或不予执行仲裁裁决至关重要，有时甚至会影到案件的走向和最终结果。目前可以确定的是，“国内仲裁裁决”的含义需结合具体情境进行分析。一般而言，如与“涉外仲裁裁决”相对应，则“国内仲裁裁决”不包括国内仲裁机构就具有涉外因素的纠纷作出的仲裁裁决，而仅指国内仲裁机构就不含有涉外因素的纯国内纠纷所作出的仲裁裁决；如与“外国仲裁裁决”相对应，则“国内仲裁裁决”包括国内仲裁机构就具有涉外因素的纠纷作出的仲裁裁决。

案例 23　青岛信德达贸易有限公司申请撤销仲裁裁决案

【基本案情】

申请人：青岛信德达贸易有限公司，住所地为山东省青岛保税区莫斯科路 54 号万国通运国际商务大厦 1 幢 1308 室。

被申请人：天津服装进出口股份有限公司，住所地为天津自贸试验区（空港经济区）中环西路与西二道交口丽港大厦 3-1003 室。

申请人申请撤销仲裁裁决的事实和理由：

申请人的诉讼请求：

信德达公司申请称，请求法院依法撤销中国国际经济贸易仲裁委员会（以下简称贸仲）于 2017 年 12 月 27 日作出的〔2017〕中国贸仲京裁字第 1549 号裁决书（以下简称仲裁裁决）。

事实和理由：

（1）仲裁裁决所依据的证据合同编号为 TJFZ20140530 的《棉花销售合同 COTTON SALES CONTRACT》（以下简称《棉花销售合同》）是天津服装公司伪造的。（一）天津服装公司提交贸仲的《棉花销售合同》中显示的印章样式为长条章，与天津服装公司提交的仲裁申请书以及信德达公司所持的《棉花销售合同》、案外人青岛欧陆国际物流有限公司留存的《棉花销售合同》复印件以及天津服装公司在工商部门登记存档的公章样式均不一致。（二）天津服装公司把带有信德达公司签章的合同中己方的圆形章涂掉或覆盖住，再补盖己方的长条章，形成其提交给贸仲的合同文本。（三）天津服装公司提供的《棉花销售合同》上签名的不是该公司的法定代表人，而且使用的公章亦不是公司统一的对外公章。（四）仲裁庭始终未对该关键证据进行调查论证，就认定了该份证据。

（2）天津服装公司隐瞒了若干足以影响公正裁决的证据。（一）天津服装公司在仲裁中自认受案外人天津荣森纺织有限公司的委托，却隐瞒了与该公司之间的往来证据。（二）即便天津服装公司作为诉争货物的买受人，也隐瞒了其已将诉争货物迅速转卖且已收到保证金和货款的证据。

（3）本案虽是涉外仲裁机构作出的裁决，但因不具有涉外因素，不应适用《中华人民共和国民事诉讼法》（以下简称《民事诉讼法》）第二百七十四条规定的撤销涉外仲裁裁决的事由。

（4）即便本案属于涉外仲裁，仲裁裁决亦因无法确认仲裁协议的效力而应予撤销。理由是贸仲未对《棉花销售合同》的真实性进行调查，也未确认信德达公司与天津服装公司各自提交的《棉花销售合同》哪一版本为有效，即无法确认仲裁协议的效力，相当于没有仲裁协议，依照《民事诉讼法》第二百七十四条第一款第一项的规定，仲裁裁决应予撤销。综上，依据《中华人民共和国仲裁法》（以下简称《仲裁法》）第五十八条第一款第四、五项的规定，仲裁裁决应予以撤销。

被申请人的答辩意见：

（1）因合同项下的货物在出售时一直存放于青岛保税库，未办理清关手续，按照海关管理制度，保税区内未清关货物属于未入境货物，故本案仲裁裁决属涉外裁决。信德达公司提出的撤销仲裁裁决的理由不属于《民事诉讼法》以及《仲裁法》关于撤销涉外仲裁裁决的法定事由。

（2）仲裁的程序完全合法、裁决公平公正。

北京市第四中级人民法院意见：

法院查明：

2014年5月30日，天津服装公司与信德达公司签订了《棉花销售合同》。天津服装公司持有的合同版本上，天津服装公司的章为长条章，并注明“此章仅供进出口单据”，且有经办人员“卞镇”的签字。信德达公司持有的合同版本上，天津服装公司的章为圆形章，没有经办人员的签字。但双方持有的合同版本约定的合同内容完全一致。该合同第七条约定了解决纠纷方式，即“本合同若有未尽事宜，双方应友好协商；协商不成的，提交中国国际经济贸易仲裁委员会仲裁”。

2015年12月2日，天津服装公司以信德达公司为仲裁被申请人，依据上述仲裁条款将双方在上述合同项下的争议向贸仲提起仲裁，贸仲受理了该仲裁案，并作为涉外案件进行了审理。

2017年12月27日，贸仲作出仲裁裁决，“仲裁庭意见”部分作出“仲裁庭认为，本案合同系双方真实意思表示，且不违反中国有关法律、行政法规的强制性规定，由此形成的买卖合同关系合法有效，对双方均具有约束力，双方应忠实履行各自的合同义务”之认定。仲裁裁决结果为：（一）信德达公司向天津服装公司返还本案合同项下货款共计3110275.16元；（二）信德达公司向天津服装公司支付上述合同货款的利息共计140000元；（三）本案仲裁费120234，由信德达公司全部承担；本案鉴定费为19500元，鉴定机构和经办秘书调取鉴定比对样本所花费的实际费用为2656元，上述费用共计22156元，全部由信德达公司承担。

法院意见：

根据《最高人民法院关于适用〈中华人民共和国民事诉讼法〉的解释》第五百二十二条以及《最高人民法院关于适用〈中华人民共和国涉外民事关系法律适用法〉若干问题的解释（一）》第一条之规定，有如下情形之一的：（一）当事人一方或双方是外国公民、外国法人或者其他组织、无国籍人；（二）当事人一方或双方的经常居所地在中华人民共和国领域外；（三）标的物在中华人民共和国领域外；（四）产生、变更或者消灭民事关系的法律事实发生在中华人民共和国领域外；（五）可以认定为涉外民事关系的其他情形，人民法院可以认定为涉外民事案件。本案申请人信德达公司、被申请人天津服装公司虽均为中国境内注册成立的企业，但在《棉花销售合同》中双方约定交货地点及方式为“EXW青岛保税库、买方自行提货”，而且“买方负责清关”，即双方买卖合同的标的物系未清关货物，尽管青岛保税库属于中华人民共和国领域内，但按照海关管理制度，保税区内未清关货物属于未入境货物，故依照上述法律规定，本案具有涉外因素，系涉外民事案件。信德达公司提出本案不具有涉外因素，没有法律依据，本院不予采纳。

关于涉外仲裁裁决，《仲裁法》第七十条规定：“当事人提出证据证明涉外仲裁裁决有《民事诉讼法》第二百五十八条（该法2012年修正后的第二百七十四条）第一款规定的情形之一的，经人民法院组成合议庭审查核实，裁定撤销。”《民事诉讼法》（2012年修正）第二百七十四条规定：“对中华人民共和国涉外仲裁机构作出的裁决，被申请人提出证据证明仲裁裁决有下列情形之一的，经人民法院组成合议庭审查核实，裁定不予执行：（一）当事人在合同中没有订有仲裁条款或者事后没有达成书面仲裁协议的；（二）被申请人没有得到指定仲裁员或者进行仲裁程序的通知，或者由于其他不属于被申请人负责的原因未能陈述意见的；（三）仲裁庭的组成或者仲裁的程序与《仲裁规则》不符的；（四）裁决的事项不属于仲裁协议的范围或者仲裁机构无权仲裁的。人民法院认定执行该裁决违背社会公共利益的，裁定不予执行。”上述规定是人民法院撤销涉外仲裁裁决的法定事由。

针对信德达公司提出的前述撤销仲裁裁决理由，本院分析认定如下：关于信德达公司与天津服装公司之间是否有仲裁协议的问题。虽然信德达公司与天津服装公司提交的《棉花销售合同》在天津服装公司加盖公章和签名处有所不同，但合同内容完全一致，说明双方就《棉花销售合同》的合同条款达成了一致意思表示，仲裁裁决亦对合同的效力作出有效认定。该合同第七条约定了合法有效的仲裁协议，信德达公司关于双方没有仲裁协议的理由没有事实根据，本院不予采纳。

关于信德达公司提出天津服装公司在仲裁中伪造合同、隐瞒了若干足以影响公正裁决的证据的事由，并非上述撤销涉外仲裁裁决的事由，本院依法不予审查。

综上，申请人信德达公司提出的申请撤销仲裁裁决的理由，均不能成立，对其申请撤销仲裁裁决的请求，本院不予支持。依照《中华人民共和国仲裁法》第六十条规定，裁定如下：驳回青岛信德达贸易有限公司的申请。

【案例评析】

（1）认定涉外因素的相关法律规范。我国法律规范中关于涉外因素的界定主要规定在 1987 年 1 月 1 日起施行的《最高人民法院关于贯彻执行〈中华人民共和国民法通则〉若干问题的意见（试行）》第七章“涉外民事关系的法律适用 ”第一百七十八条以及 1992 年 7 月 14 日发布的《最高人民法院关于适用〈中华人民共和国民事诉讼法〉若干问题的意见》第十八章“涉外民事诉讼程序的特别规定”第三百零四条。前述法律规范主要通过民事法律关系三要素来判断和认定涉外法律关系。随着司法实践的发展和变化，前述规定显示出了一定的滞后性。对此，2013 年 1 月 7 日实施的《最高人民法院关于适用〈中华人民共和国涉外民事关系法律适用法〉若干问题的解释（一）》第一条以及 2015 年 2 月 4 日起施行的《最高人民法院关于适用〈中华人民共和国民事诉讼法〉的解释》第二十二章“涉外民事诉讼特别规定”第五百二十二条对于涉外民事法律关系进行了重新的界定。当然，前述两项法律规范所谓的重新界定，仍然延续了三要素的标准，只是对三要素进行了扩充和完善，并且增加了兜底条款，为适应新的司法实践留出空间。

（2）涉外因素认定的司法实践。在西门子国际贸易（上海）有限公司与上海黄金置地有限公司申请承认与执行外国仲裁裁决案中，上海市第一中级人民法院将合同当事人均为我国法人、标的物所在地以及约定交货地均为我国境内的合同认定为涉外民事法律关系，其理由为：第一，申请人和被申请人均为在自贸区注册的外商独资企业；第二，合同的履行特征具有特殊性，即合同的履行涉及自贸区的特殊海关监管措施的运用。上海一中院的灵活认定受到了广泛的认可。此后，2016年12月30日发布的《最高人民法院关于为自由贸易试验区建设提供司法保障的意见》对于涉自贸区司法审查中涉外因素的判断进行了创新性的规定，其中也纳入了上海一中院在黄金置地案中的认定规则。具体到本案，法院认为："双方买卖合同的标的物系未清关货物，尽管青岛保税库属于中华人民共和国领域内，但按照海关管理制度，保税区内未清关货物属于未入境货物，故依照上述法律规定，本案具有涉外因素，系涉外民事案件。"实际上，在此之前的宁波新汇国际贸易有限公司与美康国际贸易发展有限公司撤销仲裁裁决案中，北京四中院已经作出了与本案相同的认定。

（3）在本案以及宁波新汇国际贸易有限公司与美康国际贸易发展有限公司撤销仲裁裁决案中，当事人提出案件不具有涉外因素的理由之一在于规避涉外裁决司法审查中不作实体审查的规定。因为在该两案中，当事人均提出了伪造证据及隐瞒证据等撤裁事由。需要注意的是，案件被仲裁机构界定为涉外案件还是国内案件对于仲裁规则的适用以及仲裁费用的收取都有着重大的不同。如果，仲裁机构或仲裁庭对于案件是否具备涉外因素认定出现错误，是否构成撤裁事由中的"违反法定程序"？在宁波新汇国际贸易有限公司案中，法院曾提到"鉴于本案是否应适用涉外仲裁程序本身即为重大程序事项"，但由于法院在其后的认定中认为仲裁机构将案件界定为涉外案件是正确的，因此，无法得知如果仲裁机构认定不正确时是否构成"违反法定程序"。